Dr. phil. Mathias Jung

Seele – Sucht – Sehnsucht

DROGENSUCHT
HABSUCHT
EIFERSUCHT
HERRSCHSUCHT
GELTUNGSSUCHT
ESSSUCHT
NIKOTINSUCHT
VERGNÜGUNGSSUCHT
SEHNSUCHT

Kristiane Allert-Wybranietz

Aus der Sprechstunde Band 29

gewidmet
Dr. med. Walther H. Lechler

Dr. phil. Mathias Jung

Seele – Sucht – Sehnsucht

Wege zur Klarheit

Ein Leben ohne Selbsterforschung
verdient gar nicht, gelebt zu werden.

Sokrates,
Apologie

Karikaturen: Reiner Taudien, Solingen
Umschlagentwurf: Martin Gutjahr
Titelbild: Brigitte McReynold, Sonoma/Kalifornien
ISBN 3-89189-076-1
1. Auflage 1999
© 1999 bei emu-Verlags-GmbH, 56112 Lahnstein
Gesamtherstellung: Kösel, Kempten

Inhaltsverzeichnis

Prolog

Nicht die Droge ist's,
sondern der Mensch.

Walther H. Lechler

*

Die Pharmaindustrie, die Tabakkonzerne, die Her-
steller von Spielzeugautomaten, die Winzer, Schnaps-
fabrikanten und Bierbrauer, die Süßwarenindustrie
und viele andere Wirtschaftszweige leben davon,
Produkte mit Suchtpotentialen herzustellen.
Ihre Erzeugnisse aber machen nicht von sich aus
süchtig – sie fallen in einer Überfluss- und
Überdrussgesellschaft auf fruchtbaren Boden. Heute
weiß man, dass bei entsprechender Disposition jede
Betätigung, jedes Verhalten zwanghaft werden und
alle Züge einer Sucht annehmen kann.

Maja Langsdorff,
Die heimliche Sucht, unheimlich zu essen.

Warum ein Buch zu unserem alltäglichen Suchtverhalten? Auf meinen Aufruf in der Zeitschrift
„Gesundheitsberater" 11/98 mit der Bitte, mir über
die alltäglichen Suchtformen zu berichten, erhielt
ich kurz darauf ein Fax mit skeptischen Untertönen.
Irmgard schrieb: *Ich bin nicht süchtig, weder im*
Großen noch im Kleinen. Und ich finde, dass es ganz
wichtig ist, nicht aus den Augen zu verlieren, dass
die meisten Leute nicht süchtig sind. Es ist gar

9

nicht einfach, den Begriff Sucht klar zu definieren. Einfach „Abhängigkeit" ist wohl nicht hilfreich, denn dann sind wir tatsächlich alle süchtig, nach Luft vor allem, nach Wasser, Nahrung und Gesellschaft. Ich glaube, dass eine solche Definition nichts bringt. Und alles, was ein Mensch regelmäßig tut, weil es ihm Spaß macht, als Sucht zu definieren, halte ich für genauso wenig nützlich. Irgendwie gehört zum Begriff der Sucht ein feststellbarer subjektiver Leidensdruck oder eine objektiv feststellbare ernsthafte Schädigung des Betroffenen. Diejenigen, die unter einer Sucht leiden, sind sehr hilfsbedürftig. Deshalb finde ich es außerordentlich wichtig, sich bei den Überlegungen wirklich auf diese Gruppe zu beschränken und nicht jedem, der abends sein Gläschen Wein trinkt, süchtiges Verhalten zu unterstellen.

Ich bin, liebe Irmgard, dankbar für diesen Hinweis. Ich möchte mit diesem Buch keineswegs in den Geruch der Grämlichkeit und des genussfeindlichen Asketismus kommen. Der hängt den „Körnerfressern" ohnehin an. Ich bin gleicher Meinung wie Du. Du schreibst: *Ich finde es ganz wichtig, eine Genusskultur zu pflegen. Es muss klar sein, dass es den „Grauen Alltag" gibt, auf dessen Hintergrund die „rauschenden Feste" um so mehr Freude machen. Alles hat seine Zeit. Deshalb sollte Genuss nicht verteufelt werden. Auch gerade die Kinder und Jugendlichen müssen eine Genusskultur lernen, d. h. auch lernen dürfen.* Mit der folgenden Einschränkung habe ich allerdings Schwierigkeiten: *Ich kann mir gut vorstellen, dass es Leute gibt, die unter der Diskrepanz zwischen Erwartung – ein Alltag voller Lusterlebnisse – und dem Erleben – ein Alltag voller normaler, notwendiger und keinesfalls ständig berauschender Tätigkeiten – so leiden, dass sie die Enttäuschung zwanghaft durch lustbesetzte Tätigkeit kompensieren müssen. Aber das ist wohl die Ausnahme.*

Es wäre schön, wenn das nur die Ausnahme wäre. Tatsächlich gibt es zwischen den harten, manifesten, dringend therapiebedürftigen Süchten, z. B. Alkoholismus, Bulimie, Anorexie und harten Drogen einerseits und dem souveränen Umgang mit Genussmitteln andererseits eine bedenkliche Grauzone der Suchtanfälligkeit, des schleichenden Missbrauchs und des langsamen Ergriffenwerdens durch stoffgebundene oder nichtstoffliche Süchte. Denken wir etwa an die Nikotinsucht. Sie gilt als Kavaliersdelikt. Sie ist lästig. Wir empfinden Kettenraucher meist als etwas unappetitlich und disziplinlos. Wir verweigern ihrem Pestgestank das heimatliche Wohnzimmer. Aber da endet auch schon unser Nachdenken.

Tatsächlich ist aber die Nikotinsucht eine schwere Abhängigkeit mit potentiell massiven gesundheitlichen Folgen. Vor allem aber stellt sie eine gravierende seelische Störung dar. Sie bedeutet ein falsches, nämlich neurotisches Lösungsrepertoire von Konflikten, ein Verdecken innerer Probleme. Noch heute gibt es für zwanghafte Raucher keine stationäre Therapie. Wenn wir nun noch dazu die

12

Tatsache nehmen, dass in der Bundesrepublik zwanzig Millionen Menschen am Glimmstengel hängen, dass immer mehr Frauen zur Zigarette greifen und Kinder mit durchschnittlich zwölf Jahren dieser gesellschaftlich akzeptierten Droge verfallen, dann wird, die gigantischen Ausgaben der Krankenkassen für die Raucherschäden noch hinzugerechnet, der Umfang des Problems sichtbar.

Oder schauen wir uns einmal das Problem des Übergewichtes an. Fast jeder zweite Deutsche ist übergewichtig. Das ist einerseits – Dr. M. O. Bruker weist seit den dreißiger Jahren dieses Jahrhunderts darauf hin – eine ernährungsbedingte Zivilisationskrankheit, d.h. eine Folge der denaturierten industriellen Kost. Aber wie oft ist die Adipositas, das Übergewichtssyndrom, auch ein Ausdruck tiefer liegender seelischer Störung?

Wir alle kennen das, wenn wir uns einen „Kummerspeck" anfressen oder, umgekehrt, vor innerer Not bedenklich abmagern. Essstörungen haben meist mit unserem „inneren Kind" zu tun. Denn es ist frühkindliches Verhalten, auf Ärger und Leid mit Essensverweigerung oder mit Hineinstopfen zu reagieren. Stopfen und Hungern sind kompensatorische Leistungen, über die das Kind als Erstes verfügt. In Krisensituationen greifen wir auf die Muster unserer primitiven Abwehr zurück.

Das sind keine „Ausnahmen", sondern millionenfache Phänomene. Aus meiner psychotherapeutischen Erfahrung, aber auch aus der seelischen Durcharbeitung meines eigenen Lebens, bin ich mir sicher, dass süchtiges Verhalten ein Existential, eine Grundbefindlichkeit der menschlichen Existenz darstellt. Es ist, so würde C. G. Jung formulieren, ein Teil unserer „Schattenpersönlichkeit". So gesehen geht es darum, den Begriff „Sucht" aus dem düsteren klinischen Umfeld des Pathologischen herauszunehmen und das Suchtverhalten als eine allgemeine und ubiquitäre (allgegenwärtige) Gefährdung, Krisenanfälligkeit und Warnzeichen unserer Seele zu verstehen. Denn wo immer wir in ein süchtiges Verhalten verfallen, entfernen wir uns von uns weg, gehen wir lieblos mit uns um. In diesem Sinn ist die Reflexion über die eigene Suchtanfälligkeit ein Weg zu mehr Klarheit im Leben.

*

Wenn ich meine eigene Suchtanfälligkeit ansehe, dann sind es gleich drei Dispositionen, die mir ins Auge springen. Als ich vor vielen Jahren in Einzel- und Gruppentherapie begann, wieder lebendig zu werden, meine Verkopftheit abzulegen, meine Minderwertigkeitskomplexe anzuschauen und liebenden Kontakt mit mir und anderen Menschen zu lernen, stieß ich schnell auf meine Essstörung.

Ich hatte chronisch etwa zehn Kilogramm Übergewicht. Das störte meine Eitelkeit empfindlich. Spät am Abend stieg ich von meiner Bibliothek in unsere Küche hinunter und räumte den Kühlschrank leer. Oft trank ich auch noch schnell eine halbe Flasche Wein weg. Ich fühlte mich einsam in meinen Bücherwänden. Zwanzigtausend Bücher können Freunde sein, aber sie können einen auch kalt anstarren. Damals sagte mir mein kluger Gruppentherapeut Harry: *Mathias, Du musst lernen, einen Menschen zu umarmen und nicht den Kühlschrank!* Es dauerte Jahre, bis ich, auch durch die Umstellung auf vollwertige Ernährung, mein Essen regulieren und auch meine hartnäckige Süßigkeitssucht hinter mir lassen konnte. Heute gehe ich achtsam mit mir um. Ich stopfe nicht alles wie in einen Müllkübel in meinen Körper hinein. Ich kann besser – nicht nur beim Essen – „Nein" sagen und besser auf mich aufpassen.

Jahre später ertappte ich mich, dass ich zu viel trank. Ach, klingt das vornehm! Tatsächlich hatte ich mir angewöhnt, fast täglich am Abend noch ein „Fläschchen" Wein zu bechern. Du merkst schon, liebe Leserin, lieber Leser, das verniedlichende Deminutiv, die herzige Verkleinerungsform! Sie bagatellisiert das Problem. Ich bekam eine Heidenangst. Bin ich süchtig? fragte ich mich.

Damals habe ich etwas sehr Einfaches gemacht, was ich heute noch, vor allem männlichen Patienten, rate. Ich habe ein Jahr lang keinen Schluck Alkohol getrunken, keinen Sekt, keinen Aperitif, auch keine Likörpraline gegessen. Bereits nach einer Woche merkte ich, wie mein Kopf wieder klar war, wie ich gut durchschlief und wie ich gezwungen war, am Abend mich mir selbst zu stellen. Ich sah mich jetzt gezwungen, auf meine Überforderung und privaten Probleme eine Antwort zu finden. Ich war übrigens, als Mann, bass erstaunt über die Erfahrung, dass ich eine ganze Nacht durchfeiern kann, ausgelassen und fröhlich, ohne einen Tropfen Alkohol. Manchmal staune ich noch heute darüber. Als das Jahr der totalen Alkoholabstinenz vorbei war, habe ich aufgepasst. Meine Regelung ist einfach bis heute: Ich trinke, wenn überhaupt, vielleicht am Wochenende zwei Gläser Wein. Basta.

Eine dritte Sucht, mit der ich mich aus dieser Welt entfernen kann, ist die Lesesucht, eine sehr „gebildete Sucht". Wie ich meiner Lesesucht auf die Schliche kam, das ist eine Geschichte für sich. Eines Tages war ich mit meiner früheren Frau auf Urlaub in Andalusien, zusammen mit meinem Freund Peter und dessen Lebensgefährtin. Es ging mir seelisch nicht gut. Ich packte mehrere kiloschwere Schmöker in meinen Koffer. Am Strand las ich von morgens bis abends; nach dem Essen zog ich mich rasch zur manischen Lektüre zurück. Nach einigen Tagen hatte Peter die Faxen dicke. Er baute sich am Strand vor mir auf und sagte: *Was ist los mit Dir, Mathias? Bist Du sauer auf mich? Willst Du nichts mit mir zu tun haben? Wenn etwas los ist, dann mach den Mund auf! Ich finde das eine Schweinerei. Ich habe mich darauf gefreut, mit Dir im Wasser herumzualbern, Fez zu machen, lange Gespräche zu haben. Jetzt schweigst Du und verziehst Dich ständig hinter Deine Bücher. Ich finde das beleidigend.* Damals habe ich ausweichend geantwortet. Jahre später ist mir klar geworden, dass ich, wie früher als Kind in der Unwirtlichkeit des Jesuitenkollegs, in die Welt der Bücher und fiktiven Geschichten geflüchtet

16

war. Dann musste ich mich nicht mehr spüren. Ich konnte mit dieser virtuellen Bücherwelt einen Schutzwall um mich errichten.

Heute weiß ich, dass ich in einer schweren Krise, etwa dem Verlust der liebsten Menschen meines Lebens, durch alle drei Suchtformen gefährdet sein könnte. Ich schäme mich nicht darüber. Es macht mich vorsichtiger. Es schützt mich auch vor therapeutischer Arroganz.

*

Süchtiges Verhalten ist nicht an Drogen gebunden. Der klinisch-psychologische Fachbegriff meint die klassische, meist stoffgebundene Sucht. Es gibt aber auch den Alltagsbegriff der Sucht, und nicht zuletzt um den geht es in diesem Buch. Die Eifer-Sucht. Die Streit-Sucht, die Geltungs-Sucht, die Hab-Sucht, die Macht-Sucht. Nur einen kleinen Ausschnitt kann ich hier behandeln. Auf die Behandlung der „harten" Drogen habe ich verzichtet, weil ich davon nichts verstehe und weil es genügend Fachliteratur darüber gibt.

Die Zahl der verschiedenen Suchtdispositionen steigt an: Neuerdings haben sich beispielsweise die Selbsthilfegruppen der „Messies" gegründet. Das sind Menschen, die unter krankhafter Sammelwut leiden. Sie stapeln zu Hause eine Flut von Dingen, bis sie den Überblick verlieren und ihnen das Leben entgleitet. Ich habe einen lieben Klienten Pablo (Name geändert), einen gebildeten und hochmusikalischen pensionierten Lehrer. Auf dem Höhepunkt seiner Sammelsucht konnte er sich nur noch auf kleinen Trampelpfaden in seiner Wohnung bewegen und hatte alle Kommoden, Tische und Ablagen mit ungelesenen Zeitschriften, Korrespondenz, Prospekten zugetürmt. Er ist ein echter Messie (englisch von „Durcheinander, Chaos"). Der Messie steht in der Gefahr, sozial zu vereinsamen, weil er keinen Menschen mehr in seine Wohnung einladen kann. Wenn er Junggeselle ist, findet er keinen Partner mehr für sein sammelsüchtiges Höhlenleben.

Wo beginnt die Sucht? Das ist schwer zu beantworten. Ab wieviel Stück Torte bin ich esssüchtig? Ab wieviel Arbeitsstunden pro Tag bin ich arbeitssüchtig? Wichtig ist, dass ich hellhörig für mich werde. Dass ich mich nicht bestrafe, sondern das „kleine Kind" in mir, das maßlos wird, ernst nehme. Dass ich mit ihm in den inneren Dialog trete, seine Bedürfnisse erspüre.

Zur allgemeinen Definition der Sucht mag gelten, was die Expertinnen Anne Wilson-Schaef und Diane Fassel in ihrem Standardwerk *Suchtsystem Arbeitsplatz* formulieren: *Sucht ist jede Substanz oder jeder Prozess, der unser Leben bestimmt, demgegenüber wir machtlos sind. Es kann sich, muss sich aber nicht um eine physiologische Sucht handeln. Eine Sucht liegt bei jedem Prozess oder bei jeder Substanz vor, die uns in der Weise kontrollieren, dass wir glauben, wir müssen uns selbst und anderen gegenüber unehrlich sein. Süchte führen zu einer erwachsenen Zwanghaftigkeit in unserem Verhalten.*

Sucht hat viel mit Sehnsucht zu tun, wie wir

immer wieder in den Notaten der Betroffenen in diesem Buch lesen werden. *Die Sehnsucht*, sagt ein altes Sprichwort, *ist ein Hund, der läuft einem immer hinterher.* Gleichwohl stammt der Begriff „Sucht" ethymologisch aus dem gotischen „siukan", was „krank sein" bedeutet. So wurde denn früher auch das alte Wort „siech" (gotisch „siuks"), (englisch „sick") für „krank" verwandt. Als Synonym kennen wir heute noch Ausdrücke wie „Fallsucht", „Schwindsucht" oder „Gelbsucht". „I'm sick and tired", sagen die Engländer. „Ich bin krank und müde". Genau das könnte für „süchtig" stehen.

Dr med. Walther H. Lechler, der Begründer der früheren Herrenalb-Klinik und der geistige Vater der Herrenalb-Nachfolge-Kliniken, die im Anhang dieses Buches verzeichnet sind, sagte bereits in einem Vortrag im März 1979: *Wir sind alle süchtig.*

Walter H. Lechler führte aus: *Es können Bücher sein, es können Zeitschriften sein, es kann das Fernsehen sein, es kann die Kirche sein, es kann die Politik sein. Es gibt nichts auf dieser Welt, absolut nichts, was ich nicht heranziehen kann, die edelsten Dinge, die Kunst, was Sie wollen. Leibesertüchtigung, Sport, Philosophie, um damit zu flüchten, um damit zuzudecken, um mir den Blick vor der Wirklichkeit zu verstellen. Wo ich mir den Blick vor der Wirklichkeit verstelle, dahingehend auch nicht wirklichkeitsentsprechend handeln und leben kann, wo ich mich vor dem Leben absperre, dort bin ich krank, dort ist mein Bezug, mein Dialog mit dem Leben, meine Beziehung, meine Begegnung krank, schief. Dort* kann ich nie bekommen, was ich brauche, in dem Sinne von Liebe, Leben. Dort kann nie mein Hunger nach dem, was mir zusteht, gestillt werden. Kann nie mein Durst gestillt werden, den ich in mir spüre.

*

Sucht wird in *Wahrig Deutsches Wörterbuch* so definiert: *Krankhaft gesteigertes Bedürfnis, gesteigertes Streben.* Das ist es. Wir halten an Krankhaftem, Altem, nicht mehr Lebbarem fest. Walther H. Lechler fordert dagegen: *Wir müssen herausspringen, das alte Leben aufgeben. Wir müssen sterben… um in etwas Neues hingeboren zu werden. Das macht uns furchtbar Angst, denn wir glauben, dass das unser Leben ist, was wir gerade leben. Das aber ist nicht das Leben. Zum Leben werde ich aufgefordert. Dazu werde ich angerufen. Ohne Netz können wir springen. Es kann uns überhaupt nichts passieren. Es fällt uns kein Haar vom Kopf. Es fällt kein Spatz vom Himmel, der nicht gezählt ist.*

*

Dankbarkeit, sagt Walther H. Lechler, ist etwas, was zur Liebe gehört. Wir können keine Liebe erfahren, wenn wir nicht dankbar sind. *Dankbarkeit ist das Wasser, das auf die Liebe gegossen werden muss, damit sie wächst und neu in unsere Herzen zieht, in unsere Emotionen. Das können wir leben, und dann passiert etwas ganz Tolles: Dann machen wir eine neue Erfahrung. Wir lernen, frei von Angst zu sein.*

Dankbarkeit empfinde auch ich, je älter ich

werde. Früher habe ich auf die Defizite meines Lebens gestarrt. Heute bin ich unendlich dankbar für die vielen Menschen, die mein Leben von den ersten Kindertagen an gefestigt, beschenkt und reich gemacht haben. Es ist so viel Fülle in meinem äußeren und inneren Leben.

Besonders dankbar bin ich beim Schreiben dieses Buches. Einhundertzweiundvierzig Frauen und Männer haben auf meinen Zehn-Fragen-Katalog geantwortet: ehrlich, rückhaltlos, aufwühlend. Jeder Einzelnen und jedem Einzelnen von Euch will ich von Herzen danken. Ich habe Deine Anonymität gewahrt und immer den Namen geändert. Nur wenn eine Schreiberin, ein Schreiber es mir ausdrücklich ans Herz legte, seinen wahren Namen zu verwenden, habe ich dies getan. Danke für Deine Offenheit!

Mir selbst ist beim Lesen die Brust immer leichter geworden. Nach der Lektüre so vieler Bekenntnisse kann ich meine eigenen Schwächen besser akzeptieren. Ich habe wieder einmal gelernt, dass die Krisen den Treibstoff unseres Lebens bilden. Wenn dieses Buch in der Seele des Lesers etwas auszulösen vermag, dann ist es Dein Verdienst, liebe Schreiberin, lieber Schreiber.

Ganz besonders bedanken möchte ich mich bei der Lehrerin Magister Luise Meraner. Die gelernte Gesundheitsberaterin GGB unterrichtet Biologie, Chemie und Physik an der Höheren Internatsschule des Bundes in Saalfelden/Österreich. Sie konnte sechzig Schüler der zehnten Schulstufe gewinnen, an dem Projekt „Sucht – Seele – Sehnsucht" anhand meiner Fragen zu arbeiten. Mit außergewöhnlicher Ernsthaftigkeit, Einfühlung und radikaler Authentizität haben die Jugendlichen ihre Erfahrung bilanziert. Sie schrieben authentische Geschichten, zeichneten Karikaturen, sammelten „Suchtweisheiten". Sie diskutierten neurophysiologische und tiefenpsychologische Zusammenhänge. Sie reflektierten die Chancen der Suchtprävention. Sie unterschieden zwischen männlichen und weiblichen Süchten, kurz, sie eigneten sich das wichtige Thema in vielseitigem Zugriff bewegend an. Naturgemäß konnte ich nur einige ausgewählte Texte an verstreuten Stellen dieses Buches zitieren. Ich freue mich, dass die Jugendlichen ihre Ergebnisse vor Ort ausstellen.

Danke, Luise Meraner, danke, Ihr großartigen Schülerinnen und Schüler in Saalfelden!

Danken möchte ich auch der deutsch-amerikanischen Malerin Brigitte McReynolds (Sonoma/Kalifornien) für ihr Bild, das ich als Titel verwandt habe. Das Bild hat viele, die es vorab betrachteten, fasziniert. Es spiegelt etwas von der Sehnsucht des Menschen nach dem Mitmenschen wider, aber auch die unsichtbare Barriere zwischen ihnen: Diese gläserne Wand könnte auch durch Sucht errichtet sein.

Mein alter Freund und Künstler Reiner Taudien hat wieder einmal den schwarzen Humor seiner messerscharfen Karikaturen beigesteuert. Ich bin froh über diese heitere Kontrapunktik inmitten des oft so schweren Themas.

Danken möchte ich aber endlich auch Annette

Wölwer-Jeckel. Sie hat nicht nur dieses, sondern auch die früheren Bücher nach meinem Diktat geschrieben und mich auf Fehler und Ungereimtheiten aufmerksam gemacht. Sie ist meine erste, wohlwollende und kritische Leserin, schnell und von nicht zu erschöpfender Geduld.

Ein bewegendes Erlebnis war für mich, kurz vor Fertigstellung des Buches, die Chance, eine „Herrenalb-Nachfolgeklinik" im Geiste Walther H. Lechlers zu besuchen: Die Hochgrat-Klinik in Wolfsried bei Oberstaufen im Allgäu. Hier danke ich dem Inhaber und Geschäftsführer Dr. Georg Reisach und dem Chefarzt Horst Esslinger für die Zusage der mehrwöchigen Hospitation.

*

Dieses Buch *Seele-Sucht-Sehnsucht* widme ich Walther H. Lechler. Wir sind glücklich, dass Dr. med. Walther H. Lechler im Vorstand unserer Gesellschaft für Gesundheitsberatung GGB ist. Wenn er nicht so lebenssprühend und strahlend jung an Körper und Seele wäre, würde ich ihn als den Großen Alten Mann der Suchttherapie, der Selbsthilfebewegung und der liebenden Lebensschule bezeichnen.

Ich verdanke Dir, Walther, persönlich und in meiner psychotherapeutischen Tätigkeit in Lahnstein so viel. In der Begegnung mit dem hilfesuchenden Menschen praktiziere ich das Herrenalber Vermächtnis, das „Bonding", die brüderliche Umarmung, das „Du" im Dialog wie das bedingungslose Vertrauen auf die Herzenslogik und die Mündigkeit des Menschen, der ein Wunderwerk ist.

Walther H. Lechler hat im Leben so vieler Frauen und Männer das Wunder des Menschseins mitbewirkt. Er nennt es *instant hope,* das Recht jedes Menschen auf sofortige Hoffnung. Wer einmal eine Bibelinterpretation von „Walther", wie ihn alle liebevoll nennen, erlebt hat, der wird dies nie wieder vergessen, egal ob er ein Gläubiger oder ein Atheist ist.

Wie sagtest du, Walther, so schön in Deinem Vortrag vor zwei Jahrzehnten: *Wir müssen nur lernen, wie wir unseren Hunger und Durst stillen können. Darauf kommt es an, und dann werden die Symptome verschwinden... Wenn wir satt sind, sind wir nicht mehr siech. Wenn wir satt sind und wenn wir diese neue Erfahrung gemacht haben, dann werden wir nicht im Geringsten daran denken, uns diese Wachheit, dieses neue Leben rauben zu lassen durch etwas, was uns wieder in einen schrecklichen kranken Schlaf versetzen kann.*

Arbeitssucht

„Ständig führe ich endlose Listen, was noch alles zu erledigen ist"

> *Wirklich, er war unentbehrlich!*
> *Überall, wo was geschah*
> *Zu dem Wohle der Gemeinde,*
> *Er war tätig, er war da.*
>
> *Schützenfest, Kasinobälle,*
> *Pferderennen, Preisgericht,*
> *Liedertafel, Spritzenprobe,*
> *Ohne ihn, da ging es nicht.*
>
> *Ohne ihn war nichts zu machen,*
> *Keine Stunde hatt' er frei.*
> *Gestern, als sie ihn begruben,*
> *War er richtig auch dabei.*
>
> Wilhelm Busch

Droge Arbeit – ich muss zugeben, das Problem dieses Suchtverhaltens habe ich gewaltig unterschätzt. Zwar tauchen in meiner Praxis immer wieder einmal Klienten auf, vor allem Männer, die über ihre Arbeitswut klagen. Aber sie tun es meist nebenbei. Sie sind offenkundig stolz auf ihre immense Leistungsfähigkeit und Aufopferung für den Beruf. *Ich glaube, ich arbeite mich noch zu Tode,* sagte mir einmal ein Berliner Architekt, der eigentlich wegen seines Alkoholproblems gekommen war. Er fügte beschwichtigend hinzu: *Aber wenigstens sind meine Frau und meine Kinder für alle Zeiten gut versorgt.*

Ich erinnere mich, ich konzentrierte mich, mit Erfolg, auf das Alkohol- und Partnerschaftsproblem. Ich schaffte es, dass der liebenswerte Jürgen (Name geändert), der eine lange verborgene Alkoholkarriere hinter sich hatte und Sohn eines Alkoholikers war, sechs Wochen in eine brandenburgische Entzugsklinik ging. Das, wie ich heute erkenne, eigenständige Syndrom der Arbeitssucht habe ich nicht weiter wahrgenommen.

Jürgen konstatierte: *Freizeit ist ein Fremdwort für mich. Selbst Sex gönne ich mir nur einmal im Vierteljahr. Meine Frau ist stinksauer auf mich.*

Ich glaube, ich habe mich als Therapeut typisch männlich verhalten. Jürgens phänomenale Arbeitsleistung imponierte mir. Bereits um 6 Uhr morgens saß er an seinem Schreibtisch, um, wie er sagte, *die ruhige Zeit ohne Telefonate zu nutzen.* Jürgen frühstückte grundsätzlich nicht. Zum Mittagessen ließ er sich einen Hamburger (sehr gesund!) bringen. Da die Kaffeemaschine im Büro den ganzen Tag lief, trank Jürgen bis zu 20 Tassen der schwarzen Droge täglich, um sich für den Arbeitsmarathon aufzuputschen. Daneben trank er tagsüber, in kleinen Portionen, eine Flasche Sekt. Nach der Flut von Telefonaten, Mitarbeiterbesprechungen, Kundentreffs, Bauplatzterminen, Briefdiktaten, nach Ärger, Nervosität, Stress, aber auch spannenden Begegnungen und beruflichen Erfolgserlebnissen verließ Jürgen in der Regel erst gegen 9 Uhr abends sein Architekturbüro. *Meine Frau unternimmt viel am Abend, mein Sohn und meine Tochter stehen kurz vor dem Abitur und brauchen mich nicht mehr,* entschuldigte er sein arbeitssüchtiges Verhalten.

Denn auch zu Hause setzte er seinen Arbeitseinsatz fort. Nach einem Griff in den Kühlschrank *(kaltes Schnitzel mit Mayonnaise, eine Flasche Bier)* griff er sich seine Fachzeitschriften, unterstrich mit dem Marker und notierte sich „Wichtiges". Dann hockte sich Jürgen vor den Fernseher. *Da bin ich erschöpft. Da brauche ich nur noch zwei Dinge: eine Flasche Rotwein und möglichst einen Krimi.*

Mit der Ehefrau kommt es zu keinem Gespräch. Komplett am Ende, beschwipst und kontaktlos zieht sich Jürgen in sein Schlafzimmer zurück. Längst hat die Frau das gemeinsame Schlafzimmer verlassen. Gesprochen haben sie darüber niemals wirklich. Es ist mittlerweile 1 Uhr nachts. Jürgen bleiben genau vier Stunden Schlaf.

Dass er seelisch verwahrlost, körperlich übergewichtig ist, mit Atemproblemen ringt, schlechte Leberwerte hat und unter Migräneattacken leidet, verdrängt der arbeitssüchtige Jürgen. Natürlich ist der Architekt Jürgen bei den Kollegen und Freunden hoch angesehen. Ebenso natürlich präsentierte mir Jürgen seine Arbeitssucht als lediglich *vorübergehende Arbeitszwänge.* Tatsächlich konzentrierte sich sein Leben seit der Geburt der Kinder, also fast zwei Jahrzehnte, nur und ausschließlich auf die Arbeit.

Noch erstaunter war ich, als auf meinen Sucht-Fragebogen im GESUNDHEITSBERATER 21 Briefe allein zur Arbeitssucht eintrudelten. Am meisten überraschte mich jedoch, dass 19 dieser Briefe von Männern stammten.

Erwin (Name geändert) bekannte: *Ich bin so froh. Dein Fragebogen hat mich aufgerüttelt. Mir ist plötzlich klar geworden: Ich bin arbeitssüchtig. Meine Arbeitssucht ist ein einziger Zwang. Sie ist eine Krankheit. Der Zwang zur Arbeit hat mich im Griff. Ich bin der Sklave meines unentwegten Arbeitens. Mein Leben gehört mir nicht mehr selbst. Ich bin süchtig nach Arbeit. Dabei, und das ist das Groteske, bin ich inzwischen pensioniert. Immer hatte ich mir vorgenommen, wenn du die Arbeit im Ingenieurbüro hinter dir hast, dann beginnt das richtige Leben.*

Meine Frau und ich haben uns ein kleines Häuschen auf La Palma eingerichtet. Schon als ich es um- und ausbaute, warnte mich meine Frau Christa (Name geändert): „Piano! Piano! Wir haben genügend Zeit. Rom ist auch nicht an einem Tag erbaut worden." Doch ich rödelte genauso, wie ich es vom Büro gewohnt war. „Arbeitstier" nannten mich früher die Kollegen. Ich schuftete Tag und Nacht, rührte Zement, mauerte, riss ab, zimmerte, schreinerte. Ich entwickele immer noch neue Pläne. Selbst jetzt, wo das Haus steht und ein Paradestück geworden ist, bin ich mit Bauzeichnungen beschäftigt. Ich möchte einen Bungalow anbauen, für unsere Kinder.

Noch immer spreche ich kein Wort Spanisch. Ich habe dort noch keine Freunde und Nachbarn gewonnen. Statt dessen habe ich mir eine schweineteure Computeranlage installiert. Ja, Du hörst recht, auf La Palma! Da sitze ich, mit Glupschaugen, Abend für Abend bis tief nach Mitternacht. An Regentagen habe ich es schon auf 14 Stunden Computerarbeit gebracht.

Urlaub ist ein Fremdwort für mich. Ich arbeite bis zur totalen Erschöpfung. Ich arbeite hastig. Meiner Frau sage ich, ich gehe an den Strand. In Wahrheit suche ich mir mit dem Auto ein ruhiges Plätzchen. Ich sitze dann, vier Stunden am Stück, an meinem Laptop. Das Erste, was ich mir in unserem kanarischen Häuschen eingerichtet habe, war ein Arbeitszimmer mit einer überdimensionalen Arbeitsplatte. Wie früher im Büro hängen jetzt an den hölzernen Stützpfeilern meine „Arbeitslisten", die ich täglich erneuere.

Christa sagt immer: „Setz Dich doch ein Mal einen Augenblick zu mir. Lass uns gemeinsam die Aussicht genießen. Noch nie hast Du mit mir den Sonnenuntergang betrachtet. Wofür habe ich Dir eigentlich eine Hängematte geschenkt? Nach fünf Minuten springst Du wieder heraus, weil Du, wie Du sagst, noch etwas erledigen musst. Du bist ein Gschaftlhuber. Das bringt doch gar nichts. Jetzt fängst Du auch schon an, die Küche zu putzen. Das will ich doch gar nicht. Das ist mein Ressort. Das haben wir vereinbart so. Du hast seit Jahren kein richtiges Buch mehr gelesen. Du sprichst mit mir grundsätzlich nur über Arbeiten."

So weit Erwin. „Ich habe keine Zeit". „Ich bin völlig überlastet". „Arbeit ist das ganze Leben". Das sind so die Kampfsprüche der Arbeitssüchtigen.

Benützen wir nicht oft die Arbeit als eine Art „Droge", um unsere seelischen Konflikte zu narkotisieren? Kann Arbeit nicht genauso ein Ablenkungsmittel und Narkotikum sein wie Alkohol, Nikotin, Suchtessen oder Medikamente?

Werner (Name geändert) Elektro-Ingenieur, geschieden, ein Kind, jetzt als Single lebend, hat den Ernst seiner Situation erkannt und gönnt sich gegenwärtig eine Therapie. Er schreibt: *Ich bin vereinsamt. Ich habe keine Freundin und keine Freunde. Meine familiären Beziehungen habe ich vernachlässigt. Die Arbeit war mir immer wichtiger. Das ist mir jetzt bei einer sehr guten Therapeutin klar geworden. In meinem Elternhaus gab es nur eines, Arbeit und Leistung. Mein Vater war selbstständiger Schreiner, der sich mühsam durchs Leben schlug und Frau und drei Kinder ernähren musste. Ich habe ihn eigentlich fast ausschließlich beim Arbeiten erlebt. Schon mit neun Jahren musste ich in der Schreinerei jeden Mittag vier Stunden mitarbeiten. Wenn ich es richtig betrachte, handelte es sich um Kinderarbeit. Natürlich habe ich dabei viel gelernt und bin heute, neben meinem Ingenieurberuf, ein guter Schreiner. Die gesamte Inneneinrichtung meines Hauses habe ich selbst geschreinert. Für meine „Kinderarbeit" hat mich mein Vater, der mir in seiner Tüchtigkeit ein Vorbild war, auch gelobt und mir, trotz der chronischen Ebbe in der Familienkasse, Geldgeschenke gemacht.*

Ich war das älteste und tüchtigste von uns drei Kindern. Meinen jüngeren Geschwistern wurde ich als Vorbild vorgestellt. Ich war total pflegeleicht und habe das Abitur mit 18 Jahren mit Spitzennoten bestanden. Das Studium absolvierte ich in der Mindestzeit. In meiner Firma gelte ich heute als unbegrenzt belastbar und „rechte Hand" des Chefs. Wie mein Vater belohnt er mich gelegentlich mit besonderen Geldzuwendungen, von denen die Kollegen nichts wissen dürfen. Wie mein Vater ist auch mein Chef ein Workaholic. Wie mein Vater lade ich mir zu viel Arbeit auf. Ich muss immer alles selbst machen.

Wenn ich ehrlich bin, muss ich zugeben, dass ich Angst habe vor der Minute, in der es für mich nichts mehr zu arbeiten gibt. Deswegen „hamstere" ich immer Arbeiten, die ich mir nach Hause, besonders für das Wochenende, mitnehme. Ich lade mir grundsätzlich zu viele Termine auf, auch absolut überflüssige. Ich arbeite irrwitzig, bis zu 16 Stunden am Tag, aber ich verdecke damit nur eine chaotische Arbeitsorganisation. Ich bin unfähig, Arbeit zu delegieren und sinnvolle Prioritäten zu setzen. Ich mache mehrere Dinge gleichzeitig, und das ist unproduktiv. Ich kann, wie auch im Privatleben, nicht „nein" sagen. Jeder kann mich an der Ehre packen.

Meine Therapeutin sagt, ich sei wie ein Alkoholiker. Der kann die Finger nicht vom Glas lassen. Ich muss meine Pfoten nach jeder Arbeit ausstrecken. Solange ich arbeite, muss ich nicht über mein Leben nachdenken. Jetzt, in der Therapie, holen mich alle ungelösten Probleme meines Lebens ein. Ich staune, *wie oft ich in Tränen ausbreche. Manchmal kann ich es gar nicht fassen, dass meine Therapeutin immer wohlwollend und verständnisvoll ist. Einmal sagte sie sogar: „Wenn Du traurig bist, mag ich Dich besonders. Dann bist Du ganz Du, ein liebevoller und verletzlicher Mensch – und nicht mehr das betonharte Arbeitstier."*

Auch jetzt, wo ich diesen Satz der Therapeutin aufschreibe, schießen mir die Tränen in die Augen. Das hat mir noch nie ein Mensch gesagt.

Der „Arbeits-Junkie" erscheint, äußerlich gesehen, problemlos und lebenstüchtig. Manfred (Name geändert), Krankenpfleger, verheiratet, zwei Kinder, schreibt:

Dass ich eine Sucht haben soll, kam mir nie in den Sinn. Diese Diagnose hätte mich sogar beleidigt. Ich bin doch nicht so ein labiler Süchtiger wie ein Alkoholiker oder eine Kotz-Fress-Süchtige. Als „Mädchen für alles" genoss ich an meiner Arbeitsstelle im Krankenhaus jahrelang höchstes Ansehen. Die Krise kam bei mir, als ich durch einen schweren Unfall eine Querschnittslähmung bekam, auf den Rollstuhl umsteigen und meine Arbeit aufgeben musste. Die langen Monate auf der Rehaklinik und das Untätigsein zu Hause haben mich ganz verrückt gemacht. Zum ersten Mal in meinem Leben konnte ich buchstäblich nichts tun, um so mehr, als ich anfangs auch mit Lähmungserscheinungen in beiden Armen zu kämpfen hatte.

Ich, der ich unermüdlich andere Menschen gewaschen, gewickelt und gefüttert hatte, der als „Helfer vom Dienst" die größte Überstundenzahl aller Kollegen erreichte, ich selbst war nun ein Gegenstand babyhafter Fürsorge meiner Frau Evelyn (Name geändert). Es war, so denke ich heute, kein Zufall, dass mein Unfall und die dadurch provozierte Arbeitsunfähigkeit genau in die Zeit unserer schweren Ehekrise geriet. Wir standen damals kurz vor einer Trennung. Evelyn sagte: „So habe ich mir die Beziehung nicht vorgestellt. Du bist ein schweigender Eisberg. Im Krankenhaus bist Du freundlich zu allen Patienten und voller lustiger Späße. Bei uns kriegst Du den Mund nicht auf. Bist nicht zärtlich zu mir. Vernachlässigst Dich selbst. Fast Deine ganze Freizeit geht in Fortbildungen und Kursen auf. Wenn Du nicht hinter Büchern sitzt oder auf Fortbildung bist, verschwindest Du im Hobbykeller. Deine Kinder kennen Dich gar nicht richtig."

Jetzt, im Rollstuhl, kam ich zum Nachdenken. Meine ganze Grandiosität und Größenwahn brachen zusammen. Ich war nicht länger mehr der große Helfer der Station. Hatte ich mit meiner ständigen Maloche nicht meine Defizite verdrängt? Gefühle, Liebesbedürfnisse, Spontanität und Kreativität? Warum wurden mir Effizienz und Leistung zu einer wahren Religion? Warum verachtete ich alle „Faulen"? Warum opferte ich alle meine früheren Freundschaften dem Moloch „Arbeit"? Warum suchte ich mir grundsätzlich nur noch Menschen, die mir arbeitsmäßig „nützlich" waren?

Mit dem Rollstuhl kurvte ich in eine Gruppentherapie. Im Lauf der Monate wurden mir unbe-

34

queme Fragen von den Teilnehmern und dem Therapeuten gestellt. Warum muss ich über alles Kontrolle haben? Warum meine ich, Liebe über Leistung zu bekommen? Warum bin ich im Beruf wie im Privatleben so überheblich? Warum lasse ich die Familie nach meiner Pfeife, den angeblichen Notwendigkeiten meiner Arbeit, tanzen? Warum futtere ich wie ein Scheunendrescher in mich hinein? Zum Zeitpunkt des Unfalls wog ich immerhin 105 Kilo bei 1,70 m Körperlänge. Pflegte ich nicht immer bei meinen ständigen „Tortenschlachten" mit einem wehleidigen Unterton zu bemerken: „Man gönnt sich ja sonst nichts"? Hatte mir Evelyn nicht einmal, halb belustigt, halb zornig, vorgeworfen: „Du betrügst mich mit Deiner Arbeit"? Habe ich mich durch meine Arbeitssucht nicht unerreichbar gemacht und mich in meinem Panzer der Einsamkeit abgeschlossen bei aller äußeren Munterkeit?

War ich nicht schon als 5. Kind einer überforderten Mutter und eines herzkranken Vaters ein Einzelgänger? Habe ich mich nicht, je schlechter meine Ehe wurde, in die Arbeit geradezu geflüchtet?

Den letzten Urlaub vor meinem Unfall hatte ich sogar eigenmächtig gestrichen. Meiner Frau hatte ich die Urlaubsabsage – wir hatten immerhin schon die Flugtickets gebucht – mit einem Engpass auf der Station begründet. Das war erstunken und verlogen. In Wirklichkeit kam ich einfach nicht mehr aus dem Arbeitskarussell heraus. Ich flüchtete förmlich in die Arbeit. Sie trug mich wie auf Wellen. Sie betäubte mich. Und doch, als ich einmal im Fernsehen eine amerikanische Dokumentation über einen millionenschweren Banker sah, der über Nacht aus seinem Börsenstress ausstieg, sich mit einem Halbtagsjob in einer Kleinstadt begnügte und eine kleine Farm bewirtschaftete, da kamen mir „grundlos" Tränen... Ich habe die Arbeit, die so etwas Schönes sein kann, missbraucht wie ein Alkoholiker den Wein und das Bier, die doch auch schöne Genussmittel sein können.

Die Arbeitssucht ist oft gekoppelt mit Geltungssucht. Damit hat die Workaholic-Existenz oft auch mit der schmerzhaften Psychogenese des Individuums, seiner Ich-Werdung, zu tun. Nicht selten ist es die Identifikation mit einem hart arbeitenden Elternteil. Es ist der Wunsch, in den Augen dieses Vaters, dieser Mutter endlich Anerkennung zu finden, auch wenn das große Vorbild schon gestorben sein mag. Manchmal ist es auch die Rivalität unter Geschwistern. Da geht es um Selbstbehauptung, kindliche Ohnmachts- und Unterlegenheitsgefühle. In der Besessenheit der Arbeitssucht versucht der oder die Traumatisierte, es dem Bruder oder der Schwester „zu zeigen".

Otmar (Name geändert), verheiratet, keine Kinder, sieht dieses neurotische Muster hinter seiner Arbeitssucht: *Ich war der Jüngste und der Schulversager der Familie. Körperlich war ich schwächlich. Ich fühlte mich unattraktiv und nicht liebenswert. Ich saß auf einem großen Sack voller Minderwertigkeitskomplexe. Meine beiden Brüder und meine Schwester empfand ich als tüchtig, souverän und* attraktiv. Sie hatten früh Freundinnen respektive einen Freund, während ich bis zum 24. Lebensjahr alleine herumlief. Ich fühlte mich als richtiges männliches Aschenputtel. Meine Schwester sagte einmal: „Das Mädchen, das Dich nimmt, das muss schon eine soziale Ader haben!" Dabei meinte meine Schwester nicht meine Körperlichkeit, sondern meine seelische Verpanzerung und Muffigkeit, mit der ich mich tatsächlich unattraktiv machte.

Ich tat insgeheim einen Schwur: „Ich werde alles tun, um meine Geschwister beruflich zu übertreffen. Ich werde der Reichste von ihnen." Ich drückte mich mit einem faulen Attest um den Zivildienst. Ich studierte sofort und im Eilzugstempo Betriebswirtschaftslehre. Ich hatte einen richtigen Tunnelblick. Ich sah nur das Examen, nichts anderes interessierte mich. Ich las keine Zeitung. Ich engagierte mich nicht politisch. Ich hatte „keine Zeit" für eine richtige Frauenbeziehung. Ich studierte und studierte. In den Semesterferien jobbte ich vom ersten bis zum letzten Tag in einer Sparkasse, um die „notwendigen Kontakte" zu kriegen. Und einen Tag nach dem Staatsexamen fing ich in einer großen deutschen Bank an. Mein Aufstieg war sozusagen unaufhaltsam.

Heute bin ich Vorstandsmitglied. Selbst mein Klavierspielen gab ich auf, „weil es zuviel Zeit kostet". Die Kollegen kennen mich als eine Arbeitsmaschine. Ich habe noch nie einen Tag wegen Krankheit ausgesetzt. Meinen Körper pflege ich durch Joggen, Alkoholverzicht und gesunde Ernährung wie eine Maschine – der Body ist schließlich mein Kapital. Trotzdem funktioniert er in letzter Zeit nicht mehr richtig.

Geheiratet habe ich zunächst aus reinen Effizienzgesichtspunkten. Die Frau musste aus wohlhabendem Haus kommen und beruflich überragend sein. Edda (Name geändert) erfüllt beide Bedingungen. Sie ist das einzige Kind eines reichen Bauunternehmers. Sie ist promovierte Juristin und arbeitet in einer Wirtschaftskanzlei – mit horrendem Salär. Durch geschickte Aktienspekulationen sind wir heute Millionäre. Kinder wären uns „im Weg gestanden". Ich weiß, das klingt schrecklich, aber ich habe mein Ziel, meine Geschwister wirtschaftlich abzuhängen, voll erreicht.

Bezahlt habe ich dafür psychisch mit meiner Arbeitssucht, physisch mit Herz- und Kreislaufbeschwerden. Ich bin unfroh. Jetzt habe ich alles erreicht, und es macht mich nicht satt. Ich fühle eine Leere in mir. Meiner Frau geht es übrigens ebenso. Beide treiben wir süchtigen Raubbau an unseren Körpern. Es ist wie ein Stück Selbstzerstörung. Einmal haben wir uns dabei ertappt, dass wir beide, unabhängig voneinander, über Selbstmord nachgedacht haben. Was für ein Wahnsinn! Da haben wir eine schöne Villa, ein Sommerhaus an der Nordsee, eine Gemäldesammlung, die sich sehen lassen kann, zwei Nobelkarossen. Wir haben die Urlaubsparadiese des gesamten Erdballs abgegrast und denken doch an Selbstmord! Das hat uns beide furchtbar erschreckt.

Durch Deine Bücher „Das sprachlose Paar" und

„Mut zum Ich" sind wir in Bewegung geraten. Wir haben zum ersten Mal gespürt, dass uns die Arbeit im eisernen Griff hält. Unser Erfolg ist zwar wie ein berauschendes Lebenselixier. Aber auf den Rausch folgt der Katzenjammer. Jetzt sind wir beide in der Mitte der fünfziger Jahre. Eigentlich könnten wir aufhören zu arbeiten. Wir haben genügend „gebunkert". Aber wir haben Angst vor der Leere „danach". Wir haben es buchstäblich nicht gelernt, das Leben zu genießen und unsere Liebe zu leben. Denn wir lieben uns inzwischen, aber wir tun uns so schwer, es uns fühlen zu lassen. Jeder von uns beiden hat eine Mauer um sich gezogen. Hinter jeder Mauer steckt ein nacktes frierendes Kind. So einen Satz hätte ich vor einem Jahr noch nicht hinschreiben können.

Inzwischen haben wir nämlich eine Paar-Therapie begonnen. Das ist die aufregendste Unternehmung unseres Lebens. Sie ist schwerer, schmerzhafter und glücksversprechender noch als unsere beiden Studienexamina und beruflichen Laufbahnhürden. Immer noch denke ich ständig an die Arbeit. Ständig notiere ich mir, was noch zu erledigen ist. Aber immerhin weiß ich jetzt, was mein Problem ist. Die Therapeutin hat uns einen guten Satz gesagt: „Hinter der Arbeit beginnt Ihr Leben."

Die Therapie mit Arbeitssüchtigen gestaltet sich, wie mir Kollegen von psychosomatischen Kliniken berichten, schwierig. Denn die Arbeitssucht ist eine ungewöhnliche Sucht. Sie erhält die höchste gesellschaftliche Anerkennung. Wer wird schon einen erfolgreichen Menschen als süchtig bezeichnen wollen? Vor allem kommt der Umstand hinzu, dass unsere hochindustrialisierte Gesellschaft, insbesondere die deutsche, krankmachende, arbeitssüchtige Züge trägt. Ganze Institutionen und Firmen sind arbeitssüchtig konstelliert.

Wer darüber mehr wissen will, sollte einmal den Klassiker von Anne Wilson Schaef/Diane Fassel *Suchtsystem Arbeitsplatz* lesen. Die Autorinnen schreiben: *Die Gesellschaft, in der wir leben, braucht Süchte, und ihr eigentliches Wesen unterstützt Süchte. Es fördert Süchte, weil die Person, die am besten an die Gesellschaft angepasst ist, weder tot noch lebendig ist, sondern einfach betäubt wie ein Zombie. Wenn man tot ist, kann man seine Arbeit für die Gesellschaft nicht leisten. Ist man vollkommen lebendig, wird man zu vielen Prozessen in der Gesellschaft nein sagen: zum Rassismus, zur verschmutzten Umwelt, der atomaren Bedrohung, dem Waffenwettstreit, dem Trinken unsauberen Wassers und der Aufnahme krebserregender Nahrung. Folglich liegt es im Interesse der Gesellschaft, für Dinge zu werben, die die Spannung beseitigen, die uns dazu bringen, uns mit unserem „Fix" zu beschäftigen, und die uns kaum spürbar „betäuben" und zu Zombies werden lassen. Konsequenterweise fördert die Gesellschaft nicht nur Süchte, sondern funktioniert selbst wie Süchtige.*

Der Arbeitssüchtige hat seine Gefühle eingefroren. Er verdrängt Angst, Ärger, Sorge und Wut. Nichts macht eigentlich wirklich Sinn für ihn. Er ist spirituell bankrott. Man nimmt es zu wenig zur Kenntnis, aber die Wahrheit ist im Wortsinn tödlich: Viele Arbeitssüchtige bezahlen ihre chronische Überforderung mit dem Leben. Das gilt nicht nur für Manager und „höhere Kreise", sondern genauso für den Fabrikarbeiter und die Verkäuferin, den Heimwerker und die perfektionistische Hausfrau. Wer sich selbst mit seinen Schwächen nicht annimmt, der muss perfektionistisch agieren. Alles muss perfekt sein, das heißt wörtlich, total, ohne einen Abstrich gemacht werden. Wer sich liebenswert fühlt, kann sich selbst auch verzeihen, darf Schwächen einräumen, ja, er liebt sich gerade wegen seiner Dummheiten und Unzulänglichkeiten. Der Arbeitssüchtige ist sich selbst der größte Feind und Kritiker. Gegen keinen hat er so wenig Wohlwollen wie gegen sich selbst.

Partnern von Arbeitssüchtigen ist dringend zu raten, sich um sich selbst zu kümmern. Sie dürfen sich nicht von der Geschäftigkeit suchtkranker Personen anstecken lassen. Sie müssen sich eingestehen, dass sie keine Macht über die Krankheit des Partners haben. Er selbst muss aus seiner Sucht aussteigen wollen.

Das kann er, indem er, gut verhaltenstherapeutisch, in vielen kleinen Schritten die Arbeit reduziert, das Faulenzen lernt, ein nicht konkurrenzhaftes Hobby findet, mit den Kindern spielt und die Liebe zulässt. Letztlich ist es jedoch kein verhaltenstherapeutisches Problem allein, es verweist auf eine tiefe seelische Ebene. Der Arbeitssüchtige muss sich, wie alle anderen Süchtigen, in die Liebe fallen lassen. Er muss sich selbst lieben lernen.

Arbeitssüchtige bieten dem Arzt meist nur ihre Symptome an, Erschöpfung, depressive Verstimmung, Kreislaufschwierigkeiten, Magenschmerzen, vor allem Schlaflosigkeit; die letztere steht für das dominante Kontrollbedürfnis der Arbeitssüchtigen. Über die Sache selbst sprechen sie nicht. Es fehlt ihnen die Krankheitseinsicht.

Dabei verlangt Arbeitssucht eine psychotherapeutische Hilfestellung. Dazu ist am besten eine psychosomatische Klinik geeignet. Hier findet sich der Süchtige von der Gruppe akzeptiert und liebevoll konfrontiert (loving confrontation). Hier kann er seine suchtmachende Kindheitsgeschichte erinnern, nachfühlen und durcharbeiten. Hier kann er im Rahmen des Gruppensetting neue Lernschritte ausprobieren.

Der Psychoanalytiker Horst-Eberhard Richter schreibt uns Männern in seinem Buch *Lernziel Solidarität* ins Stammbuch: *Der äußerliche Scheinerfolg, das Männlichkeitsprestige und die Prämien der Überanpassung in der Arbeitswelt entlarven sich als die blendende Fassade eines faktischen Scheiterns, das freilich lange verborgen bleibt. Dieser Typ, der so fabelhaft wie kein anderer in unserer Konkurrenzgesellschaft funktioniert und obendrein als Inbegriff sexueller Attraktivität propagiert wird, ist wahrscheinlich der kränkeste überhaupt. Denn kein anderer – abgesehen von den Drogenabhängigen – betreibt den Ruin des eigenen Körpers mit der gleichen fatalen Zielstrebigkeit wie er.*

Beziehungssucht

„Ich weiß nicht, ob man dies als Hörigkeit bezeichnen kann"

Je weniger Menschen sich selbst lieben, desto stärker sind sie auf Geliebtwerden angewiesen. Je stärker das Angewiesensein, desto geringer die Aussicht auf Liebe. Damit wächst aber die süchtige Sehnsucht nach absoluter, ewig dauernder Liebe, in der sich alles Negative auflöst wie ein böser Traum im seligen Nirwana.

Karl Geck,
Erwachsenwerden in Liebesdingen

In seiner lesenwerten Schrift *Nicht die Droge ist's, sondern der Mensch* (Verlag Schritt für Schritt), schreibt Walther H. Lechler grundsätzlich: *Solange wir noch immer der reichlich primitiven, unkritischen und unwissenschaftlichen Vorstellung unter wissenschaftlichem Gehabe huldigen, dass ein lebloser, inerter Stoff so etwas wie „Sucht" hervorrufen könnte, solange alle unseren sogenannten wissenschaftlichen Forschungsvorhaben und Therapieansätze unter diesem drogen-zentrierten Konzept ausgerichtet werden mit dem Ziel, dies beweisen zu müssen und zu können, solange auch werden wir nie begreifen, was uns das Phänomen der sogenannten Sucht… auf dem Wege unserer Lebensbewältigung, unserer Konfliklösungsversuche und Lebensgestaltung vermitteln könnte.*

Nicht der Alkohol, das Nikotin, die Süßigkeiten, das Koffein sind das Problem, sondern der Mensch, der die Droge braucht. Uns der Sucht zu stellen, heißt, uns mit unserer Sehnsucht zu konfrontieren. Das bedeutet wiederum, unsere Ängste, Bedürfnisse und Verletzungen ins Auge zu fassen. Das ist ein Weg in das Dunkle unserer Persönlichkeit. Der Weg in das Herzstück unserer Lebenslüge, unseres Selbstbetrugs und unserer Selbsttäuschungen. Das macht Angst.

Noch einmal Walther H. Lechler: *Ich möchte es als einen folgenschweren Irrtum bezeichnen, dass der sogenannte Süchtige als Sklave der Droge... angesehen wird. Es ist umgekehrt so, dass derjenige, der als Süchtiger sich dem Leben nicht zu stellen vermag, sich stellvertretend Sklaven anheuert, die für ihn das besorgen müssen, wozu er sich selbst nicht in der Lage fühlt.* Die Folgen sind, wie Lechler beobachtet, katastrophal: *Die Sklaven gleichen scheinbar das Defizit für ihn aus. So erfährt er auch nicht mehr die drohende und sogar quälende Not-Wendigkeit, sich einem oft mühseligen Lernprozess zu stellen. Dadurch vergrößert sich mehr und mehr sein Lern- und Erfahrungsdefizit. Je größer also die Diskrepanz wird zwischen Lebensanforderungen und Problemlösungsfähigkeit, um so größer muß der „Sklaveneinsatz" werden. Das ist die negative Eskalation der Sucht: So sind Dosissteigerung und Kontrollverlust zunächst Ausdruck eines inneren, in zunehmendem Maße unstabil werdenden Zustandes, der mit einem vermehrten Hilfskräfteeinsatz vor dem totalen Zusammenbruch bewahrt werden soll.*

Wenn die *Wunde der Ungeliebten* (Peter Schellenbaum) in uns brennt und wir uns als wertlos, isoliert und lebensunfähig empfinden, so neigen wir dazu, uns den Partner als „Sklaven" unseres Suchtverhaltens anzuheuern. Wir sind dann beziehungssüchtig. Mit der Droge Partner suchen wir, unserer Lebensnot zu entrinnen. Wie verheerend und ausweglos diese Beziehungssucht Frauen wie Männer konstelliert, zeigen die drei folgenden Beispiele:

Da ist Katharina (Name geändert), einunddreißig Jahre alt. Katharina war von drei Schwestern das mittlere „Sandwich"-Kind. Sie war gut in der Schule, etwas mollig. Katharina wollte nie in die Disco fortgehen, junge Männer verscheuchte sie mit barschen Worten und hatte erst mit sechsundzwanzig Jahren ihren ersten Freund. Seit drei Jahren ist sie mit einem Ausländer liiert. Ein Kind von ihm hat sie abgetrieben, weil sie fürchtete, nie wieder von diesem Mann loszukommen. Immer wieder hat Katharina versucht, sich von dem Mann zu trennen. Aber es will und will ihr nicht gelingen. Der Mann lebt auf ihre Kosten. Er tut ihr nicht gut. Ihre Eltern sind ebenfalls gegen die Verbindung. Außerdem befindet er sich, aus Asylgründen, immer noch in einer Scheinehe mit einer anderen Frau. Katharina träumt von einer Familie mit Kind. Doch so kann das nie etwas werden. In der Tiefe liebt sie diesen Mann nicht. Sie schmeisst ihr Leben einfach weg.

Katharinas Problem ist: Sie will auf keinen Fall

allein sein. Es ist offensichtlich auch Scham im Spiel. Sie würde sich wohl schämen, sagen zu müssen, „ich habe keinen Freund". Die Maxime ihrer Beziehungssucht könnte lauten: „Lieber unglücklich zu zweit als einsam." Der Gedanke drängt sich auf: Wie wäre es, wenn Katharina, statt einer unmöglichen Beziehung hinterher zu rennen, endlich einmal die größte Liebesgeschichte ihres Lebens absolvierte – die Liebe zu sich selbst!

Für Frauen ist die gute Beziehung das entscheidende Thema ihres Lebens. Das ist gut so, und davon könnten viele Männer mit ihrer notorischen Beziehungskargheit und Angst vor Nähe etwas lernen. Für Männer bilden in der Regel der Beruf, Politik, aber auch Sport, Autos und Hobbys den Mittelpunkt ihrer Identität. Aber von der weiblichen Beziehungsfähigkeit führt oft ein kurzer Weg zur Beziehungssucht, zu einer Haltung, sich ausschließlich über den Mann zu definieren. In der Psychologie nennt man das *das Phänomen der weiblichen Leere*. Weil Frauen sich selbst oft nicht genug schätzen und ihren inneren Reichtum nicht akzeptieren, klammern sie sich kompensatorisch an einen Mann und versuchen, über ihn Wert zu erhalten. Damit geben sie sich auf. Sie machen sich selbst zu Opfern. Anna (Name geändert) aus der österreichischen Projektgruppe Saalfelden rückt dieses weibliche Drama im folgenden Text packend ins Bild:

Sucht, Seele, Sehnsucht

Fast frei von Süchten bin ich.
Frei von der Sucht nach Zigaretten.
Frei von der Sucht nach Marihuana, Haschisch und
was es da noch alles gibt.
Auch mit Alkohol habe ich kein Problem.
Ich bin nicht ess- und nicht fernsehsüchtig.
Ich trage mein Geld nicht ins Casino.

Es ist etwas ganz anderes, das mich aus der Bahn
wirft, das mich aus dem Gleichgewicht bringt, das
mich traurig und depressiv werden lässt.
Ein anderes Verlangen lässt mich frieren, an mir
zweifeln, raubt mir die Energie und die klare Sicht.
Es ist die Sucht nach einem Partner, nach einer Bezie-
hung. Bin ich alleine, so rede ich mir ein, es ist ganz
okay, so mit mir zu leben, und phasenweise gelingt es
sehr gut. Doch dann kommt dieses traurige Gefühl
der Leere.
Habe ich dann einen Partner, dann bin ich bereit,
vieles, was mich stört oder verletzt, zu akzeptieren,
damit die Beziehung aufrecht bleibt.
Im Innersten spüre ich, dass etwas nicht stimmt. Dass
etwas weh tut, und eine Traurigkeit zieht durch mein
Herz. Tapfer lächle ich, aus Angst, ich könnte die
heiß ersehnte Nähe und Zärtlichkeit verlieren.
Ich bin bereit, Demütigungen und Kälte zu schlucken
und die wenigen funktionierenden Dinge hervorzu-
heben, damit die bitteren Seiten verdeckt bleiben.
Ich muss alles tun, um zu gefallen, seinen Wünschen
gerecht zu werden.
Wenn es trotzdem auseinander geht, suche ich die
Schuld bei mir.

War ich nicht tolerant genug oder nicht lieb genug oder nicht interessant genug? Bin ich nicht liebens-wert?

Schon meine Mutter hatte alles versucht, ihrem oft-mals gewalttätigen Ehemann gerecht zu werden. Ihn zu besänftigen, sich anzupassen, friedlich und lieb zu sein.
Sie schluckte körperliche und seelische Misshandlun-gen mit einem Lächeln des scheinbaren Friedens.
Sie versuchte, Liebe durch Anpassung zu gewinnen.
So wie ich auch.

Ja, was ist eine Frau ohne einen Mann?
Mag er noch so unfähig sein. Ein Macho, ein voll-kommener Egoist, ein Psychopath, aber ein Mann an meiner Seite.
Ist ein Leben ohne Mann schlimmer als alle Miss-handlungen?
Der Gedanke an ein Leben ohne ihn ist unerträglich. Die seltenen liebevollen Momente werden fest im Gedächtnis behalten. Die schlechten Zeiten in ein mildes Licht gerückt. Welch ein Selbstbetrug!

Wieder allein! Wofür lebe ich? Wer oder was bin ich nun noch? Eine dünne Stimme in mir meldet sich: Hallo, bin ich allein kein Grund zu leben?
Nun beobachte ich mich und meine Reaktionen, wenn ich mit Männern zu tun habe. Ich erschrecke, und es tut oft sehr weh, wenn ich zusehe, wie ich mich erniedrige, mich klein mache und so schlecht zu mir bin.
Schritt für Schritt versuche ich, es beim nächsten Mal anders zu machen.

Mühsam übe ich, zu mir selbst zu stehen.
*Langsam lerne ich, auf **meine** Gefühle zu hören, nach*
***meinen** Bedürfnissen zu leben. Es ist ein schmerzhaf-*
ter und anstrengender Weg. Aber am Ende wartet
*die Freiheit und **mein Leben**.*

Bin ich allein kein Grund zu leben? Heinrich
(Name geändert), verheiratet, Vater von drei Kindern, hat seit Jahren seine gesamte Energie auf diese
Schicksalsfrage konzentriert. Der kleine Heinrich
erlebte bereits die Realität einer Suchtfamilie: *Meine*
Eltern gingen ihrer Arbeit nach. Dabei war jede
freie Minute mit Arbeit angefüllt. Der Haushalt
meiner Mutter war generalstabsmäßig organisiert.
Jeder Tag war mit einer speziellen Arbeit belegt, die
sich Woche für Woche wiederholte. Sonntage und
besonders Feiertage waren ein Gräuel, weil sie nicht
mit Arbeit angefüllt waren. Sie waren Leerlauf, sie
machten keinen Sinn für meine Eltern. Das Lesen
von Büchern oder tiefergehende Gespräche mit
ihnen war Fehlanzeige. Irgendwann füllten Kreuz-
worträtsel diese Tage aus. Später kam dann das
Fernsehen hinzu. Wenn nicht gearbeitet wurde, lief
der Fernseher, wenn es sein musste, an Sonn- und
Feiertagen, auch den ganzen Tag. Alles war geregelt,
bestimmte Arbeiten fanden zu ganz bestimmten
Zeiten statt. Unvorhergesehene Dinge waren ein
Gräuel, man konnte sie nicht planen, sie waren
unheimlich. Da dies für mich ein normales Verhal-
ten war, übernahm ich dieses. Ich begann auch,
Kreuzworträtsel zu lösen, tagein, tagaus. Auch be-
gann ich, viel fernzusehen, jeden Tag, so viel es ging.

Mit diesem Verhaltensrepertoire ging Heinrich in die Ehe: *Ich beschäftigte mich mehr mit Kreuzworträtseln und Fernsehen als mit meiner Frau. Heute weiß ich, dass dies ein Suchtverhalten von mir war. Es lenkte mich davon ab, über mich nachzudenken,*

Der erwachsene Mann Heinrich zog sich in sein emotionales Schneckenhaus zurück und vermied tiefere Kontakte mit anderen Menschen. Sie machten ihm Angst. Auch hier ahmte er seine Eltern nach. Sie lebten in einer symbiotischen Beziehung. Heinrich entwickelte eine Beziehungssucht zu seiner Frau Lisa (Name geändert). *Ich war völlig auf meine Frau fixiert. Wir passten zusammen wie der Schlüssel und das Schlüsselloch. Ich weiß nicht, ob man dies als Hörigkeit bezeichnen kann. Ich überließ alle Entscheidungen mehr oder weniger meiner Frau, übergab ihr die meiste Verantwortung, richtete mich nach ihr. Gleichzeitig ließ ich sie aber nicht los. Ich klammerte sie regelrecht an mich. Ideal wäre es für mich gewesen, sie wäre ein „Heimchen am Herd". Das gab mir auch wiederum Sicherheit, alles unter Kontrolle zu haben, mein Leben und meine Ehe.*

Hinter der Beziehungssucht verbarg sich Heinrichs Sucht nach Sicherheit, dem Zwang, alles in seinem Leben zu kontrollieren. So wählte er sich den Beamtenberuf aus. Heinrich: *Der Staat sorgt für mich. Zur Sicherheit schloss ich dann noch Versicherungen ab.* Dieses Zwangsverhalten kannte Heinrich aus seiner Herkunftsfamilie, sogar als sein krebskranker Vater tödlich dahinsiechte: *Ständig lief der Fernseher. Über seine Gefühle, über seine Ängste wurde nicht geredet. Seine Mahlzeiten und Medikamente nahm er nach einem festgelegten Zeitplan ein, als könnte all dies sein Leben verlängern, seinem kranken Leben Sicherheit geben.*

Vor lauter Kontrolle vergisst Heinrich zu leben. Unter einer Maske der schüchternen Freundlichkeit verbirgt Heinrich seine Unsicherheit. Heinrichs Seelenmauer ist undurchdringlich und gemauert aus Ängsten, Depressionen, übergestülpten Konventionen und Suchtverhalten.

Wie ist dieser Wall entstanden? Es ist das Trauma des Alleingelassenseins, erinnert sich Heinrich: *Als ich auf der Welt war, war die Arbeit meiner Eltern immer wichtiger als ich. Ich kam im Alltag nur an zweiter Stelle. Zudem lebten meine Eltern eine ausgeprägte Symbiose, in der für einen anderen kein Platz mehr war und erst recht kein Platz gemacht wurde. So blieb ich außen vor. Ich war trotz Familie allein gelassen, verlassen. Als Kind bekam ich öfters richtige Prügel als Erziehungsmaßnahme, da es mit der Erziehungskunst meiner Mutter nicht weit her war. Ihre Meinung war, eine gute Tracht Prügel habe noch niemandem geschadet. Ich fürchtete mich vor den Prügeln und veränderte mein Verhalten. Ich begann, mich zu verkapseln und einzuschließen. Weiterhin wurde mir als Kind verboten, zu reden oder dazwischenzureden, wenn Erwachsene sich unterhielten. Somit wurde ich mehr oder weniger mundtot gemacht. Ich verschloss mich noch mehr.*

Ich wurde zum fünften Rad am Wagen. So fühle ich mich auch heute noch oft, obwohl es nicht mehr nötig ist.

Dabei muss der kleine Heinrich lebhaft gewesen sein. Er konnte in der Schule nicht stillsitzen und war wohl ein Unruhestifter in der Klasse. Das erfuhren die Eltern. Was machten sie? Sie banden ihn auf dem Stuhl fest, damit er lerne, *wie man stillsitzt.* Dies geschah dem siebenjährigen Kind. Heinrich: *Mein Kontakt zu meinem inneren Ich ging durch den Wall verloren. Da ich nicht mehr verletzt werden wollte, begann ich einen Wall um mein inneres Ich, mein inneres Kind, aufzubauen. Dabei baute ich mit jeder Verletzung den Wall immer größer und größer. Ich war nicht mehr ich. Ich war, was meine Eltern haben wollten. Ich begann, mich zu kontrollieren, mir ein bestimmtes Verhalten anzueignen. Aus diesem Verhalten sind später die Süchte geworden. Unbewusst wollten meine Eltern, besonders meine Mutter, mir Liebe über den Umweg des Essens geben. Dabei sind natürlich Essen und Süßigkeiten kein Ersatz für Liebe. Aber daraus entwickelte sich bei mir auch eine Sucht nach gutem Essen und nach Süßigkeiten.*

Noch als ich den großen Heinrich in der Therapie kennenlernte, war er ein liebes, artiges, braves, ruhiges, stilles, folgsames und übergewichtiges Kind. Tief in seinem Innern herrschte Chaos. Weil er nicht wieder verletzt werden wollte, nahm er keine wirklichen Beziehungen zu Menschen auf. Da er sich keine Beziehungsvielfalt zu gönnen ver-

mochte, hielt er sich – Heinrich, verzeih den blut-
rünstigen Ausdruck! – wie ein Vampir am Lebens-
blut seiner Frau schadlos. Lisa wiederum machte
Heinrichs „Liebesdruck" wütend. Sie fühlte sich
erdrückt und leer gesaugt. Sie verliebte sich prompt
einmal auch in einen anderen Mann. Zu Heinrichs
Glück war dieser ein katholischer Priester, der diese
Liebe nicht zu erwidern vermochte, weil er das
Zölibat schätzte...

Heute kann Heinrich Lisa verstehen: *Die Sucht
bestand darin, mich an meine Frau zu klammern, sie
fest an mich zu binden, auch um sie unter Kontrolle
zu haben. Mit dieser Beziehungssucht macht sich
letztendlich meine fundamentale Angst vor dem
Verlassenwerden, dem Verlassensein, dem Alleinge-
lassensein, dem Nichtangenommensein bemerkbar.
Ich will nicht mehr verstoßen werden. Ich will nicht
mehr ausgeschlossen sein. Ich will nicht mehr in die
zweite Reihe abgestellt werden. Je mehr ich aber
meine Frau an mich klammere, um so eher tritt das
Gegenteil ein. Sie wird sich aus meiner Umklammerung lösen. Sie wird mich verlassen. Die Ehe wird
scheitern. Ich jage sie, unbewusst, weg. Klammern
ist eine sichere Methode, dass es zur Scheidung
kommt. Klammern ist Nicht-loslassen-Können. Es
ist die sicherste Art, etwas zu verlieren, an dem man
hängt, auch das Leben.*

Heinrich erkennt: *Könnte ich zur Ruhe kommen,
mich nicht mehr ständig auf der Suche befinden,
dann würde ich feststellen, dass ich alles, wonach ich
suche, wonach ich süchtig bin, bereits habe. Ich muss*

es nur zulassen. *Ich habe eine Frau, die mich liebt. Ich habe drei Kinder, die mich lieben. Sie alle nehmen mich an. Sie erkennen mich an. Aber dann kommt wieder die Angst vor Verletzbarkeit, die Angst vor Gefühlen, die Angst, das Leben nicht mehr kontrollieren zu können.*

Heinrich, physisch ein Bär von einem Mann, ist ein Kämpfer. Er sagt: *Befreien von meinen Süchten kann ich mich nur selbst. Diese Arbeit muss ich selbst tun. Ich bin für mich selbst verantwortlich und sonst kein anderer. Ich kann mir nur Hilfe von außen holen, die mich bei meiner Arbeit an mir selbst unterstützt. Sie kann aber nicht meine Arbeit an mir übernehmen.*

Beziehungssucht ist kein schicksalhaftes Verhängnis. Man kann sie genauso gut dekonditionieren wie sie einem als Kind ankonditioniert wurde. Heinrich jedenfalls verfolgt die beschwingte Utopie eines befreiten Lebens:

Wenn ich das Leben in der Lebensschule lerne, wird sich auch mein Bewusstsein erweitern. Ich werde freier. Mein Tanz wird dann beschwingter, leichtfüßiger, schwebender. Wenn der Partner diesen Tanz mit mir zusammen tanzt, verschwinden allmählich die Konturen der Tänzer. Tänzerin und Tänzer werden eins. Dabei hat aber niemand sein Ich aufgegeben. Jeder bleibt trotz dieses Einswerdens ein eigenständiges Individuum. Das Ich löst sich nicht auf.

Sexsucht

„Ich fand meinen ‚Kick‘ in zahlreichen Außenbeziehungen"

Suchtbefallene lösen in uns große Ängste aus. Das ist etwas Unheimliches, aber das ist das Unheimliche in uns selbst. Wir ahnen, dass dieser Zustand mit uns etwas zu tun haben könnte.

Walther H. Lechler

Um es zu wiederholen: Alles, aber auch wirklich alles kann zur Sucht werden. Auch die Sexualität. Inzwischen gibt es vorzügliche Literatur, u.a. von Patrick Carnes *Über die Sexsucht* sowie die Selbsthilfegruppen AS; das sind die „Anonymen Sexsüchtigen". Die Übergänge zur Sexsucht sind fließend. Der klassische Sexsüchtige ist ununterbrochen, oft mehrfach täglich, auf der Suche nach einem Sexualpartner. Da so viele wechselnde Partner in der Regel nicht aufzutreiben sind, suchen Männer Prostituierte auf, besuchen häufig Peep-Shows und masturbieren mehrmals täglich, und/oder sie fordern von ihrem Partner täglich mehrmals Sexualität.

Für einen Sexsüchtigen ist es normal, mit seiner Frau fünfmal am Tag schlafen zu wollen. Er versteht ihre Abwehr nicht, diskriminiert sie als „frigide" und praktiziert, wie alle Süchtigen, eine Schuldprojektion. Sie ist schuld, dass er nicht satt wird. Oft neigen Sexsüchtige auch zu chronisch „harten" Sexualpraktiken, weil sie sonst nicht ihren „Kick" bekommen. Der Sex beherrscht ihr Denken. Sie konsumieren viel Pornographie. Sie sind bindungsschwach und zugleich süchtig nach flüchtigen sexuellen Kontakten mit anderen Menschen. Sie sind rastlos, immer auf der Suche; die Liebe selbst finden sie nicht dabei. Ihre Ehe und Bindungen zerbrechen leicht. Die Außenwelt ahnt nichts von ihrem geheimen Drama.

Ich komme mir wie ein Jäger im Dschungel der Großstadt vor, bekannte mir Moritz (Name geändert), ein Sexsüchtiger. Er begann die Sitzung bei mir mit den Worten: *Ich ruiniere mich finanziell. Ich gefährde meine Ehe. Ich kann meinen Kindern nicht mehr in die Augen schauen.*

Dabei war Moritz ein „Spätberufener". Als Bundeswehrsoldat schlief er zum ersten Mal mit einer zehn Jahre älteren Frau: *Es war ein Erlebnis, das mich umgeworfen hat. Bis zu diesem Zeitpunkt war ich immer noch ein linkischer, schüchterner Junge geblieben. Ich hatte Angst vor Frauen. Da ich von Kindheit auf, wegen einer Hüftgelenksluxation, leicht hinke, fühlte ich mich „ohne Marktwert". Diese Frau – sie war verheiratet – brachte mich zur Ekstase. Plötzlich war meine Einsamkeit weg. Endlich fühlte ich mich außer mir versetzt. Es war wie die Rückkehr in den Mutterleib, die totale Auflösung, Geborgenheit pur. Das übertraf die tiefsten alkoholischen Räusche. Es war die komplette Flucht aus der tristen Realität. Als der Mann der Frau auf Amerikareise war, verbrachten wir zwei Wochen miteinander. Wir sind kaum aus dem Bett heraus-*

gekommen. Mehrfach musste ich beim Orgasmus weinen vor Erschütterung und Glück. Es schien mir so, als ob ich im Schoß dieser Frau Heimat und Himmel gefunden hätte. Doch der Mann kam hinter diese Affäre. Ich bekam riesigen Ärger. Die Beziehung zerbrach. Ich war vom Schmerz zerrissen. Zugleich war ich mutiger geworden. Ich hatte Erfahrung, dass ich sexuell attraktiv bin. Jetzt ging ich auf die Frauen zu.

Ich staune eigentlich noch heute, wieviel Frauen es gibt, die nach Kontakt hungern und deswegen sofort und mühelos, im Zweifelsfall auch nur für eine Nacht, für Sex zu gewinnen sind. Das nutze ich aus. Bevor ich zu Dir in die Sprechstunde kam, habe ich mir die Zahl meiner gegenwärtigen, gleichzeitigen Sexualpartnerinnen zusammengerechnet. Es sind, wenn ich mich nicht geirrt habe, vierundzwanzig Frauen. Dabei habe ich nicht die Prostituierten mitgerechnet. Während der Woche gehe ich jeden zweiten Tag zu einem Callgirl. Das geht ins Geld. Ich weiß langsam nicht mehr, wie ich diesen Sex finanzieren soll. Mein Konto ist überzogen. Meine Frau weiß nichts davon.

Wie er denn, rein zeitlich, mit vierundzwanzig Frauen plus Prostituierten im Zeitraum eines Monats sexuelle Kontakte unterhalten könne, fragte ich. Moritz erläuterte, er sei Vertreter in der Versicherungsbranche. Damit sei er den ganzen Tag unterwegs und könne jederzeit ein „Schäferstündchen" einlegen. Das sei ihm im Laufe der Jahre eine Besessenheit geworden, von der er nicht ablassen könne. Längst stelle sich das Glücksgefühl von damals, mit der Frau aus der Bundeswehrzeit, nicht mehr ein. Ganz im Gegenteil, der Kater folge dem Sex auf den Fuß. Er fühle sich rastlos und getrieben, aber ohne diesen permanenten Sex könne er nicht leben.

Ob er krank sei, fragte Moritz mich. Ja, antwortete ich ihm, auch wenn die Sexsucht im Sinne der Reichsversicherungsordnung und der Sozialgerichte nicht als Sucht anerkannt ist. Aber auch die Eifersucht und die Putzsucht sind keine gesetzlich anerkannten Süchte. Das ist lediglich der juristische Aspekt. Wie denn seine Frau mit seiner Sucht lebe, wollte ich wissen. Moritz antwortete: *Anfänglich habe ich sie ganz massiv sexuell bedrängt. Morgens, in der Mittagspause und abends wollte ich sie zum Beischlaf zwingen. Eine Zeit lang hat sie mitgemacht. Dann hat sie sich gewehrt. Ich habe sie so unter Druck gesetzt, dass sie mittlerweile nur noch einmal, am Wochenende, mit mir schläft. Sie steckt voller Groll gegen mich. Wir sprechen nicht mehr darüber, aber unsere Beziehung ist zerrüttet. Ich gebe ihr keine Zärtlichkeit, und sie verschließt sich. Unsere beiden Kinder sind aus dem Haus. Sie sitzt den ganzen Tag zu Hause und putzt und putzt und putzt. Jeden Tag reinigt sie die gesamte Wohnung nass und anschließend mit dem Staubsauger. Küche, Bad und Toilette sehen aus wie Operationssäle, beinahe aseptisch. Ich darf in der Wohnung nur mit Strümpfen laufen. Sie ist ein Putzteufel. Das war sie am Anfang nicht.*

Die letzten beiden Sätze lassen aufhorchen. Ganz offensichtlich war Moritz Frau am Anfang eine normale lebenslustige Frau mit Freude am Sex. Jetzt verweigert sie sich, begreiflicherweise. Darüber hinaus ist sie augenscheinlich putzsüchtig und zwanghaft geworden. Mit nichts können gerade Frauen mehr die innere Leere füllen als mit krankhaftem Putzen. Fast hat es den Anschein, als ob sie damit unbewusst den ganzen Beziehungsdreck abschrubben wollen. Auch Moritz, so ergab die Sitzung, hatte keine Hobbys und geistigen Leidenschaften. *Zum Lesen finde ich keine Ruhe, meine CDs habe ich verschenkt, nicht einmal ins Kino gehe ich mehr. Ich bin viel zu unruhig dazu. Von meinem Beruf verstehe ich etwas, er bringt mir auch gutes Geld, aber er erfüllt mich nicht. Ich wäre gerne Apotheker oder Arzt geworden, durfte aber nicht studieren, weil mein Vater zu diesem Zeitpunkt alles Geld in seinen Hausbau steckte. Als das Haus fertig war, starb er an Gehirnschlag. Das hatte er nun davon.*

Man braucht kein Psychotherapeut zu sein, um zu sehen, wieviel hier bei Moritz und seiner Frau zur Verarbeitung, Klärung, zum Verzeihung-Bitten und Vergeben, zur neuen Lebensorientierung ansteht. Oscar Wilde sagte einmal: *Sich selbst zu lieben, ist der Beginn einer lebenslangen Romanze.* Wenn Moritz das gelingt, braucht er nicht länger aus der Sexualität eine Sucht zu machen. Diese missbräuchliche, wahllos promiskuitive Sexualität ist das sicherste Mittel, die Nähe zu vermeiden. Man kann Nähe zweifach vermeiden – durch Rückzug oder durch eine Überfülle oberflächlicher Kontakte. Kontakte, in denen man selbst nicht mit dem Herzen dabei ist und den anderen zur Sache macht, instrumentalisiert. Ich habe dem zweiundfünfzigjährigen Moritz den sofortigen Gang zur Selbsthilfe der Anonymen Sexsüchtigen (AS) und eine stationäre Therapie in einer der – im Anhang dieses Buches genannten – Herrenalb-Nachfolge-Kliniken geraten. Leider hörte ich nie wieder etwas von ihm. Aber ich merke, wie Du, Moritz, mir im Kopf herumspukst.

In seinem Buch *Zerstörerische Lust – Sex als Sucht* beschreibt Patrick Carnes ohne Prüderie und Moralinsäure, wie die Sexsucht entwicklungshemmend wirkt. Um es einmal ganz drastisch, mit Moritz' Worten, zu formulieren: *Ich ficke mich um Kopf und Herz. Im Sex werde ich mir selbst fremd. Der Sex beherrscht mein ganzes Leben. Dreihundertfünfundsechzig Tage lang bin ich von morgens bis abends läufig wie ein Hund. Sogar an den Weihnachtstagen im letzten Jahr habe ich mich von der Familie weg zu meinen Sexpartnerinnen gestohlen. Es fällt mir manchmal schwer, ihre Namen zu merken. Wenn ich mit ihnen geschlafen habe, will ich nichts wie weg. Ich kann mich selbst nicht mehr im Spiegel anschauen. Ich lebe ein Doppelleben wie Dr. Jekyll und Mr. Hyde.*

Sexsucht ist naturgemäß auch Eroberungssucht, Größenwahn, Grandiosität. Michael (Name geändert), schreibt: *Ich blieb im Sportunterricht, beim Fußballspielen immer der Letzte, der ausgesucht* wurde. Ich mochte diesen rauhbeinigen Sport, an dem die Wertigkeit eines Jungen gemessen wurde, nicht. Was blieb in mir zurück? Es den „anderen" auf eine andere Art zu zeigen, dass ich „wertvoll" bin. Aus dieser Sehnsucht entstand ein Minderwertigkeitsgefühl, ein Ungleichgewicht für die Seele. Es kam bei mir zu vielen Frauenbeziehungen gleichzeitig. Da war ich der scheinbar so „tolle Hecht" vor meinen männlichen Kollegen. Das Nicht-wahrhaben-Wollen und Verdrängen von Realität verlangte immer nach einem neuen „Kick". Den fand ich in vielen Außenbeziehungen.

Michael sonnte sich im Glanz, ein „Schürzenjäger" zu sein. Auch war er arbeitssüchtig. *Meine Arbeits- und Frauensucht hielt ich nicht verborgen. Ich brauchte sie ja, um auf mich aufmerksam zu machen. Das traurige Ergebnis war, meine Ehe wurde geschieden.* Michaels Liebesdefizite gehen bis in die, wie er schreibt, kindlichen Liebesdefizite und Nichtdazugehörigkeit in der Ursprungsfamilie zurück. Das war nicht durch Frauen und Arbeit zu heilen.

Heute könnte seine frühere Arbeitssucht die Sätze zu ihm sagen: „Ich habe Deine Zeit bekommen. Aber was hast Du vorzuweisen? Geld!? Was hast Du damit gemacht? Dinge gekauft, die Du nicht brauchst, Autos, die schon verrostet sind. Schau lieber nach dem Glanz des Mondes und der vielen Sterne. Lausche in den hellen, klaren Nächten. Spüre die Stille, das scheinbare Stehenbleiben der Zeit, Deine Seele, wie sie scheinbar im Gleichklang *mit einer Materie und Weite schwingt.*" Was bleibt uns am Ende, fragt sich Michael: *Ein Zettel am „Großen Onkel" in der Kühlzelle des Bestattungsinstitutes.*

Michael hat sich eine Selbsterfahrungsgruppe bei mir in Lahnstein gegönnt. Auch das hat ihm geholfen, Abschied von den alten, süchtigen Abhängigkeiten zu nehmen und sich zum Glück seiner heutigen Partnerschaft mit einer wundervollen Frau zu bekennen. *Jetzt,* meint Michael, *kann ich endlich den Satz des Philosophen Nietzsche für mich leben: „Man muß noch Chaos in sich haben, um einen tanzenden Stern zu gebären."*

Helfersucht

„Ich kann mich fast bis zur Selbstaufgabe hingeben"

Die innere Situation des Menschen mit dem Helfer-Syndrom lässt sich mit einem Bild beschreiben: ein verwahrlostes, hungriges Baby hinter einer prächtigen, starken Fassade.

Das Helfer-Syndrom ist eine Verbindung charakteristischer Persönlichkeitsmerkmale, durch die soziale Hilfe auf Kosten der eigenen Entwicklung zu einer starren Lebensform gemacht wird...
Eigene Schwäche und Hilfsbedürftigkeit werden verleugnet: Gegenseitigkeit und Intimität in Beziehungen vermieden.

> Wolfgang Schmidbauer,
> Hilflose Helfer.
> Über die seelische Problematik helfender Berufe

Leide ich an Helfersucht? So schreibt mir Rosemarie (Name geändert). Vierunddreißig Jahre alt, unverheiratet, arbeitet sie als Krankenschwester in Bayern. Sie ist das älteste Kind einer kleinen Bauernfamilie mit sieben Kindern. Schon früh musste sie hart anpacken, neben der Arbeit auf dem Feld, beim Melken der Kühe, dem Füttern der Schweine, vor allem aber bei der Betreuung der jüngeren Geschwister, besonders der drei jüngsten Buben:

Meine Eltern zeigten wenig Gefühle. Sie waren verarbeitete Bauern, vom Leben enttäuscht. Der

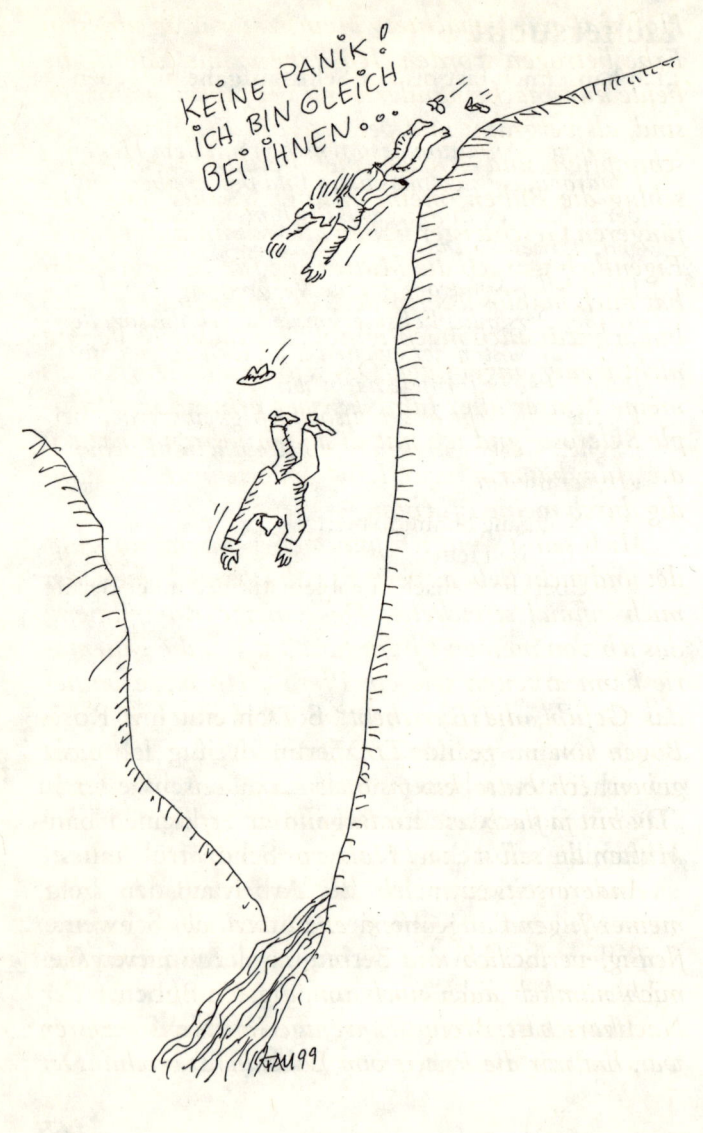

Hof war nur gepachtet. Mein Vater war um sein Erbe betrogen worden. Ich habe meine Eltern, die beide kurz nacheinander vor zwei Jahren gestorben sind, als vergrämt und verbittert in Erinnerung. Sie schimpften und schrien viel herum. Mein Vater schlug die Buben, meine Mutter schaute weg. Die jüngeren Geschwister haben alle zu mir aufgeblickt. Eigentlich war ich die Mutter, die für sie sorgte. Das hat mich maßlos überfordert. Aber wenn ich ehrlich bin, ich war auch mächtig stolz auf meine Rolle und nicht wenig eingebildet. Das wurde noch stärker, als meine Mutter über Jahre hinweg erkrankte, Multiple Sklerose, und ich mit dreizehn Jahren praktisch die „Jungbäuerin" war. Ich definierte mich vollständig durch meine Pflichten.

Mich selbst fand ich pummelig, plump, ungebildet und nicht liebenswert. Es gab ja auch keinen, der mich einmal streichelte. Das einzige Kompliment, das ich von meinen Eltern hörte, war, „die Rosemarie kann arbeiten wie ein Pferd". Ich hatte immer das Gefühl, die Burschen im Dorf machen einen Bogen um mich. Zu Tanzfesten mochte ich nicht gehen. Ich hatte kaum Busen und schämte mich. „Du bist ja flach wie ein Bügelbrett", spottete meine Mutter, die selbst „viel Holz vor der Hütte" hatte.

Andererseits war ich bei den Nachbarn trotz meiner Jugend angesehen, eben weil ich so bienenfleißig, verlässlich und tüchtig war. Ich kümmerte mich nämlich auch noch um die Kranken in der Nachbarschaft. Meine Tante, die Krankenschwester war, hat mir die Praxis von Wickeln, Einreibungen und Grundkenntnisse der Naturheilkunde beigebracht. Ich gefiel mir in der Rolle der guten Fee und verzehrte mich für andere. Wenn ich Leistungen brachte, fühlte ich mich wenigstens akzeptiert. Manchmal hätte ich mich allerdings gerne selber ins Bett gelegt und genau jene Fürsorge in Anspruch genommen, die ich selbst meinen jüngeren Geschwistern und den kranken Nachbarn gab.

Es scheint mir kein Zufall, dass ich mir den Helferberuf der Krankenschwester gesucht habe. Eigentlich wiederholt sich hier auf einer anderen Ebene die Geschichte meiner Kindheit. Wieder gebe ich alles, aber auch wirklich alles von mir den Kranken. Ich bin nur für sie da. Ich bin zu jeder Überstunde bereit. Wieder sagt meine „Mutter", die Personalchefin: „Auf Schwester Rosemarie kann man sich bombensicher verlassen. Sie kennt nur Arbeit und Pflicht."

Dabei, und das ist das Schlimme, versäume ich das Leben. Trotz flüchtiger Bekanntschaften habe ich bis heute keinen Mann. Ich sehne mich doch so tief nach einem Partner. Ich gelte als gesellig und fröhlich und bin doch letztlich einsam. Ich hoffe, Du bist nicht schockiert, lieber Mathias, aber auch die konkrete Sexualität fehlt mir sehr. Warum bin ich immer für die anderen da, frage ich mich, warum ist keiner für mich da?

Liegt mein Elend vielleicht in mir selbst begründet?

Aus dem „vielleicht" ist für Rosemarie inzwischen eine Sicherheit geworden. Sie hatte ein Aha-

Erlebnis, an dem ich nicht ganz unschuldig bin. Sie hörte meine Kassette *Mein Charakter – mein Schicksal:*

Du sprichst dort über die vier Charaktertypen nach Fritz Riemanns „Grundformen der Angst" – dem schizoiden, dem depressiven, dem zwanghaften und dem hysterischen Menschentypus. Ich fand mich Wort für Wort bei der depressiven Helferpersönlichkeit beschrieben. Meine Grundangst ist es, mich abzugrenzen, klare Grenzen zu setzen, wie Du sagst, einen „sacro egoismo", den „heiligen Egoismus", zu leben. Mein unbewusstes Lebensbekenntnis lautet seit Kindesbeinen: „Ich bin, weil ich helfe". Das heißt mit anderen Worten, wenn ich einmal nicht helfe, dann habe ich auch kein Existenzrecht.

In mir brennt, wie Du auf der Kassette sagst, „die Wunde der Ungeliebten". Weil ich es nicht glauben kann, dass ich um meiner selbst willen liebenswert bin, dass ich dafür gar nichts zu machen brauche, strampele ich mich rund um die Uhr mit karitativen Hilfsleistungen ab, um Liebe zu kriegen. So mache ich beispielsweise nie bei meinen Freundinnen einen Besuch, ohne nicht ein Geschenk, ein Buch, einen Schal, ein Parfum mitzubringen. Ja, ich gehöre auch zu den Menschen, die, wie Du sagst, sich ständig wundern, dass sie von anderen als „seelischer Müllkübel" missbraucht werden, und nicht begreifen, dass sie sich selbst ununterbrochen als Seelentröster anbieten und dabei selbst zu kurz kommen.

Ja, ich bin auch so ein „Kachelofen auf zwei Beinen", wie Du sagst, verschwenderisch, warmherzig, immer für andere offen. Dabei verliere ich mich selbst. Noch wenn ich vierzig Grad Fieber habe, mache ich Nachtdienst auf der Station. Ich liebe dann auch mein Leiden und stilisiere mich zur Märtyrerin der guten Sache.

Rosemarie ist weit entfernt, ihre Helfersucht zu idealisieren. Sie hat einen scharfen Blick für die Ambivalenzen dieser weit verbreiteten, vor allem weiblichen Sucht der Selbstaufgabe. Die Amerikanerin Robin Norwood hat diese süchtige Haltung in ihrem Meisterwerk *Wenn Frauen zu sehr lieben* scharfsinnig analysiert: Rosemarie weiß um ihre mangelnde Aggression und Selbstbehauptung, um die Ich-Schwäche, mit der sie sich bei den Menschen „Lieb Kind" zu machen versucht: *Die Kehrseite meiner chronischen Helferei ist mein Klammern. Wen ich einmal in den Fängen habe, den lasse ich nicht mehr los. Neulich fuhr mich eine Patientin, um die ich mich „hingebungsvoll" sogar in meiner Freizeit gekümmert hatte, unwirsch an: „Jetzt lassen Sie mich doch einmal in Ruhe. Ich bin doch kein kleines Kind." Ich brach in Tränen aus, weil ich mich aus der Liebe herauskatapultiert fühlte. Dabei war die Situation ganz anders. Die Patientin war wieder gesundet. Sie wollte selbständig werden und nabelte sich wieder ab von mir. Das hätte ich als professionelle Krankenschwester doch wissen müssen. Die Patientin hat sich auch beim Abschied ganz rührend bei mir bedankt.*

Ich ertappe mich auch oft dabei, dass ich mir ein rosa Bild von meiner künftigen Beziehung und dem

„Traummann" male: Er darf nur lieb sein, muss mich den ganzen Tag verwöhnen, dreißig Mal am Tag küssen, mich immer nur mit „Liebste" anreden; vor allem darf er nie mit mir streiten. Vielleicht ist er sogar krank, dass ich ihn Tag und Nacht pflegen und ihm alle Steine aus dem Weg räumen kann. Du sprichst davon, dass sich Helferinnen gerne zur „Hüttenmutter der Nation" machen. Ja, ich bin so eine.

Rosemarie wird inzwischen wütend auf sich selbst und ihre Rolle der „mater *dolorosa*", der schmerzensreichen Mutter. Es ist eine Rolle der Vergangenheit, die ausgedient hat. Wie sie schreibt, sucht sie sich eine *freche Therapeutin*. Sie wird ein Seminar bei meiner Schwester, Dr. Maria Theresia Jung, unter dem Titel *Frau, flieg dich frei* in Lahnstein besuchen. Maria Theresia ist mit Sicherheit eine „freche" Therapeutin. Sie wird Dir, liebe Rosemarie, Feuer unter dem Hintern machen! Das garantiere ich Dir.

Der Helfersüchtige lebt, wie Wolfgang Schmidbauer in seinem Bestseller *Die hilflosen Helfer* (eine Pflichtlektüre für Erzieherinnen, Lehrer, Ärzte, Therapeuten) gezeigt hat, zwischen den Polen „Defizit" und „Omnipotenz". *Hinter jedem Helfer,* beobachtet Schmidbauer einmal, *steckt ein „verwahrlostes Baby"*. Oft war der Helfer ein tief geschädigtes Kind, das früh sich selbst verriet und als kleiner Helfer der bedürftigen Mutter oder dem „armen" Vater beisprang. Erwachsene Helfer wurden als Kind viel zu früh aus der Symbiose, dem

Verschmolzensein mit der Mutter, dem Vater, gerissen. Der Helfer trauert dem verlorenen Paradies nach und kompensiert den Verlust durch Hilfeleistungen für andere. Er tut an anderen exakt das, was er für sich selbst nicht zu holen wagt.

Das ist die eine, defizitäre Seite des oft depressiv getönten Helfers bzw. der Helferin. Die andere Seite ist die hohe Potenz des Helfers, seine Grandiosität und, nicht zu vergessen, seine Macht. Wer hilft, der übt Macht über sein Mündel aus, der hält es in der Entmündigung. Gleichzeitig stilisiert der Helfer sich selbst zu einem Übermenschen, immer stark, von Problemen nicht angefochten. Der Kommunikationsforscher Friedemann Schulz von Thun hat im zweiten Band seines Werkes *Miteinander reden* (Rowohlt-Taschenbuch) die Helferkonstellation in zwei Zeichnungen ins Bild gerückt. Da steht der Helfer, womöglich im weißen Kittel des Arztes oder der Krankenschwester, mit seiner großartigen „Butterseite" vor seinem Mündel. Das ist ein armes Würstchen. Es zeigt lediglich seine mickrige Vorderseite. Es verbirgt seine vitale Rückseite und gibt damit ein verfälschtes Bild von sich: „Ich bin ja nur ein armes Würstchen!" Der Helfer wiederum versteckt seine armseligen und bedürftigen Aspekte im Rücken und bläht seine Brust auf.

Es ist der Dialog zwischen Unebenbürtigen, ein Machtgefälle. Man hat beim Betrachten der Zeichnung das Gefühl: Wenn man dem Helfer mit einer Nadel in den großartigen Bauch sticht, dann schrumpft er wie ein geplatzter Luftballon zusammen. Die Schwäche des Helfers und die Stärke des Geholfenen bleiben unsichtbar in dieser Konstellation.

Der grandiose Helfer, das zeigt die andere Zeichnung, trägt, um es hart zu formulieren, den Heiligenschein der Scheinheiligkeit. „Keine Sorge! Ich bin ganz für Dich da!" Können wir Helfer das überhaupt? Ununterbrochen „ganz" für den anderen da sein? Übersteigt das nicht menschliches Maß? Und was wird aus unseren eigenen Bedürfnissen nach Hilfe? Halten wir nicht, wie auf dem Cartoon zu sehen, das traurige, verletzte und wütende Kind in uns wie in einem Käfig versperrt?

Wer sich rund um die Uhr als Helfer für andere verzehrt, gibt sich selbst auf. Nicht umsonst hat der Ärztestand unter den akademischen Berufen die höchste Drogen- und Selbstmordrate. Helfen ist eine großartige Fähigkeit, aber als Gegenpol verlangt sie Eigenliebe, robuste Vertretung der eigenen Interessen, Wahrung des Selbst.

Agnes (Name geändert), eine junge, hübsche Pfarrfrau und angehende Gesundheitsberaterin GGB, kennt die Zwiespältigkeit ihres Helfens: *Mein stärkstes, größtes Bedürfnis ist es vielleicht, angenommen und geliebt und damit „richtig" zu sein. Ich tue momentan, eigentlich ständig, wie auch schon als Kind früher, sehr viel dafür. Ich schlüpfe zum Beispiel manchmal, in geradezu süchtiger Art und Weise, in die Rolle der Helferin, der Verständnisvollen, der Gütigen. Ich kann mich fast bis zur Selbstaufgabe hingeben. Es ist durchaus immer eine* echte Hingabe, und doch steckt die Sehnsucht dahinter, geliebt, verstanden, angenommen zu werden. Ich bin süchtig und zugleich sehnsüchtig nach guten Beziehungen... Irgendwo bin ich immer auf der Suche nach Glück, nach Beziehungen. Als dreifache Mutter übertreibe ich oft in fast affenähnlicher Art die liebevolle Fürsorge gegenüber meinen Kindern und meinem Mann. Es ist nur allzu verständlich, dass ich mit meiner depressiven Struktur in einem Helferberuf gelandet bin.

Agnes kompensiert unbewusst ihre Sehnsucht nach guten Beziehungen durch *irgendwelche tiefsinnigen Filme,* die sie sich bis um zwei Uhr nachts „reinzieht". *Aber mein wirklicher Hunger wird dabei nicht gestillt.* Die schlanke, schöne Frau von heute, die Vollwertköstlerin ist und doch süchtig *Erdnüsse in sich hineinfrisst,* kennt ihre frühe Suchtdisposition: *Als Kindergarten- und Schulkind biss ich mir jahrelang die Fingernägel ab. Mit zwölf Jahren ging ich auf wie ein Hefekloß. Ich fraß alles in mich hinein, im wahrsten Sinne des Wortes, bis ich mich das erste Mal verliebte. Ich schien auf einmal satt zu werden, allein von dem wunderbaren Gefühl in meiner Brust, oder war es im Bauch?*

Nicht nur Lehrer, Sozialarbeiter, Krankenschwestern, Ärzte und Therapeuten sollten ihre Helfermotivation kritisch durchdenken. Das Nur-Geben ist eine Falle. Die Tragik des helfersüchtigen Menschen besteht darin, dass er früher nicht genug bekommen hat und jetzt das, was er selbst dringend bedürfte, mit vollen Händen abgibt, bis sein Vorratssack leer ist. Dann jammert er und fühlt sich, im Sinn des Burn-Out-Syndroms, ausgebrannt.

Dann offenbart mancher seinen verborgenen Groll. *Manchmal*, so sagte mir ein hingebungsvoller Internist und „Seelenarzt" in der Sitzung, *manchmal könnte ich alle meine Patienten totschießen.*

*

Kennzeichnend für das Helfer-Syndrom ist, dass der Betroffene die Regulation seines Selbstgefühls weniger an gegenseitige als an einseitige Beziehungen zu anderen Menschen knüpft. Da er oft schon als Kind nicht um seiner gegenwärtigen persönlichen Gefühle und Eigenschaften willen geliebt wurde, sondern wegen der Verhaltensweisen, mit denen er sich an idealisierte Vorstellungen seiner Bezugspersonen anpasste, glaubt er, nur für das, was er macht, geliebt zu werden, nicht für das, was er ist.

Wolfgang Schmidbauer,
Hilflose Helfer

Leidenssucht

„Ich sog alles gierig auf, was mich leiden machte"

Alles, was leidet, will leben.

Friedrich Nietzsche
Also sprach Zarathustra

Gibt es so etwas wie Leidenssucht? Erika (Name geändert), eine erfahrene Frau und Mutter von drei Kindern, bejaht diese Frage aus der Erfahrung ihres Lebens: *Für mich ist schon die Macht der Gewohnheit eine Sucht, wider besseren Wissens im Sog der Bequemlichkeit zu verharren. Mir ist bekannt, dass Sucht sucht und gleichzeitig alles daran setzt, **nicht** fündig zu werden. Denn das, was gefunden werden könnte, flößt massive Angst ein, obwohl es gleichzeitig die Sehnsucht aller Sehnsüchte stillen würde.*

Den Grundstock ihrer „hartnäckigsten und gefährlichsten Sucht" sieht Erika, wie könnte es anders sein, in ihrer Kindheit begründet: *Ich habe meiner Mutter als brave Schülerin gründlich abgeschaut, wie das geht. In den zwanzig Jahren, die ich mit meinen Eltern unter einem Dach verbrachte, erlebte ich nicht einen einzigen Tag ohne Leiderfahrung.*

Erika litt darunter, dass ihr Vater trank und oft nicht nach Hause kam. Größer war jedoch die Not, wenn er kam. Denn dann musste sie auf ihre Mutter und die beiden Brüder aufpassen, um sie gegebenenfalls gegen die Gewalttätigkeit des Vaters beschützen zu können: *Ich litt unter den tagtäglichen Streitereien meiner Eltern ebenso wie unter ihrem eisigen Schweigen. Ich litt unter der Enge und darunter, dass es keine Intimsphäre für mich gab. Meine Mutter sah und kontrollierte alles. Ich litt unter den ständigen Krankheiten meiner Mutter und unter ihrer Bitterkeit und Resignation dem Leben gegenüber.* Erikas Fazit war grausam: *Ich wäre damals nie auf die Idee gekommen, im Leben auch etwas anderes zu vermuten als tagtägliches Leiden.*

Mit zwanzig Jahren heiratet Erika. Eine weitere Leidensgeschichte in neuer Umgebung und mit neuer Besetzung beginnt. Sie versucht, den Schmerz mit Alkohol zu betäuben. Doch sie ist fähig, diese Sucht schnell wieder aufzugeben, bevor sich eine Dramatik entwickeln konnte: *Aber das Leiden blieb. Ich sog alles gierig auf, was mich leiden machte. Ich wob jeden Tag treu meine Leidensfäden in meinen Lebensteppich ein.* Dabei spürte Erika einen verlässlichen „roten Faden", in ihrem Leben, ihre vitale Religiosität: *Als kleines, verzweifelt in die Kissen weinendes Mädchen gewahrte ich Jesus zum ersten Mal an meinem Bett. Und ich war nie wieder wirklich ganz alleine in meiner Leidensgeschichte, auch nicht, als der nette „Onkel" mich begrapschte und mir mit meinen elf Jahren den ersten glitschigen, alkoholdurchtränkten Zungenkuss verpasste. Jeden Abend kam Jesus an mein Bett und hielt die ganze Nacht hindurch meine Hand.*

Dieser Jesus, so schreibt Erika, rüttelte sie aus

ihrer Leidenssucht heraus. Der Mann aus Nazareth griff, wie sie witzig formuliert, „zum Holzhammer". Er schickte der nimmersatten Märtyrerin eine böse, progrediente Krankheit – die primär chronische Polyarthritis: *Drei Kinder und nicht fähig sein, sie zu versorgen. Sich selbst nicht an- und ausziehen können. Nichts mehr kauen können. Nicht mehr gehen… Endstation. So dachte ich damals.*

Die schauerlichen Schmerzen zeigten Erika den steinigen Weg: Klinik Lahnhöhe. Ernährungsumstellung. Klinik in Wolfsried nach dem Bad Herrenalber Modell. Gruppe der Emotions Anonymous. Psychotherapie. Bücher. Seminare. Meditation. Gebete. Und das Schwerste: Alles Gelernte im Leben anwenden. Das ging holprig und war mit vielen Rückschlägen verbunden.

Jetzt endlich gelingt es Erika, ihren „sturen Kopf und Dickschädel" zu nutzen, um das Erkannte durchzusetzen. Sie trennt sich von den Schwiegereltern, dann von der ganzen angeheirateten Familie. Sie lässt sich scheiden. Sie wagt die überfällige Auseinandersetzung mit den Eltern und Brüdern. Dank der Ernährungsumstellung kann sie auf Rheumamedikamente verzichten. Ganz langsam bekommt sie ihr Leben in den Griff: **Mein** Leben. *Mein herrliches, einzigartiges, freudvolles Leben. In dem Maße, wie die Freude am Leben zunahm, nahm das Leiden daran ab und die Liebe wuchs. Die Liebe zu Bäumen, zur Sonne, zum Wasser…*

Erika durchschaute ihr altes Muster der Leidenssucht und zog einen Schlussstrich. Sie meidet destruktive Menschen: *Heute ziehe ich ganz andere Menschen in den Lichtkegel meines Daseins: Lebensbejahende, fröhliche, mit beiden Beinen auf der Erde stehende, liebesfähige Menschen. Ich weiß, dass die Menschen, die mir näherkommen, meinen eigenen Ist-Zustand widerspiegeln. Ich bin dankbar für die wunderbaren Menschen um mich herum.*

Von der Hochgrat-Klinik in Wolfsried gibt Erika einen heißen Tip für alle Süchtigen weiter: Das „Goldblättchenbuch". *In dieses Buch kommt Tag für Tag hinein, was mir Freude bereitet. Zum Beispiel Liebesbriefe meiner Tochter, Gemälde von ihr. Konzert- oder Kinokarten. Ich notiere Anrufe, Briefe, Geschenke, Komplimente, Besuche, aber auch alles, was ich mir selbst Gutes tue: Sauna, Nacktschwimmen im Vollmondlicht, ein Sommerspaziergang im duftenden Wald.*

Erika, die Ex-Leidenssüchtige, hat sich selbst gefunden: *Je achtsamer man wird, um so mehr gibt es zu entdecken. Du bist reicher, als Du glaubst!* Sie schenkt uns ein lebenssprühendes Dank-Gedicht, das sie für ihr „Goldblättchenbuch" verfasste:

Danksagung

*Danke für dieses Mädchen und
diese Jungen, die ich meine
Kinder nennen darf.
Danke für diesen Mann und
alle Menschen, die mich lieben.
Danke für meinen satten Bauch und*

das warme Nest mit dem schützenden Dach.
Danke für jeden neuen Tag im Frieden und
jede Nacht im kuschligen Bett.
Danke für den Überfluss an Kleidung und
Möbeln für alle Bequemlichkeiten.
Danke für den duftenden Waldboden und
den linden Frühlingstag.
Danke für die sattgrünen Moospolster und
geschäftigen Insekten.
Danke für den kraftvollen Sturm und
den reinigenden Regen.
Danke für den Regenbogen, Zeichen der
Erneuerung und des ewigen Bundes mit Dir.
Danke für den lieblichen Gesang der Vögel und
die duftenden Blüten im Frühlingsfarbenrausch.
Danke für die Energie der Sonne auf
meiner auflebenden Haut.
Danke für die streichelnden Hände des Windes und
meine funkelnden Edelsteine am nachtschwarzen
   Firmament.
Danke für die geheimnisvollen Nebelschwaden und
geschäftigen Trolle im Elfenwald.
Danke für das sacht wogende Kornfeld mit seinem
unverwechselbaren Duft nach Sommerreife.
Danke für die üppigen Früchte und
ihren einzigartigen Geschmack.
Danke für die fleißigen Hände der Saat und
der Ernte in allen Bereichen des Lebens.
Danke für den Klang fließenden Wassers und
den Geschmack würzig-frischer Luft.
Danke für das Rauschen des Meeres und
das Glitzern der Schneesterne unter meinen Füßen.
Danke für Gesang, Malerei und

alle Künste Deiner Menschenkinder.
Danke für alle meine Sinnesorgane, mit denen ich
Deine großzügigen Geschenke genießen darf.
All mein Dank würde ein ganzes Buch füllen.
Um wie vieles reicher ist ein Leben im Dank als in
vermeintlicher Entbehrung!

Kaufsucht

**„Hinterher habe ich die Sachen verkauft,
das meiste wollte ich gar nicht haben"**

*Vor vielen Jahren lebte ein Kaiser, der so ungeheuer
viel auf hübsche Kleider hielt, dass er all sein Geld
dafür ausgab, um recht geputzt zu sein. Er kümmerte
sich nicht um seine Soldaten, er kümmerte sich nicht
um das Theater und liebte es nicht, in den Wald zu
fahren, außer um seine neuen Kleider zu zeigen. Er
hatte einen Rock für jede Stunde des Tages, und wie
man sonst von einem König sagt, er ist im Rate, sagte
man hier immer: „Der Kaiser ist in der Kleiderkammer".*

Hans Christian Andersen,
Des Kaisers neue Kleider

Sie können keinem Sonderangebot widerstehen
und leiden oft an mangelndem Selbstbewusstsein:
Mindestens 500 000 Deutsche sind krankhaft
kaufsüchtig. Nach Schätzungen des Wirtschaftspsy-
chologen Alfred Gebert leben sogar vier Millionen
Deutsche *im Vorstadium zum Kaufrausch. Tendenz
steigend,* konstatiert der Wissenschaftler von der
Fachhochschule des Bundes in Münster: Dabei fahren Männer vorzugsweise auf technische Artikel
wie CDs, Unterhaltungseletronik, Autozubehör
und Computer ab. Frauen bevorzugen Kleidung
und Kosmetik. Ältere Leute seien weniger gefährdet, auffällig hoch hingegen sei der Anteil der

83

Singles. Kaufkranke weisen laut Gebert *alle Verhaltensweisen von Süchtigen* auf: *Direkt nach dem Kaufakt brechen sie in Schweiß aus, zittern, bekommen Magenkrämpfe, weiche Knie und Herzflattern.*

Wie bei Spiel-, Arbeits-, Ess- oder Magersucht versuchen die Betroffenen, im Kaufrausch Selbstwertschwäche, innere Defizite und Enttäuschungen auszugleichen. Zu diesem Schluss kamen auch die Meinungsforscher des Bielefelder Emnid-Instituts: *Die Verlockungen der Konsumgesellschaft drohen für neun Prozent der über Vierzehnjährigen zur Droge bei der Bewältigung von Alltagskonflikten zu werden. Das kann zu suchtähnlicher Abhängigkeit und von den Betroffenen kaum zu bewältigender Überschuldung führen.* Das Bielefelder Institut meint sogar, dass jeder zehnte Deutsche sich im Kaufrausch befindet.

Wie immer man auch die Zahlen bewerten mag, eines ist sicher: Das zwanghafte Konsumverhalten ist eine moderne Krankheit. Kaufen, kaufen, kaufen – solange das Geld reicht. Die Frauen unter den Kaufsüchtigen sind offensichtlich in der Überzahl; man schätzt ihren Anteil auf rund achtzig Prozent. Der quälende Zwang zu kaufen bleibt meist unbemerkt. Erst wenn die Umwelt reagiert, wenn die Einkäufe nicht mehr finanziert werden können und das Konto hoffnungslos überzogen ist, offenbart sich die Abhängigkeit. Jugendliche sind für diese Life-Style-Sucht heute besonders gefährdet, weil sie einer noch stärkeren Markenfixierung als ihre Eltern unterliegen. Die Kleidermarke ist für sie ein

Persönlichkeitsmerkmal. Ein Blick auf einen beliebigen Schulhof in Deutschland genügt – Homeboy, Adidas, Calvin Klein, die Produkte bekannter Markenfabrikate faszinieren die junge Käuferschicht. Die Kleidermarke ist eine Eintrittskarte in die jugendliche Clique, ein soziales Symbol, sie gibt dem Träger anscheinend Sicherheit und Orientierung in dieser Welt. Die Liebe zu den Markenklamotten lässt manche auch die Grenzen zur Legalität überschreiten. Siebenundfünfzig Prozent der von der Soziologin Carolin Bauer befragten Kinder konnten sich vorstellen, dass Mitschüler stehlen, um in den Besitz eines Markenartikels zu kommen. Kleider machen Leute oder, wie man früher zu sagen pflegte, „wie du kommst gegangen, so wirst du auch empfangen".

„Shopaholics" nennen amerikanische Psychotherapeuten ihre dem Kaufrausch verfallenen Patienten. Typische Symptome von Kaufsüchtigen sind der Zwang, unkontrolliert Dinge einzukaufen, die sie nicht brauchen und oft auch nicht bezahlen können. Es ist ein zunehmender innerer Druck, der erst beim Klingen der Kasse schwindet. Da gibt es die vorübergehenden Glücksgefühle beim Kauf und der Kater, die Schuldgefühle danach.

Hildegard (Name geändert), eine Patientin von mir, inzwischen geschiedene Frau eines wohlhabenden Unternehmers, bekannte: *Den Höhepunkt meiner Kaufsucht erreichte ich, als unsere Ehe am Auseinanderbrechen war. Mein Mann hatte eine Geliebte. Er wollte von ihr nicht lassen. Ich hatte* mir ein Übergewicht angegessen, mein einziges Kind auf das Internat gegeben und mich obendrein mit meinen Freundinnen verzankt. Ich glaube, ich muss damals unausstehlich gewesen sein. Es gab Morgenstunden, in denen ich das Öffnen der Kaufläden in der Fußgängerzeile meiner Kleinstadt kaum mehr erwarten konnte. Gequält tigerte ich in meinem Haus umher und schikanierte die Putzfrau. Dann stürzte ich los. Immer die Kreditkarten dabei. Kleider und Kosmetika waren der Gegenstand meiner manchmal fast alltäglichen Suche. Ich kaufte und kaufte. Ich genoss das Machtgefühl über die Verkäuferinnen.

Es gab Tage, an denen ich fünftausend Mark verjubelte. All das ging vom Konto meines Mannes ab. Heute denke ich, dass ich ihn damit auch bestrafen wollte. Ich war krank vor Eifersucht auf seine Geliebte. Die war jung, gertenschlank, faltenlos und sportlich. Ich hätte sie erwürgen können. Mit all den Cremes und Klamotten wollte ich mich aufbrezeln, wollte schöner sein als die Rivalin. In meiner Seele war ein riesiges Loch. Ich versuchte, es täglich neu mit diesem Schicki-Micki-Zeug zu stopfen. Es war vergeblich. Wenn ich heimkam, verstaute ich das neue Kostüm, die Jacke, die Bluse, das hundertfünfzigste Paar Schuhe, das Parfum, die neue Ledertasche und all den Krempel ganz nach hinten in meine Kleiderkammer, hockte mich in die Küche und heulte. Eines Tages brach sogar eine Stange im Kleiderschrank unter der Belastung der Pelzmäntel und Jacken. Am gleichen Abend las ich von der Hun-

gersnot im südlichen Sudan. Da habe ich mich geschämt.

Seitdem Hildegard sich von ihrem Mann getrennt hat, ein neues Leben für sich entwickelte und wieder berufstätig wurde, räumte sie gleichermaßen mit ihrer Ess- wie mit ihrer Kaufsucht auf. Im „Dr. Max Otto Bruker-Haus" gelandet, besprach ich natürlich mit ihr auch die Ernährungsumstellung. Hildegard stellte Physis und Psyche um, und sie entdeckte den Sinn des Lebens neu für sich. Hildegard muss aber immer noch aufpassen, dass sie nicht in das alte Verhaltensmuster, besonders beim Kaufen, zurückfällt. Denn die Kaufsucht ist vor allem kompensatorisches Verhalten. Das bedeutet: Probleme in Beruf oder Familie, unerfüllte Erwartungen an den Partner, Enttäuschungen, Krankheit oder unbefriedigte sexuelle Bedürfnisse werden durch die Kaufräusche abreagiert. Ist es am Anfang noch ein reiner „Frustrausch", wie ihn wohl jeder von uns kennt, verselbständigt sich langfristig die Sucht. Das Kaufen wird zum Lebensprogramm. Kaufen, wenn es mir schlecht geht. Kaufen, wenn es mir gut geht. Das schreckliche Dilemma des Kaufsüchtigen lautet: *Ich will nur haben. Wenn ich es habe, ist es unwichtig geworden.*

In den USA gibt es mittlerweile ein Netzwerk von Selbsthilfegruppen für die Shopaholics. Die Gruppenmitglieder kritisieren besonders das Kreditkarten-Unwesen. Denn viele Verbraucher verlieren die Kontrolle über ihre Einkäufe, wenn sie mit Plastikgeld bezahlen können. Die Kaufsucht ist ein verschwiegenes Massenproblem, das immer stärker wird. Denn Kaufen und Konsumieren wird für immer mehr Menschen zum Selbstzweck und zum wichtigsten Freizeitvergnügen. Die Grenzen zur Sucht sind fließend.

Eine schleichend beginnende Kaufsucht, ein Kaufsüchtlein sozusagen, erlebte Susanne (Name geändert): *Ach, beinahe hätte ich sie vergessen, die Kaufsucht. Um mich über einen Misserfolg, eine Ungerechtigkeit im Beruf oder eine Enttäuschung zu trösten, kaufte ich mir früher irgendein Kleiderteil. Wehe, ich fand nicht das Passende, dann bin ich noch gefrusteter nach Hause gegangen als vorher.* Ihre Kaufsucht fiel nicht auf: *Weißt Du auch, warum? In meinem „früheren" Leben legten die meisten Mitmenschen exakt das gleiche Verhalten an den Tag. Somit galt es als ganz normal. Also gab es keinen Grund, dieses Verhalten zu verbergen, zumal es mir damals nicht als Sucht bewusst war.* Susanne hat diese Sucht überwunden, einmal durch ihre außerordentlich konsequente psychotherapeutische Arbeit an sich selbst, aber auch durch die Sachzwänge: Zunächst gab es da so ganz profane Gründe wie „kein Geld da" für Sucht-Trost-Käufe. Als alleinerziehende Frau mit 1500 DM im Monat bleibt nichts übrig.

Viel schwerer hat es Alma (Name geändert) erwischt. Ich lernte sie in meiner Praxis kennen. Sie hat in einem Brief für dieses Buch darüber berichtet. Mir fielen, liebe Alma, sofort Dein waches Gesicht und Deine klugen, hübschen Augen auf. Dass Du

Dich mit Deinem schweren Übergewicht nicht wohl fühltest und voller Selbstabwertung stecktest, konnte ich nachfühlen. Wir haben uns, Du erinnerst Dich, unter anderem ein sehr irdisches Therapieziel gesetzt. Du sagtest: *Ich möchte wieder so schlank werden, dass ich mit einem ganz kurzen Minirock und toll geschminkt den Männern den Kopf verdrehe.* Das, vor allem aber auch die Neuorganisation Deines in Unordnung geratenen Lebens, wirst Du schaffen, Alma!

Dabei hat Alma einen schweren Weg hinter sich: *Ich leide im Prinzip schon, seit ich denken kann, an Essstörungen oder „Kaufstörungen".* Zu Hause erlebte Alma Terror. Die Mutter ist alkoholkrank und übte starke Kontrolle über Alma aus. Wehe, wenn die zwanzigjährige Tochter nicht spätestens um Mitternacht zu Hause war. Alma hatte Mitleid mit ihrem Vater, der sich schlecht gegen seine Frau zu wehren wusste. Aus Solidarität mit ihm blieb sie oft zu Hause: *Statt wegzugehen, habe ich dann gefressen... Ich kam mir meiner Mutter gegenüber immer vor wie ein absolutes Nichts, wie ein wertloses Wesen und dumm und hilflos. Dafür habe ich mich selbst verachtet. Als ich dann mit zweiundzwanzig Jahren von einem verheirateten Mann schwanger wurde, ging der Terror erst recht los: „Lass diesen Bastard abtreiben" und „Du Hure!"* Horst (Name geändert), der Kindsvater, war ängstlich. Er wollte es seiner – kinderlosen – Frau nicht antun, sich von ihr zu trennen. Er stand nicht richtig zu Alma. Bis heute hat er keine gemeinsame Wohnung mit ihr bezogen.

Der rund fünfundzwanzig Jahre ältere Mann verhält sich unentschlossen, zieht sich, nachdem er sich von seiner Ehefrau endlich getrennt hat, in seine Junggesellenwohnung zurück, kritisiert Alma viel. Man hat den Eindruck, es ist eine nicht lebbare Beziehung. Alma reagiert verstärkt mit Essstörungen und Panikattacken. Horst gibt keine Auskünfte, wie er sich die Zukunft vorstellt. Wenn sich Alma mit ihm auseinandersetzen will, macht er sich aus dem Staub und meldet sich tagelang nicht mehr: *Ich habe mir alles gefallen lassen, ich habe ihm noch nachgeheult, statt endlich mal Schluss zu machen. Was ich an Demütigungen hingenommen habe, kann ich heute größtenteils nicht mehr verstehen. Mein Selbstbewusstsein war unter Null. Das Übergewicht trug noch dazu bei, dass ich mich wie ein Nichts fühlte.*

Nun setzt ein aufschlußreicher Suchtwechsel ein: *Als ich das Essen „unterdrückte", begann ich zu kaufen. Wie verrückt. Irgendwie hatte ich das Gefühl, dass ich das gar nicht mehr steuern kann. Danach kam der Frust über das Geld. Mein Konto war total, ca. 1500 DM, überzogen. Ich habe nicht eingekauft, weil ich etwas unbedingt wollte, sondern bin einfach in die Stadt gegangen, „um zu kaufen", egal was. Hinterher habe ich die Sachen wieder verkauft. Das meiste wollte ich gar nicht haben. Das war wie ein Zwang.*

Inzwischen hat sich Almas Situation verbessert, aber sie kämpft noch: *Heute habe ich Zeiten, an denen ich wochenlang „symptomfrei" bin, und Zeiten, wo meine Sucht ganz schlimm ist. In den sym-*

ptomfreien Zeiten ernähre ich mich gesund und gebe kaum Geld aus. Aber, wenn ich wieder so eine Phase habe, dann weiß ich genau, was ich falsch mache und tue das trotzdem. Bekloppt finde ich das.

Pia (Name geändert) ist eine quirlige, lebendige, aparte junge Frau, bei der man keine Sucht vermuten würde. Ich kenne sie aus meiner Praxis. Ich liebe Dein phantastisches Temperament, liebe Pia. Die Esssucht hast Du hinter Dir, mit der Kaufsucht schlägst Du Dich noch herum. In der Therapie in Lahnstein wurden Pia die Facetten ihrer Süchte klar. Nun schreibt sie: *Mit rund zwanzig Jahren begann meine Kaufsucht. Zur damaligen Zeit beendete mein Freund die Freundschaft mit mir. Es war meine erste große Liebe. Ich begann mein Äußeres durch Kleidung zu verändern und ging in einige Bekleidungsgeschäfte. Ich kaufte mir neue Kleidungsstücke, schminkte mich zum ersten Mal. Ich veränderte mein Äußeres etwas weiblicher. Am Anfang war die Sucht noch nicht so ausgeprägt. Erst in den letzten sieben Jahren übertrieb ich es mit meiner Kaufsucht – mit Kleidern, Schuhen, Wohnaccessoirs, wie Bilder, Geschirr, Tischdekorationen usw.*

Hinter dem Suchtbeginn stand also Liebeskummer und Unzufriedenheit. Pia war mit ihrer damaligen Ausbildung unzufrieden. Eigentlich wollte sie etwas Künstlerisches lernen, wurde aber als Industriekauffrau ausgebildet: *Ich stellte alles in Frage – Beruf und Umfeld, Familie, Partner. Mit den schönen Sachen päppelte ich mein niedriges Selbstwertgefühl auf, da ich dadurch Komplimente von außen* erhielt. *Sie vermittelten mir ein Gefühl, geliebt und anerkannt zu werden.* Es war ein Hilfeschrei.

Wie Susanne erkannte Pia zu Anfang nicht, dass sie sich in eine Sucht verstrickte. Erst als ihre Kaufsucht extrem wurde, konnte sie sie nicht mehr übersehen: *Ich kaufte nicht ein oder zwei Sachen, sondern Unmengen. Beispielsweise kaufte ich zu einer Hose noch eine Bluse, ein T-Shirt, Jacke, Schuhe, ein Tuch, Strümpfe usw. Und dann zur Jacke noch einen Rock. Konnte ich nicht zwischen zwei Sachen entscheiden, holte ich beides. Bei meinem Mann stieß ich mit meinen Kaufaktionen auf Unverständnis. Nach solchen Kaufrauschaktionen war meine erste Frage: „Wie bringe ich dies meinem Mann bei?" Um Streit und unerfreulichen Diskussionen aus dem Weg zu gehen, versteckte ich die gekauften Sachen. Nach einigen Wochen und Monaten, ja, manchmal sogar nach einem Jahr, holte ich die Dinge hervor, beziehungsweise trug die im Kaufrausch erworbenen Kleider. Es konnte auch passieren, dass ich die Sachen so gut versteckte, dass ich sie erst nach einer Aufräumaktion fand. Wenn mich dann mein Mann fragte, ob ich das Kleidungsstück neu hätte, antwortete ich ihm, dass ich es schon länger besäße.* Das war sogar nicht einmal gelogen.

Pia ist es inzwischen gelungen, die Sucht zurückzudrängen: *Meine Süchte sind nicht mehr so extrem. Ab und zu habe ich noch Kaufrauschaktionen, wenn z. B. Preisreduzierungen oder eine Geschäftsaufgabe angezeigt sind. Bewusst wurde mir meine Kaufgier während der Yoga-Lehrer-Ausbildung. In diesen*

Seminaren geht es auch darum, seine Gier zu erken-
nen und sie loszulassen. Zum anderen hatte ich aber
auch ein schlechtes Gefühl Daniel (Name geändert)
gegenüber, so unehrlich zu sein.

Pia hat etwas gemacht, was ich jedem von uns empfehlen möchte, der sich in ein beginnendes Suchtverhalten verwickelt hat. In einem intensiven Gespräch hat sie ihrem Mann Daniel das Problem dargelegt: *Er hat, wider Erwarten, ruhig darauf rea-*
giert. Er hat mit mir nach Lösungsmöglichkeiten
gesucht. Der erste Schritt war, dass wir eine Taschen-
geld-Vereinbarung trafen. Schriftlich fixierten wir,
dass jedem von uns ein fester Geldbetrag pro Jahr
zur eigenen Verfügung zusteht. In einem Buch tra-
gen wir unsere Ausgaben ein, so dass jeder dies von
uns einsehen kann.

Der zweite Schritt war für mich, die Ursache
festzustellen. Hier benötigte ich Hilfe von außen.
Ich vereinbarte eine Blocktherapie bei Dir, Mathias.
Hier kam dann mein von Kindheit an geringes
Selbstwertgefühl und mein Ungeliebtsein zur Spra-
che. Bei dieser Gelegenheit erkannte ich auch die
alten Verhaltensmuster, die von Generation zu
Generation in meiner Familie weitergegeben wur-
den. Meine Mutter hatte eine Esssucht, mein Vater
die Kaufsucht, meine Großmutter litt unter gerin-
gem Selbstwertgefühl, weil sie von ihrem Stiefvater
nicht geliebt wurde. Meine Schwester ist süßigkeits-
und kaufsüchtig.

Als wichtigen Tip erhielt ich von Dir und meinem
Mann den Ratschlag, die Sommer- und Winter-

schlussverkäufe oder sonstige Preisreduktionsverkäufe zu meiden. Was sich für mich als besonders wichtig erwies, war, dass ich meinen Mann mit ins Boot geholt habe. Allerdings fiel es mir aus Schamgefühl schwer, über meine Kaufrauschaktionen zu sprechen. Des weiteren habe ich mein Konto ausgeglichen. Dies tat mir weh, da ich an das Angesparte für meine Aus- und Weiterbildung gehen musste. Außerdem trennte ich mich von vielen hochwertigen Kleidungsstücken, die ich schon einige Jahre nicht mehr getragen hatte. Ich spendete sie dem Frauenhaus und dem Obdachlosenheim für Frauen. Diese Zeit war für mich geprägt vom „Loslassen".

Heute ist es für Pia wichtig, sich immer wieder zu fragen, wie es ihr aktuell geht. Sie passt auf, dass Frust und Unzufriedenheit überhaupt nicht erst aufkommen. Sie nimmt sich achtsam wahr, wirkt rechtzeitig auf hochsteigende negative Gefühle ein und lässt *bewusst die Liebe zu mir in meiner Freizeit einfließen.* Sie führt ein Tagebuch über ihre Sucht, wie sie zu dieser Sucht kam, was für Gefühle während ihres Kaufrausches auftraten. Ihre frühere Sucht würde heute zu ihr sagen: *Liebe und Selbstwertgefühle kommen nicht von außen und nicht von materiellen Dingen, sondern von innen, vom Herzen. Sich selbst annehmen, achten und lieben ist das Zauberwort.*

*

„Consumo ergo sum" – „Ich konsumiere, also bin ich", so lautet mein Glaubensbekenntnis, wenn ich kaufsüchtig bin. Ich habe mich, meist unbewusst, für die Lebensweise des Habens entschieden. Der Psychologe Erich Fromm beschreibt in seinem Buch *Haben oder Sein (1979)* dieses Credo als verhängnisvollen, globalen Vorgang. *Wir waren im Begriff, Götter zu werden, mächtige Wesen, die eine zweite Welt erschaffen konnten, wobei uns die Natur nur die Bausteine für unsere neue Schöpfung zu liefern brauchte. Unser Eroberungsdrang und unsere Feindseligkeit haben uns blind gemacht für die Tatsache, dass die Naturschätze begrenzt sind und eines Tages zur Neige gehen können und sich die Natur gegen die Raubgier der Menschen zur Wehr setzen wird.*

Die Haben-Orientierung ist nach Fromm charakteristisch für uns, den modernen Menschen, der von morgens bis abends dem Besitz und dem Geld nachjagt. Wir müssen uns, so warnt Fromm, entscheiden, ob wir die Existenzweise des Habens oder die Existenzweise des Seins wählen. Fromm: *In der Existenzweise des Habens ist die Beziehung zur Welt die des Besitzergreifens und Besitzens, eine Beziehung, in der ich alles zu meinem Besitz machen will.* Als „Habenmensch" bin ich ein Raffzahn. Ich bin besessen von dem Gedanken der Sicherheit. Ich habe keine lebendige Beziehung zwischen mir selbst und dem, was ich besitze. In diesem Sinn riet schon der Philosoph Nietzsche: *Wer wenig besitzt, wird um so weniger besessen.*

Als „Habenmensch" ist mein seelischer Stoffwechsel zu den Menschen hin tot. Es geht mir wie dem armen Unhelden in Hans Christian Andersens Kunstmärchen *Des Kaisers neue Kleider.* Der Mann ist grenzenlos einsam inmitten seiner höfischen Welt: *Vor vielen Jahren lebte ein Kaiser, der so unge-heuer viel auf hübsche Kleider hielt, dass er all sein Geld dafür ausgab, um recht geputzt zu sein… Er hatte einen Rock für jede Stunde des Tages, und wie man sonst von einem König sagt, er ist im Rate, sagte man hier immer: „Der Kaiser ist in der Kleiderkam-mer."* Unser kaiserlicher Monarch hat längst seine Souveränität verloren. Er lebt nur noch in seiner Kaufsucht. Wozu braucht er sie? Er tut alles, *um recht geputzt zu sein,* um in den Augen der Unterta-nen zu glänzen. Offensichtlich hat er das nötig. Er hat kein starkes, sondern ein labiles Ich.

Wer glänzen muss, der braucht es. Hinter seiner blendenden Fassade gähnt das große Nichts. Es heißt nämlich bei Andersen, dass der Kaiser seine Soldaten vernachlässigt, also, tiefenpsychologisch gesprochen, seine männlich-wehrhaften Seiten. Er kümmert sich nicht um das Theater, das will sagen, er lässt seine Geistigkeit verwahrlosen. Er liebt es auch nicht, in den Wald zu fahren, das heißt, er hat seine Verbundenheit mit der Natur verloren. Er ist längst eine künstliche Existenz geworden. Von einer Frau, von Kindern, Freunden oder geliebten minis-teriellen Arbeitskollegen ist keine Rede. Gerade die Letzteren spielen eine ebenso devote wie verlogene Rolle.

Wie ein Junkie an der Nadel hängt unser Kaufsüchtiger an seiner Kleiderkammer. Der Mann ist süchtig, also krank. Victor von Weizsäcker, der Nestor der psychosomatischen Medizin, charakterisierte die Krankheit als „Können". Man kann von Weizsäckers Definition der Krankheit auch und gerade auf die Sucht beziehen: *Der Mensch bekommt seine Krankheit nicht nur, er macht sie auch. Krankheit ist Können.*

Bei der psychosomatischen Betrachtung der Krankheit ist immer die Frage nach dem Sinn einer bestimmten Lokalisation bedeutsam. Das heißt, die Antwort auf die Frage zu suchen, warum ein Mensch an einem bestimmten Organ erkrankt. Über die Krankheit und ihre körperliche Positionierung kann der Kranke mit sich selbst ins Gespräch kommen und abgespaltene Bewusstseinsteile eruieren. Der Magenpatient mag sich fragen, was er alles heruntergeschluckt hat, der Hautpatient, was ihm unter die Haut gegangen ist, der Asthmatiker, was ihm die Luft nimmt. Das krankhafte Konsumverhalten des Kaisers verweist auf seine abgespaltenen emotionalen Persönlichkeitsanteile. Ihm fehlt der Modus des Seins.

Der „Seins-Mensch" (Fromm) vertraut, *dass er ist, dass er lebendig ist und dass etwas Neues entstehen wird, wenn er nur den Mut hat, loszulassen und zu antworten.* Der Seins-Mensch liebt. Er ist voller Freude an seinen geistigen Potenzen, seinen produktiven Fähigkeiten, seinem liebenden Einssein mit der Welt. Er ist mit vielen Menschen verbunden. Er lebt die Freiheit, die offene Zukunft, die Überraschung. Er besitzt die Fähigkeit, wo immer er ist, ganz gegenwärtig zu sein, die Freude aus dem Geben und Teilen zu schöpfen, nicht aus dem Horten und der Ausbeutung anderer. Er ist kein Blender, sondern er lebt die Liebe zum Leben. Er braucht sich nicht zu verkleiden. Ihm wird es auch nicht passieren, dass ihm, wie dem Kaiser, Betrüger ein irreales phantastisches neues Selbst aufschwatzen. Der Seins-Mensch vermag der Werbung, der Suggestion der Medien, den süchtigen Impulsen des Neides ein starkes Ich entgegenzusetzen.

In der Kaufsucht inszenieren wir, wie die betrügerischen Weber des Kaisers an ihren leeren Webstühlen, ein Theater der Täuschung. Wir verbrauchen gewaltige Lebensenergien für dieses Blendwerk. Wir sind neurotisch. Ganz tief aber, im innersten Kern unseres fassadären Spiegelkabinetts, wissen wir, wie das Kind in Andersens Märchen (*Aber er hat ja gar nichts an!*), dass wir nackt sind. Mit der Kaufsucht kaschieren wir unsere seelische Nacktheit, unsere dunklen Schatten, unsere Minderwertigkeitskomplexe. Hören wir dagegen auf die kindliche Stimme in uns, so finden wir zu unserem wahren Sein im Guten wie im Schwierigen.

*

Viele Märchen erzählen uns von der kaufsüchtigen Illusion, sich durch Erwerb glücklich zu machen. In *Der Fischer und seine Frau* ist es die Ilsebill, die sich mit dem Ersatzstoff, dem Surrogat des Besitzes, Glück verschaffen will. Ilsebill ist eine törichte, seelisch arme, aber auch unverstandene und grob vernachlässigte Frau. Ihr Mann, der Fischer, ist ein verständnisloser Tropf und armseliger Sesselfurzer, den nichts mehr bewegt und der sich selbst nicht mehr bewegt. Er hat sich mit dem Leben abgefunden. Er hat keine Träume mehr. Er hockt mausgrau in seiner Depression. Er spricht nicht mehr mit seiner Frau. Selbst als der wundersame Butt aus der Tiefe taucht und mit ihm spricht, verwundert der Fischer sich nicht, fragt nicht, nimmt nicht Anteil, sondern trottet stumpfsinnig nach Hause.

Ilsebill hingegen will raus aus dem Elend, dem üblen *Pisspott*, in dem nichts zu leben ist. Doch sie ist ein Haben-Mensch und kein Seins-Mensch, daher weiß sie nicht, was sie in Wahrheit braucht. Sie wünscht sich nacheinander von dem Butt ein schönes Häuschen, ein Schlösschen, einen Palast, sie will Schlossherrin, Königin, Kaiserin, Papst, ja, der liebe Gott selbst werden. Am Ende stürzt sie brunnentief ins alte Unglück zurück. Sie hat es nicht gelernt, ihre eigentlichen Sehnsüchte zu entdecken und zu benennen.

Der trübe Fischer-Mann ist keiner Einfühlung fähig, er verweigert sich der innigen Zwiesprache mit der seelisch kranken Frau. Er gibt nach und folgt ihr beim Tanz um das goldene Kalb, hinein in das „Wirtschaftswunder", die Karriere, den gesellschaftlichen Glanz, die Statussymbole. Er wird, wie sie, am Ende unglücklicher als zuvor.

Wenn wir kaufsüchtig sind, sind wir nörgelig und unzufrieden. Wir fühlen uns nicht geachtet und nicht geliebt. Hans Jelluschek, der bekannte Tübinger Paartherapeut, ist in seiner vorzüglichen Interpretation des Märchens *Vom Fischer und seiner Frau* (Kreuz-Verlag) der armen Ilsebill zur Seite gesprungen: *Als Erstes geht es für Ilsebill darum, dass sie lernt, dieses tiefste Personen-Bedürfnis nach Anerkennung und Achtung in sich überhaupt wahrzunehmen.* Sonst droht die „Erlösung" durch die Sucht: *Durch Kauforgien, Alkohol, übermäßiges Essen, zwanghaftes Putzen und dergleichen mehr soll die innere Unruhe zum Schweigen gebracht werden. Wesentlich ist zunächst, dass Ilsebill merkt, was ihr wichtigstes und zentrales Anliegen in all ihren Wünschen ist, und realisiert, dass dieses weder durch ein Haus, Schloss, König-, Kaiser- und Papsttum zu erfüllen ist. Kleider, Schmuck, Kosmetika, Drogen, Partys, Sex-Appeal oder eine blitzblanke Super-Wohnung schaffen es nicht.*

*

Auch die Kaufsucht ist ein Teufelskreis. *Ich kaufe mich glücklich und werde immer unglücklicher,* sagte die Unternehmerfrau Hildegard, die uns am Anfang des Kapitels begegnete, zu mir. Sie fügte hinzu: *Ich habe heute, nach der Trennung, als alleinstehende Frau, etwa ein Fünftel meines früheren Haushaltgeldes, aber ich bin tausendmal glücklicher. Ich bin wieder in das Leben zurückgekehrt. Ich hänge an Menschen und nicht an meinen Pelzmänteln.* Hildegard beginnt, wie es der elsässische Expressionist Ernst Stadler im folgenden

Gedicht vor dem Ersten Weltkrieg bereits ausdrückte, das Kostbarste zu entdecken: ihr eigentliches Wesen.

*

Der Spruch

In einem alten Buche stieß ich auf ein Wort,
Das traf mich wie ein Schlag und brennt durch meine
    Tage fort:
Und wenn ich mich an trübe Lust vergebe,
Schein, Lug und Spiel zu mir anstatt des Wesens
    hebe,
Wenn ich gefällig mich mit raschem Sinn belüge,
Als wäre Dunkles klar, als wenn nicht Leben tausend
    wild verschlossne Tore trüge,
Und Worte wiederspreche, deren Weite ich nie aus-
    gefühlt,
Und Dinge fasse, deren Sinn mich niemals auf-
    gewühlt,
Wenn mich willkommner Traum mit Sammethänden
    streicht,
Und Tag und Wirklichkeit von mir entweicht,
Der Welt entfremdet, fremd dem tiefsten Ich,
Dann steht das Wort mir auf: Mensch, werde
    wesentlich!

Fernsehen, Telefonieren, Computer, Glücksspiel als Sucht

"Ich sehe so fern, wie ein Alkoholiker trinkt"

Je länger wir über unsere eingeschliffenen Ver-
haltensweisen nachdenken, um so mehr Anteile von
Sucht werden wir feststellen... Wichtig ist, dass alle
Süchte von uns Gewalt ergreifen und über uns
bestimmen, dass sie dazu dienen, Leid und Un-
gerechtigkeit zu ertragen, statt dass wir aktiv da-
gegen angehen, und dass sie schliesslich dieses Leid
stetig anwachsen lassen, statt es zu vermindern.

Rolf Harten
Normal und süchtig

Die Fernsehsucht ist, das beobachte ich, als Sucht
in den Köpfen nicht präsent, obwohl sie fast in allen
Ehen irgendwann einmal zum ärgerlichen Thema
wird. Als Paartherapeut erlebe ich es permanent:
Der Einzige, der manchmal in den stummen Ehen
noch spricht, ist der Fernsehapparat. Fast immer
erholt sich das „sprachlose Paar", wenn es auch nur
einmal in der Woche einen fernsehfreien Abend ein-
legt und diesen zum Sprechen, Spielen oder
Kuscheln nutzt.

Aus dem Kreis der Familie ist durch den Fernseher ein Halbkreis geworden. Als der frühere Bun-
deskanzler Helmut Schmidt in den siebziger Jahren
zu einem einzigen fernsehfreien Abend pro Woche
aufrief, blieb dies folgenlos. Es war offensichtlich zu

schwer. Die Abhängigkeit von der „Glotze" ist kollektiv und überwältigend.

Damit will ich nicht in die übliche Schelte des Fernsehens einfallen. Richtig genossen ist es eine grandiose Bereicherung des Lebens. Wir müssen uns und unsere Kinder allerdings zur Fernsehdisziplin und Fernsehkultur erziehen. Es lohnt die Mühe schon, am frühen Morgen das Fernsehprogramm zu studieren und auszuwählen, anspruchsvolle Programme wie „Arte", „3 Sat", die öffentlich-rechtlichen Medienanstalten und die meist ambitionierten Länderprogramme zu bevorzugen und die Kabelprogramme mit ihren entnervenden Werbeblöcken zu boykottieren. Zehntausende engagierter Journalistinnen und Journalisten arbeiten für das Fernsehen. Sie haben eine Verdammung nicht verdient. *Das Fernsehen,* so lautet ein Medienspruch treffend, *macht Kluge klüger und Dumme dümmer.*

Weniger das Fernsehen ist also das Problem als der Gewohnheitsfernseher. Franz (Name geändert), ein fleißiger und wohlhabender Dachdecker, der wegen seiner Ehekrise zu mir gekommen war, erkannte: *Ich weiß nicht, wie ich hineingerutscht bin, aber wenn ich heimkomme von der Arbeit, muss ich den Kasten andrehen. Er hat mich vollkommen im Griff. Ich esse längst nicht mehr gemeinsam mit meiner Frau, sondern futtere vor dem Fernseher aus der Tüte in mich hinein. Wenn mich meine Frau anspricht, höre ich nur noch mit halbem Ohr zu. Jeden Abend nehme ich mir vor, etwas zu lesen oder mit meinen Kindern zu telefonieren. Ich schaffe es nicht. Ich verdämmere vor der Glotze. Ganz dumm im Kopf verziehe ich mich gegen 1.00 Uhr nachts ins Bett und stehe morgens übernächtigt auf. Ich sehe so fern, wie ein Alkoholiker trinkt. Wenn der Fernseher erst einmal an ist, kann ich nicht aufhören.*

TV-Sucht kennt auch Susanne (Name geändert). Als Jugendliche ist sie mit Süßigkeiten- und Lesesucht aus der Welt, die sie nicht annahm, geflüchtet: *Die phantasievolle Welt der Bücher sollte mich für all die Entbehrungen und Ungerechtigkeiten entschädigen. Die Lesesucht ging dann zeitweilig in eine Fernsehsucht über. Wenn ich nach Hause kam, wurde der Apparat eingeschaltet. Beim Bügeln, beim Kochen, beim Putzen, beim Essen... Wenn ich daran denke, war das Volldröhnung. Es gab einer Konzentration auf mich und mein (angepasstes) Leben keinen Raum. Das leise, verdrängte Innere hat bei dieser lärmenden Außenorientierung keine Chance, beachtet zu werden. Die Kommunikationszeiten in meiner Beziehung schrumpften zusammen wie ausgetrocknetes Obst. Das ging so weit, dass ich in einer massiven Beziehungskrise, in der ich viel alleine war, den Fernseher am Abend zum Einschlafen einschaltete. Ich brauchte das, um dieses viele Alleinsein überhaupt auszuhalten und um das, was Wirklichkeit war, zu überdecken. Süchtiges Fernsehen fiel nicht auf. In meinem „früheren" Leben legten die meisten Mitmenschen exakt das gleiche Verhalten an den Tag, und somit galt es als ganz normal. Meine TV-Sucht reduzierte sich nach und nach wie von selbst. Irgendwann nach der Ernährungsumstellung – das war so ein Knackpunkt für vieles –, dachte ich, jetzt mute ich mir auch den Seelenmüll aus der Glotze nicht mehr zu! Ich wählte gezielt aus. Heute gibt es Zeiten, in denen ich tagelang kein TV sehe, ohne dass ich etwas vermisse. Meine alte Fernsehsucht könnte mir sagen: „Stundenlanges Aufsaugen der heilen Welt der bunten Medienträume hindert Dich daran, Dein eigenes Leben in die Hand zu nehmen."*

Die Flimmerkiste kann Freizeitfresser und Kommunikationstöter sein. Der Lockung zum rauschhaften Dauerfernsehkonsum zu entgehen, erfordert Anstrengung. Wer zu viel isst, wird krank. Wer zu viel trinkt, wird abhängig. Wer zu viel Fernsehen sieht, verliert sich selbst dabei. Das gilt ganz besonders für Kinder und Jugendliche. Wie steht es mit Dir, liebe Leserin, lieber Leser, bist Du mit dem Maß Deines Fernsehkonsums und Deiner Fähigkeit auszuwählen, zufrieden? Oder steckt da ein Problem? Wann hast Du das letzte Buch gelesen? Wann warst Du zum letzten Mal im Kino? Wann hast Du, das frage ich besonders gerne in der Paartherapie, zum letzten Mal Schach oder Mensch-ärgere-Dich-nicht mit Deinem Partner gespielt?

Wie steht es mit der Telefonsucht? Von der Nord-West-Zeitung Oldenburg nach der Art ihrer Sucht befragt, antwortete die vierzehnjährige Christina: *Eigentlich nach Telefonieren. Aber das hat den Nachteil, dass es ziemlich teuer ist. Meine Eltern finden das blöd, sie bezahlen aber trotzdem die Rech-*

nung. Meine Sucht hat den Vorteil, dass man mit Freunden in Kontakt bleibt. Die zehnjährige Rabea bekennt ebenfalls: *Ich bin süchtig nach dem Telefon! Dadurch ist natürlich auch die Telefonrechnung sehr hoch. Meine Eltern mögen das nicht; sie sagen, ich soll mir mein Geld besser einteilen. Ich muss nämlich einen Teil der Rechnung selber bezahlen.*

Das klingt so lustig, ist es aber nicht in den Zeiten der Handy-Revolution. Gerade junge Leute entpuppen sich als süchtige Plaudertaschen. Das mag besser sein als die stumpfe, kommunikations-tötende TV-Sucht, aber es ist eine Abhängigkeit. Die jungen Leute verschulden sich obendrein oft fürchterlich, um die Telefongebühren zu berappen. Jugendliche mit tausend bis zweitausend Mark Handy-Schulden sind keine Seltenheit. In vielen Cliquen ist das eigene Handy inzwischen Aufnah-mebedingung. Sozialarbeiter berichten von jungen Erwachsenen, die in zwei Jahren den dritten Han-dyvertrag unterschrieben haben. Mitunter sind die Rechnungen aus dem ersten noch nicht bezahlt.

Ich habe es schon erlebt, dass so ein Handy-Süch-tiger mitten in der Therapiesitzung nach dem schnar-renden Handy griff und haltlos drauflos schnackte. Hinter der Handy-Sucht, die so kommunikativ und offen erscheint, verbirgt sich oft ein bloßes Dabei-sein-Wollen, ein Aufpolieren der eigenen Bedeut-samkeit, Wichtigtuerei und nicht bearbeitete Ein-samkeit. Womit nichts gegen den spielerischen Umgang mit diesem raffinierten Hightech-Produkt gesagt sein soll. Wenn wir labil sind und ohnehin, wie meine Arztmutter zu sagen pflegte, zur „Mauldiarrhoe", zum „Mauldurchfall", neigen, dann unterstützt die Handy-Sucht noch unseren allgegenwärtigen Redefluss aus Unsicherheit und nicht gestilltem Kontakthunger. Die Handy-Sucht, so viel ist sicher, ist ein Millionenphänomen.

Genauso können sich vor allem Männer vor dem Computer verlieren. Wie viele Frauen berichten mir in der Praxis, dass der Mann sie und die Kinder vernachlässigt, um Abend für Abend hinter seinen Computer zu „flüchten". Wovor flüchten diese Männer? Das ist längst nicht mehr die Privatklage enttäuschter Frauen. Wer sich als „maßlosen Internetsurfer" einstufen würde, kann jetzt im Internet selbst den Grad seiner Suchtgefährdung überprüfen. Die amerikanische Psychologin Kimberley Young hat einen entsprechenden Online-Fragebogen erarbeitet. Außerdem bietet das „Center for Online-Addiction", also das Zentrum für Internetsüchtige, therapeutische Beratung per E-mail oder auch Live-Chat an. Sitzungen auf der virtuellen Couch können ab fünfzehn Dollar gebucht werden ...

Die bunte Online-Welt kann süchtig machen. Der Koblenzer Psychologe Martin Zobel beschäftigt sich mit der „Internetsucht": Acht Millionen Internetnutzer gibt es derzeit in Deutschland. Von denen befinden sich fünf bis zehn Prozent in einer Vorstufe zur Abhängigkeit. Der Trend geht nach oben.

Die Paralelle zwischen den „Usern" und ihrer Online-Krankheit zur Alkoholabhängigkeit ist frappant: Wie die Droge aus der Flasche ist das Internet rund um die Uhr verfügbar und kennt keine gesellschaftlichen Grenzen – an Papas PC surfen im Extremfall der Familienchef genauso wie die Gattin oder die Kinder. Das Familiengespräch versiegt. Je mehr Zeit der virtuellen Kommunikation geopfert wird, desto mehr bleiben die realen Familienkontakte auf der Strecke. Das möchten die Internetabhängigen sich nicht eingestehen. Martin Zobel: *Auch dieses Leugnen, das fehlende Problembewußtsein ist typisch für Internet-Missbrauch.*

Ist es noch eine schöpferische Betätigung oder fliehe ich aus meiner realen Welt ins Internet, muss sich der User fragen. Der Psychologe Zobel registriert kritisch: *Die Abhängigkeit ist als Indikator für Problemlagen hier zu sehen. Damit muss man aktiv umgehen.* (Quelle: Rhein-Zeitung, 17.07.99).

Auch Spielsucht ist ein Männerleiden. Rund fünfundneunzig Prozent der Betroffenen sind männlich, meist unter dreißig Jahre alt. Der Fachverband Glücksspielsucht spricht von schätzungsweise 150 000 betroffenen pathologischen Spielern. Die gehobene Klientel geht in die Spielbanken, der kleine Mann sucht die „Daddelhallen" auf, um in den Groschengräbern seine soziale Existenz zu vernichten.

Der bekannte Spielsuchtforscher Gerhard Meyer hat als erster den Kampf gegen die Automatenhersteller aufgenommen. Diese leugneten nämlich in aufwendigen Gutachten, dass ihre Automaten zur Spielsucht verleiteten. Meyer fand unter anderem heraus, dass fünfundfünfzig Prozent der befragten Glücksspieler (aus den befragten Selbsthilfegruppen Anonymer Spielsüchtiger) sich das Geld für die Befriedigung ihrer Sucht auf illegale Weise besorgt haben. Inzwischen klassifiziert die Weltgesundheitsorganisation WHO das chronifiziert suchtartige Glücksspiel als Krankheit und nennt die Beschaffungskriminalität eine typische Begleiterscheinung.

Trotzdem hat auch heute noch in Deutschland kein Opfer der Daddel-Automaten ein Recht auf Therapie. Mit der Diagnose Glücksspielsucht ist hierzulande nichts zu holen. Der Staat steht wie immer bei dem Suchtgeschehen diskret dabei und hält die Hand auf: Rund vierundvierzig Milliarden Mark werden gegenwärtig jährlich bei legalem Glücksspiel umgesetzt, davon gehen sieben Milliarden als Vergnügungssteuer in die Staatskasse. Die ubiquitäre Verfügbarkeit der Automaten produziert Süchtige am laufenden Band.

Natürlich ist es nicht allein die Maschine, die süchtig macht. Der Glücksspielautomat trifft auf Menschen, die oft arbeitslos und voller Versagensgefühle sind, die „süchtig" auf das „große Glück" warten, die gestörte Familien haben und innerlich leer sind. Wer erst einmal jahrelang in die Sucht gefallen ist, der reißt seine Familie in die Misere mit: Durchschnittlich dreißigtausend Mark Schulden haben Spielsüchtige angehäuft. Wen wundert es dann, dass Partnerschaft und Familie zerrüttet sind, der Selbstmord des ruinierten Spielers droht. Wer länger spielt, verliert. Zwar nicht immer, aber immer öfter.

Fred (Name geändert), siebenundzwanzig, kam zu mir, als er gerade gezwungen war, wegen drückender Verschuldung sein, von den Eltern übernommenes, Herrenoberbekleidungsgeschäft zu verkaufen: *Das Spielen beherrscht mich. Meinen Beruf lehne ich ab. Ich halte es vor Langeweile kaum aus. Eigentlich wollte ich studieren, Fachtouristik und so, ein Reisebüro aufziehen, die Welt kennen lernen, Alternativurlaube organisieren. Jetzt sitze ich wie festgenagelt zwischen Herrensakkos und Anzügen, Kniestrümpfen und Oberhemden. Das Spielen ist für mich prickelnd wie Champagner. Seit Jahren ziehe ich jeden Werktagabend los in eine der vielen Spielhallen der Großstadt, in der ich lebe. Ich kenne meine Lieblingsautomaten. Immer wieder denke ich, ich habe den Trick heraus. Ich besiege die Maschine. Dabei besiegt, langfristig, der Glücksautomat mich. Als Spieleinsatz gestattete ich mir anfänglich 100,– DM an Münzen pro Abend. Das ging eine ganze Zeit lang gut. Weil ich gut verdiene, konnte ich es mir leisten. Mein Herrengeschäft florierte. Aber dann investierte ich am Abend oft bis zu 300,– DM. Schlimmer noch: Ich stahl mich tagsüber aus dem Geschäft. Ich bin ja der Chef und kann über mich bestimmen. Den Mitarbeitern schwindelte ich vor, ich müsse zur Bank. Jetzt saß ich schon am Nachmittag in der Spielhölle und fütterte meinen „Darling“ – so nannte ich meinen Lieblingsautomaten. Wenn das Geld knapp wurde,*

112

nahm ich es einfach aus der Kasse. Sie gehörte schließlich mir.

Dann stimmten die Monatsabschlüsse nicht mehr. Ich überzog das Konto. Ich nahm Kredite bei der Bank auf. Die Bank drängte. Meinen Eltern kann ich das Desaster gar nicht erklären. Sie haben ein Leben in dieses Geschäft gesteckt. Aus kleinen Anfängen haben sie es nach dem Krieg wieder aufgebaut. Und ich verschleudere alles!

Warum tue ich das? Ich weiß es selbst nicht. Ich bin sonst so diszipliniert. Mittlerweile gehe ich selbst an den Wochenenden zu illegalen Glücksspielen, in den Hinterzimmern von Kneipen. Wieder werfe ich das Geld aus dem Fenster. Dabei trinke ich zu viel, rauche wie ein Schlot und vernachlässige mein Essen. Ich treibe keinerlei Sport mehr. Ich habe verheerend Gewicht verloren. Du siehst es ja selbst. Manchmal denke ich, ich komme aus diesem verdammten Spielen nicht mehr heraus, weil ich insgeheim auf den Großen Gewinn hoffe, der mich meinen Traum realisieren lässt: Ich, Fred, der kleine Herrenausstatter in einer dicken Villa auf Mallorca, jenseits der Arbeit, den Sektkübel neben und das Mittelmeer vor mir...

Ich habe Fred an den Psychologen und Spielsuchtexperten Gerhard Meyer verwiesen. Leider habe ich von Fred nie wieder etwas gehört. Ich hoffe, Du bist inzwischen trocken, lieber Fred. Mallorca liegt nicht im Mittelmeer, sondern im Inneren Deines Herzens.

Es wäre falsch, ein konservatives Kulturlamento

anzustimmen und alle Süchte nur dem schlimmen modernen Zeitgeist aufs Konto zu schreiben. Solange es Menschen gibt, haben sie süchtig gegessen, getrunken und natürlich auch süchtig gespielt. Der römische Geschichtsschreiber Tacitus berichtet bereits, dass die Germanen von Spielwürfeln aus Knochen besessen waren: *Ihre Spielsucht ging so weit, dass sie Haus und Hof verspielten. Ja – mit dem allerletzten Wurf setzten sie sogar ihr Leben ein. Wenn sie verloren, gingen sie, ohne mit der Wimper zu zucken, in die Sklaverei.*

✳

Spieler und Loser

Frank (sagen wir einmal so) kam aus dem Ostberliner Bohème-Milieu... „In den letzten Jahren habe ich ungefähr eine viertel Million verspielt. Meine Arbeit frustriert mich, also brauche ich das Spiel. Aber um an Geld zum Spielen ranzukommen, muss ich immer mehr arbeiten. Habe also mehr Frust und muss mehr spielen."

Sein heiseres Lachen. Die tausend Mark, die an diesem Abend im Casino geblieben sind, stammen aus einer Schwarzen Kasse. Er verfüge weder über eine Geldkarte noch über einen Personalausweis, gesteht er, beides verwahre die Freundin. Allerdings sei es nur ein geringer Schutz gegen die Macht der Leidenschaft.

(...) „Wenn du ein Weilchen nicht mehr gespielt hast, kannst du an nichts anderes mehr denken... Ich

habe schon oft einen Jackpot geknackt, aber frag'
nicht, wieviel mehr ich vorher reingesteckt habe! (...)

Ich habe arbeitslose Zocker getroffen, die hatten
sich auf abenteuerlichen Wegen zweihunderttausend
Mark besorgt und alles restlos verspielt. Oder Leute,
die ihre Häuser verloren haben. Einen Banker, der
die Anlagegelder seiner Kunden ins Casino schaffte."

(...) Später, da hat Frank sie (die Freundin) schon
beauftragt, sein Geld vor ihm zu verstecken-, erlebt
sie Entzugserscheinungen aus bedrückener Nähe:
Seine Nervosität und die Schweißausbrüche, wenn er
längere Zeit nicht gespielt hat; die jäh explodierende
Aggressivität, wenn sie sich weigert, ihm Geld zu
geben. Die Sucht kommt in Wellen, manchmal ver-
spielt er nur hundert Mark, dann, wenn sie ihm resig-
nierend Geld-Karte und Ausweis überlässt, werden
bizarre Orgien daraus. Die Kontoauszüge verraten
den Lauf der Dinge: wenige Minuten nach Mitter-
nacht wird der tägliche Höchstbetrag am Automaten
abgehoben, kurz nach Öffnung der Bankschalter ist
die nächste Auszahlung registriert. Dann geht es im
Zweistunden-Rhythmus weiter, bis er nicht mehr
kann, bis zur totalen körperlichen Erschöpfung, bis
fehlender Schlaf und die Überreizung der Nerven
ihn zusammenbrechen lassen.

„Er könnte hunderttausend Mark gewinnen", sagt
die sanfte (co-abhängige, M.J.) Freundin, „er würde
nicht eher aufhören, bis alles wieder verspielt ist."

Tom Peukert,
Ein Lebenslauf aus dem Ostberliner Bohème-Milieu,
Frankfurter Rundschau, 03.07.99

Mehr als die Hälfte der Bevölkerung benutzt einen Computer. Neun Millionen Menschen pflügen bereits durchs Internet. Jeder fünfte Bundesbürger telefoniert mit Handy – Tendenz rasant steigend. In den kommenden zwei Jahren steigt die Zahl der Handy-Nutzer in Deutschland auf etwa einundzwanzig Millionen. Das sind Ergebnisse der neuen Markt-Media-Studie „Online-Offline", die SPIEGEL-Verlag und manager magazin verlagsgesellschaft zum zweiten Mal vorlegen.

DER SPIEGEL, 28.06.99

Nicht ohne Fernseher auf die Insel

Was wäre dein wichtigstes Gepäck, wenn du auf eine einsame Insel reisen müsstest? 2000 Kinder sagten es der Zeitschrift „Eltern": Fernsehgerät und Radio, CDs und Kassetten sind für 53,4% das Wichtigste. Es folgen Essen und Getränke (53,2%) vor Eltern, Geschwistern und Freunden (41,8%). Nützliche Sachen wie Messer, Hacke oder Säge würden nur 35,1% mitnehmen.

RHEIN-ZEITUNG, 23.08.1999

Süßigkeitssucht
„Diese Droge wirkt so schnell"

Nur wer von all dem fastet, womit unser innerer Hunger und Durst nach wirklichem Leben und unser Unvermögen, es mit dem Leben aufzunehmen, zuge- schüttet wurde, kommt dann auf seinen wirklichen Hunger und Durst und kann auf diese Weise ent- decken, was diesen Hunger und Durst wirklich stillt: das Brot, nach dessen Genuss wir nicht mehr hungrig sein werden, und das Wasser, durch das wir, wenn wir einmal davon gekostet haben, nicht mehr Durst empfinden werden.

Walther H. Lechler,
So kann's mit mir nicht weitergehn!
Neubeginn durch spirituelle Erfahrungen
in der Therapie

Die Deutschen lieben Schokolade. Einige Zahlen: Bei der Internationalen Süßwarenmesse in Köln prä- sentierten 1999 exakt 1436 Aussteller aus 72 Län- dern ihre vergifteten Seelentröster. Jeder Deutsche isst jährlich 28,1 kg Süßwaren, darunter 3,6 kg süße Knabberartikel, 4,6 kg Zuckerwaren, 1,8 kg kakao- haltige Zubereitungen sowie 7,1 kg süße Dauer- backwaren; das sind Kekse sowie Waffeln mit und ohne Kakao, Leb- und Honigkuchen. Wir sind, so scheint es, ein Volk von kollektiven Süßigkeiten- Süchtigen.

Inzwischen hat sich in der Suchtszene der Be- griff des „Schokoholics" eingebürgert. Eine bedeu-

tende Rolle spielt bei dieser Sucht der in der Schokolade enthaltene Zucker. Zucker kurbelt die Bildung des „Glücksbotenstoffs" Serotonin an, der im Gehirn für unser emotionales Gleichgewicht und Glücksgefühl wichtig ist. Als weitere „Muntermacher" enthält die Schokolade rauschartige Stoffe des Kakaos wie Koffein und Theobromin. Eis, Torten, Marsriegel versetzen den Schokoholic in eine Art von euphorischem Zustand; dieser hält allerdings nicht lange an und endet, wie beim Alkoholiker, mit einem Kater und mit Scham. Die Süßigkeitensucht ist eine Art Fress-Porno.

In Hannover bildete sich 1997 die erste Selbsthilfegruppe Schokoholics. Eine ihrer Teilnehmerinnen, die Beamtin Christine, schilderte bei der Vorstellung der Gruppe ihre abendlichen Fressanfälle vor dem Fernseher: Zwei Tafeln Schokolade, zwölf Schokoriegel, eine Tüte Chips und eine Dose Erdnüsse – so viel schafft sie spielend, bis sie ins Bett geht. *Ich bin wirklich abhängig von dem Zeug, ich kann gar nicht mehr ohne,* erzählt die dreißigjährige Frau. Schon mit vierzehn Jahren fing sie wegen persönlicher Schwierigkeiten und Überforderung an, immer häufiger zu Knabbersachen zu greifen: *Das war eine Art Trost für mich, vielleicht auch eine Trotzreaktion.* In jedem Jahr nahm die junge Frau zwischen drei und fünf Kilo zu: *Wenn ich mir das nach einem Fressanfall bewusst mache, fühle ich mich total mies.* Trotzdem kann Christine nicht aufhören, die süßen Versucher in sich hineinzustopfen.

Natürlich ahnt keiner von Christines Freunden

ihr verborgenes Leiden. Erst in der Selbsthilfegruppe hat sie's gewagt, über ihre Sucht zu sprechen. Gemeinsam und mit Hilfe einer Psychologin versuchen die Hannoveraner Schokoholics, Wege aus der Abhängigkeit zu finden.

Dabei ist die Gier nach Süßem bislang offiziell nicht als Sucht anerkannt. Tatsächlich steht sie auf einer Stufe mit der Sucht nach Alkohol oder Nikotin. Auch hier sind die Ursachen meist Einsamkeit, Depression und Liebesersatz. Wie gefährlich die Süßigkeitensucht aus medizinischer Sicht ist, liegt auf der Hand – schwere Essstörungen, Diabetes, Kreislaufüberlastungen. Der raffinierte Fabrikzucker raubt bei seiner Verarbeitung im Körper das lebensnotwendige Vitamin B1 und ist damit der Hauptverursacher von ernährungsbedingten Zivilisationskrankheiten.

Als Ursache ihrer Zuckersucht gibt Heike (Name geändert) Stress und Ärger in ihren Beziehungen, im Beruf und Unzufriedenheit mit gewissen Situationen auf allen Ebenen, auch mit sich selbst an. Sie erkennt: Der Zucker bietet eine kurzfristige Verdrängung der Probleme. Heike: *Diese Droge wirkt so schnell!*

Auch Hella (Name geändert) fühlt sich bei regelmäßigem Genuss von Süßem rasch schlecht, ja, sie fühlt sich schlapp und unwohl in ihrer Haut. Die meisten Menschen in ihrem Umfeld sehen ihre Zuckergier nicht als Sucht an. Dabei sprechen die amerikanischen Psychologen längst von „Sugar-Blues", der durch Zuckermast ausgelösten Depression. Hella konstatiert: *Zuerst ist es wichtig, dass ich dies überhaupt als Sucht erkenne. Wie viele Menschen gehen täglich in die Bäckerei und kaufen sich ein Teilchen oder essen ein Mars als Snack. Dies ist in unserer Gesellschaft selbstverständlich und normal. Meines Erachtens muss erst diese Einstellung kommen, dass ich merke, was ich meinem Körper antue. Geholfen hat mir, dass sich mein Körper jetzt immer schneller meldet, mir Signale sendet, dass dies nicht gut ist für mich. Dieses Bewusstsein hat sich durch Krankheit, Gespräche, Beobachten, Erfahrungen bei mir geschärft. Jetzt, wenn ich wieder eine solche Phase von ein bis drei Monaten habe, wird mir schnell schlecht. Wenn ich viel Süßes esse, bekomme ich ein schlechtes Gewissen. Ich weiß ja genau, was ich mir antue. Ich gestehe mir diese Zeit zu, danach gehe ich die Situation an. Es ist so, als ob ich mich „von außerhalb" betrachte.*

Sucht, wenn sie sich äußerlich noch so harmlos in Form eines Marsriegels und einer Schwarzwälder Kirschtorte darstellt, ist im Kern eine seelische Erkrankung. Deshalb kann eine Behandlung, die lediglich die körperliche Abhängigkeit beseitigt, keinen dauerhaften Erfolg haben. Die Auflösung der seelischen Abhängigkeit setzt die Bearbeitung ihrer – unbewussten – seelischen Grundlagen voraus. Das verlangt psychologische und sozial-therapeutische Methoden. Im Suchtbereich wird dieser Prozess als Entwöhnung bezeichnet.

Dabei ist die Sucht nicht einfach ein Dämon, der beseitigt werden muss. Der Betroffene muss vor allem etwas Neues dazulernen. Psychotherapeutisch gesprochen geht es um eine Nachreifung der Persönlichkeit. Es ist kein Zufall, dass wir in der Sucht oft mehrfach abhängig sind. Wir sind unfrei in der Sucht. Meist ist es eine jahrelange Zitterpartie, bis Abhängige zur Einsicht in ihre Situation finden. Denn so selbstzerstörerisch und quälend das süchtige Verhalten ist, so bietet es auch immer einen neurotischen Gewinn. Sie können damit ihre tiefer liegenden Persönlichkeitsschwierigkeiten verdecken und sich die Auseinandersetzung mit ihnen sparen.

Trotzdem wird keiner von uns den Satz sagen: „Ich bin gerne süchtig." Wir spüren sehr wohl, dass der „Suchtgewinn" hochproblematisch ist. Wir wollen wieder „nüchtern" werden, aber wir haben zugleich Angst davor. Frauen sind hierbei, auf Grund ihrer Erziehung, eher als Männer bereit, über persönliche Schwierigkeiten zu sprechen und Hilfe anzunehmen. Darin liegt eine besondere Chance für suchtgefährdete Frauen. Dabei ist die Frage nach der Schuld völlig nutzlos. Es geht allein darum, sich selbst zu verstehen und zu begreifen. Es tut jedoch weh, zu begreifen, dass uns die Sucht Jahre gekostet hat, dass wir an unseren Möglichkeiten vorbeilebten.

Wir müssen uns fragen, wie es zu unserer speziellen Sucht gekommen ist, aber ohne Schuldzuweisungen. Wo wir nach Sündenböcken für unsere Sucht suchen, delegieren wir die Verantwortung. Aber genau das ist es: Die Verantwortung für mein süchtiges Verhalten muss ich als Abhängiger selbst übernehmen. Der Schriftsteller Wilhelm Raabe hat einmal gesagt: *Schuld haben sie beide nicht, weder die Menschen, noch das Schicksal, sie passen nur immer ganz genau zueinander.*

Gerade die Zuckersucht zeigt vielleicht deutlicher als jede andere Abhängigkeit den Zusammenhang von Sucht und Sehnsucht, von falscher Bedürfnisbefriedigung und ausweichendem Verhalten. Gesucht wird die süße Liebe, konsumiert wird jedoch die emotionale Saccharose, der Ersatzstoff Zucker. Die Lehrerin Luise Meraner, Leiterin des Projekts Saalfelden und Gesundheitsberaterin GGB, hat mir erlaubt, sie beim Namen zu nennen und ihren privaten Zuckersucht-Report zu veröffentlichen:

Schon als kleines Mädchen bekam ich häufig als Ersatz für die elterliche Liebe und als Belohnung etwas Süßes. Die Zuckersucht schlich sich heimlich in mein Leben, und zwar sehr früh. Die lange Schulzeit am Vormittag versüßte ich mir fast täglich mit ca. 100 g meiner Lieblingsbonbons, und Schokolade gab es am Nachmittag beim Aufgabenmachen und als Trost für den Mangel an Zuneigung.

Der Zucker tat sein Werk. Luise musste teuer zahlen für ihre Sucht: *Oh Schreck – sehr bald mutierte ich zu einem süßen Pummelchen. Die Schadenfreude meiner Mitschüler war fortan ein treuer Begleiter mit herbem Beigeschmack. Ich feierte gerade erst meinen vierzehnten Geburtstag, und mir wurde schmerzlich bewusst, dass ich ab sofort den Kampf mit meiner Figur aufnehmen musste. Auf Bonbons, Schokolade und mein über alles geliebtes Eis wollte ich aber nicht verzichten. Ich nahm mir eisern vor, vorm „eigentlichen Essen" nunmehr sehr wenig zu mir zu nehmen. Vitalstoffe, Mineralstoffe, Spurenelemente, Faserstoffe, Rohkost, Frischkorngerichte usw., wer hat zu dieser Zeit etwas davon gewusst? Mir war keineswegs klar, dass ich mich von einer absoluten Mangelkost ernährte! Meine Eltern waren zu beschäftigt, um sich um mein Ernährungsverhalten zu kümmern.*

Luise formuliert hier einen wichtigen Zusammenhang, der bei Essstörungen heute noch vernachlässigt wird: Die Umstellung auf die vitalstoffreiche Vollwertkost. Eine Esstherapie, die den Kranken nur auf psychologischer Ebene behandelt und kein Wissen über die gesunde Ernährung vermittelt, ist ein Kunstfehler. Der raffinierte Zucker erzeugt ja gerade die Abhängigkeit und den chronischen Nachholbedarf, während etwa die natürliche Süße des Obstes problemlos sättigt und den legitimen Süßigkeitsbedarf stillt. Seitdem ich mich selbst vollwertig ernähre – und damit auch mein früheres Übergewicht beseitigt habe –, ist mir die Lust auf den künstlichen Geschmack von Schokolade und industrielle Süßwaren restlos abhanden gekommen. „Süchtig" bin ich höchstens nach frischem Obst, besonders im Winter. Auf meinem Küchentisch befindet sich fast immer eine Schale mit Äpfeln.

Industriell denaturierte Nahrung schädigt unseren Körper. Das sind die billigen, unbegrenzt haltbaren Auszugsmehle. Das sind die Industriefette wie die künstlich erzeugte Margarine, mit der man eigentlich nur die Fahrradspeichen fetten sollte. Das wissen wir meistens nicht. Wir sind Opfer der Werbung. Daher formuliert der „Vollwertpapst" Dr. Max Otto Bruker auch so sarkastisch: *Essen und trinken Sie nichts, wofür Werbung gemacht wird.*

Dass Zucker schädlich ist, müssen wir jedoch „zähneknirschend" bereits im Kindesalter erfahren. So ging es denn auch Luise: *Die Naturgesetze lassen sich nicht täuschen – das wusste ich damals auch nicht. Mit achtzehn Jahren hatte ich bereits sechs überkronte Zähne und Wurzelbehandlungen. Meine nervliche Belastung verringerte sich zunehmend. Mein Darm streikte. Abführmittel – ja, das musste die Lösung sein. So ging es weiter bis zu meinem dreiundzwanzigsten Lebensjahr. Am Morgen hatte ich täglich, ohne Alkohol zu trinken, ein aufgedunsenes Gesicht. Bei der kleinsten Belastung versagten meine Nerven. In diesem Alter plagten mich allabends schon „Wasserbeine". Das Gehen war ohne Schmerzen nicht mehr möglich. Mein Darm schaffte es trotz Abführmittel nicht mehr. Ich musste Farbe bekennen. So sollte es nicht mehr weitergehen. Ich fühlte mich kraftlos wie eine alte, kranke Frau. Wie aber sollte ich den Sommer ohne das geliebte tägliche Eis durchhalten? Womit sollte ich mich belohnen? Womit sollte ich meinen Mangel an Anerkennung und Liebe kompensieren?*

Hier wird es überdeutlich. Es geht nicht um den Zucker an sich. Es geht um Mangel an Anerkennung und Liebe. Der Zucker wird zur leicht verfügbaren

Droge. Fressen, so sagen die Therapeuten, ist die Sucht der Braven. Zucker, so möchte ich formulieren, ist die Sucht der Überbraven.

Luise ging ihre Sucht ernährungsphysiologisch und psychologisch an. Auch ein Hauch von Eros mag im Spiel gewesen sein: *Bei einer biologischen Exkursion, noch im selben Jahr, hörte ich einen Studenten über eine ganz andere Art der Ernährung sprechen. Dieser junge Mann war sehr gut aussehend und hatte eine ausgeglichene vitale Ausstrahlung. Das stimmte mich nachdenklich und zugleich neugierig. Vitalstoffreiche Vollwerternährung – so etwas war mir noch nicht bekannt. Je länger ich darüber nachdachte, desto klarer waren die positiven Zusammenhänge zu erfassen. Ich las die ersten Bücher von Dr. Bruker und stellte danach meine Ernährung fast von heute auf morgen vollkommen um – Gott sei Dank!*

Die Sucht wurde, wie so oft, zur Chance. Eine gut durchgearbeitete Sucht ist ein Geschenk. Sie hat eine Inventur unseres Lebens bewirkt, sie hat uns den Weg zur Klarheit finden lassen. Luise ist dankbar darüber: *Dieser Art der Ernährung bin ich bis heute treu geblieben, nämlich zwanzig Jahre. Ich habe aus Überzeugung nach meinem Studium der Biologie, Chemie und Physik die Ausbildung zur Gesundheitsberaterin GGB in Lahnstein gemacht. In allen Bereichen meines Lebens hat sich durch die Ernährungsumstellung und eine dankbare, liebevolle Lebenshaltung eine enorme Verbesserung gezeigt. Meine Gesundheit hat sich stabilisiert, so*

dass sich ein mir zuvor unbekanntes Körperwohl-
gefühl einstellte. Ich konnte mich selber nunmehr
annehmen und lieben lernen. Mein etwas zu hohes
Körpergewicht reduzierte sich auf natürliche Weise.
Meine „Zuckersucht" verabschiedete sich von mir
nach dem ersten Jahr der Ernährungsumstellung.
Mein Körper war auf dem besten Weg, seine Balance
zu finden, und meine Seele freute sich sehr darüber.

Was für ein schöner Satz! *Mein Körper war auf
dem besten Weg, seine Balance zu finden, und meine
Seele freute sich sehr darüber!* Jeder ist seiner Liebe
Schmied. Er darf sich aber auch und muss sich auch
Hilfe holen. In diesem Fall waren es die klaren
Ernährungsrichtlinien Dr. Brukers. Dem inzwi-
schen Neunzigjährigen schreibt Luise Meraner: *So
möchte ich meinen besten Dank an Dr. Bruker und
sein engagiertes Team aussprechen. Durch diese
Hilfe konnte ich ein erfüllteres Leben finden.*

Sucht und Beruf hängen oft zusammen. Vor einiger Zeit betrat Konstantin (Name geändert) meine
Praxis. Ein schlanker, gut aussehender Mann um die
fünfzig Jahre.

Er ist freundlich und zugewandt. Der gelernte
Bäcker arbeitet heute als erfolgreicher Spitzenmana-
ger im Backwarengewerbe. Er ist glücklich verheiratet mit einer Bäckertochter und liebt die gemeinsame, erwachsene Tochter. Konstantin ist ein zäher,
unermüdlicher Arbeiter – in den Sitzungen ergaben
sich Hinweise auf eine tief liegende Arbeitssucht.
Weswegen Konstantin kam, war jedoch eine für ihn
völlig unbegreifliche und beschämende Abhängig-

keit, von der er sich nicht zu lösen vermochte: *Ich komme nicht von den Süßigkeiten weg. Es kann mir passieren, dass ich an einem Tag bis zu vierzehn Kuchenstücke verdrücke. Unglücklicherweise muss ich öfter Backwaren präsentieren, dann gibt es kein Halten mehr für mich. Ich spüre die starke Sucht in mir. Wenn ich mich mit Kuchen vollgestopft habe, dann verändert sich mein Blick. Die Augen werden starr und fixierend. Ich bin nicht mehr richtig bei mir.*

Es sieht so aus, als ob die Süßigkeitssucht die Einbruchstelle in Konstantins Persönlichkeit charakterisiert, den „locus minoris resistentiae", den Ort des geringsten Widerstandes. Hinter diesem beeindruckend disziplinierten Mann, der sich ein Leben lang Leistung, Fleiß und Verlässlichkeit abgefordert hat und der in seiner Führungsposition keine Schwäche kennt, verbirgt sich ein bedürftiges, einsames Kind, das auch einmal von der Süße des Lebens naschen will.

Tatsächlich musste der junge Konstantin schon sehr früh in der Backstube der Eltern aushelfen. Vater und Mutter hatten wenig Zeit für ihn. Der sensible Junge war viel mit sich allein und sehnte sich nach Zuneigung. Das war bitter. Also bediente er sich in der täglichen und nächtlichen Arbeit an den süßen Kuchenblechen... *Das war so selbstverständlich. Das schlich sich als Gewohnheit ein. Ich war noch Geselle, als mein Vater starb. Meine Mutter rief mich von meiner fremden Lehrstelle heim. Ich musste die elterliche Bäckerei übernehmen. Das*

*hat mich zweifellos überfordert. So ging das dann
mein ganzes Leben hindurch.*

Was der Bäckereifachmann erlebte, nennt die
Psychologie eine „déformation professionelle": Der
Beruf verführt zur Sucht. Die Sucht verführt zum
Beruf. Aufschlussreich ist in diesem Zusammenhang der, wie die Familientherapie formulieren
würde, systemische Zusammenhang. Konstantins
Frau, die sympathische Klara (Name geändert), war
über viele Jahre lang ein Opfer ihres stressigen
Bäckerberufes. Sie fühlte sich am Ende heillos überfordert. Während Konstantin offensichtlich die
nicht mehr zu bremsende Zuckersucht „braucht",
um seelisch aufzuwachen und seine berufliche
Überforderung zu bremsen, bekam Klara von ihrer
Seele schon vor Jahren eine drastische psychosomatische Botschaft zugeschickt: *Natürlich habe ich
auch mal von dem süßen Zuckerzeug gegessen, aber
auch viel Fleisch, also artfremdes Eiweiß. Das hat
meine Polyarthritis gefördert. Mir tat alles weh.
Meine Finger waren so rheumatisch verkrümmt,
dass ich es kaum mehr schaffte, an der Theke der
Bäckerei das Geld der Kunden vom Zahlteller zu
holen. Wir gaben die Bäckerei auf, mein Mann
wechselte ins Backmanagement. Ich verließ das
Berufsleben und kümmerte mich um Haus und
Tochter. Ich habe die Ernährung umgestellt. Heute
geht es mir ausgezeichnet.*

Konstantin begriff im Verlauf der Therapie, dass
seine Sucht für sein ungelebtes Leben steht. Er geht
jetzt in eine – der im Anhang dieses Buches ver-

zeichneten – psychosomatischen Kliniken, um sich selbst zu lieben und leben zu lernen. Es ist die Begegnung mit sich selbst, die Konstantin schmerzhaft und befreiend bevorsteht.

Die Sucht ist ein Imperativ, eine Aufforderung, ein Appell – mit dem Philosophen Nietzsche zu sprechen: *Grabe, wo du stehst – darunter ist die Quelle.*

Esssucht

„Essen war mein Seelentröster, mein Aphrodisiakum, mein Stimmungsaufheller"

Der Grundsatz für die spätere Essstörung wird häufig schon in den ersten beiden Lebensjahren gelegt. Zum Beispiel kann ein Kind, das nicht erwünscht war oder das nicht ernst genommen wurde, dies als existentielle Verunsicherung erfahren, was wiederum eine Suchterkrankung – auch eine Ess- oder Magersucht – wahrscheinlich macht. Im übrigen darf man nicht übersehen, dass mittlerweile die Töchter von zum Teil sehr essgestörten Müttern heranwachsen.

Dipl.Psychologe Andreas Schnebel,
Psychologie heute, 8/99

Wenn mir eine übergewichtige Frau oder ein übergewichtiger Mann in der Praxis gegenübersitzt, werde ich immer hellhörig. Ich stelle zwei Fragen: Was isst Du? Wie isst Du?

Die erste Frage versteht sich von selbst, da ich im „Hause des Herrn", des „Vollwertpapstes" Dr. M. O. Bruker, arbeite. Oft erhalte ich die Antwort: *Ich ernähre mich weitgehend gesund.* Dieses „weitgehend" kenne ich aus meinen früheren Jahren. Ich hatte meinen Fleischverzehr reduziert und würgte mir einmal am Tag zwei Salatblätter hinunter als eine Art „Sättigungsbeilage", wie das die Horrorgastronomie der früheren DDR nannte. Am Sonntagmorgen gab es Vollkornbrötchen, die übrige Zeit

schlampamperte ich mit denaturiertem Auszugs-
mehl und Zucker. Chronisches „mittleres" Übergewicht waren die Folgen, auch chronische Infek-
tion – das ganze Jahr über beulten sich meine
Jackentaschen mit Tempotaschentüchern aus. Auch
das WIE meines Essens wurde mir, vor allem in der
Therapie, klar: Wenn es mir schlecht ging, stopfte
ich Essen in mich hinein, vor allem in den einsamen
Nachtstunden in meiner Bibliothek. – Besonders,
aber nicht ausschließlich, werden angepasste, ag-
gressionsgehemmte Frauen Opfer dieser heimlichen
und „gemütlichen" Sucht des Essens. Essen ist
immer verfügbar. Schon als kleine Kinder konnten
wir damit Frust, Verlassenheit und Zurücksetzung
kompensieren: Die Liebe und die Nicht-Liebe
gehen durch den Magen.

Gerade wir Deutschen sind wahre Fressmolche.
Fast jeder zweite Deutsche ist übergewichtig.
Unsere Fülle sitzt an der falschen Stelle. Nicht im
Leben, sondern an Brust, Bauch, Hintern und
Lenden. Ein Fünftel unserer Kinder ist überernährt.
Von ihnen neigen rund achtzig Prozent im Er-
wachsenenalter zur Fettleibigkeit. Umgekehrt sind
ebenfalls rund achtzig Prozent der Eltern übergewichtiger Kinder selbst zu dick. Die meisten Übergewichtigen stammen aus Familien, in denen nach
dem Motto: „Essen und Trinken hält Leib und Seele
zusammen" nicht nur massiv gefressen, sondern
auch Konflikte „heruntergeschluckt" wurden.

„Esssucht" und ihre Folge, die Fettsucht, wissen-
schaftlich formuliert, die „Adipositas", gilt hier zu

Lande kaum als Sucht. Man ist halt ein guter „Futter-verwerter". Die Fresstour beginnt meist morgens mit dem klassischen üppigen „deutschen Frühstück" – man sehe sich einmal die Selbstbedienungstheken in deutschen Hotels an! Die Fressorgie zieht sich oft den ganzen Tag hindurch, bis in die Chips, die Knab-bereien und den Bier-, Cola- und Schnapskonsum vor dem abendlichen Fernseher. Sie endet mit den „Mondscheinbesuchen" am Kühlschrank.

„Seid fett zueinander", lautet die Parole. Ein Volk frisst sich krank. Rund zwei Drittel unserer Krankheiten, vom Diabetes bis zur Arterienverkal-kung, von der Neurodermitis bis zu rheumatischen Störungen, sind, wie Dr. M. O. Bruker in seinem Standardwerk *Unsere Nahrung – unser Schicksal* dokumentiert, ernährungsbedingte Zivilisations-krankheiten.

So ganz dumm sind wir inzwischen jedoch nicht mehr. Wir ahnen etwas von den Zusammenhängen. Wer als Mann sich demnächst keinen Büstenhal-ter kaufen will, weil ihm der Busen das Hemd sprengt, der verzichtet tunlichst auf das hormon-gedopte Tierfleisch. In hellen Momenten dämmert es ihm vielleicht, bei den Skandalen der 90er Jahre, dass nicht nur die belgischen Hühnchen und das engli-sche BSE-Rindfleisch Giftanschläge auf ihn sind, sondern dass die chemische Hexenküche der Ernährungsindustrie mit jedem ihrer Produkte Ein-gang in seinen geschundenen Magen gefunden hat. Ebenso ahnen wir alle etwas von der Psychologie des süchtigen Essens, wenn wir von „Frustfressern" oder von „Kummer mit dem Kummerspeck" sprechen. Fazit: Hinter dem Übergewicht steht in der Regel eine falsche Ernährung, sehr oft aber auch eine Essstörung. Eine Essstörung liegt vor, wenn jemand das Essen als Ersatzmittel einsetzt für etwas anderes.

Im Telegrammstil resümiert Ronja (Name geändert) ihre Essstörung: *Meine alltägliche Sucht ist das Essen. Dadurch habe ich mich zu einer „schwergewichtigen Frau" entwickelt. Ich kann mich an meine ersten Schuljahre erinnern, schon damals hat man sich über mein Gewicht lustig gemacht. Manchmal vermute ich, es hat mir Geborgenheit und Akzeptanz gefehlt. Diese Sucht fühlt sich in unserer Familie wohl. Die beiden Omas und die Mutter und der Vater und der Bruder sind auch dick oder waren es. Mittlerweile bin ich zweiundfünfzig Jahre alt und habe unendlich viele Versuche abzunehmen hinter mir. Ich bin so schwer wie nie zuvor. Eigentlich möchte ich gerne abnehmen. Doch die Angst, erneut zu scheitern, hält mich davon ab.*

Ronja steckt also noch mitten in der Sucht. Ich möchte Dir, liebe Ronja, dringend die Intervention einer stationären Therapie raten. Es ist überhaupt keine Schande, dass Du es allein nicht geschafft hast. Das ist ja gerade das Wesen der Sucht, dass sie eine Krankheit ist und nach professioneller Hilfe schreit.

Genau das betont auch Gina (Name geändert). Sie raucht nicht nur bis heute mindestens zehn Zigaretten am Tag, sondern sie leidet unter einer besonderen Essstörung. Weil sie Polyarthritis hat, fastet sie öfter: *Danach kann ich meine Nahrungszufuhr* kaum kontrollieren. Ich stopfe alles in mich hinein. Ich bin wie ferngesteuert. Ich glaube, es ist die Suche nach Liebe, die mir in meiner Kindheit von meiner Mutter gefehlt hat. In der spirituellen Dimension drückt meine Essstörung die Suche nach dem Sinn des Lebens aus. Für mich liegt dann auch vieles mit meiner Sucht im Dunkeln. Es ist so diffus. Ich kann es nicht greifen. Alle Bemühungen scheitern. Der Widerstand ist noch zu groß.

Gina meint: Ich würde den Menschen raten, sich kompetente Hilfe zu holen, und zwar so früh wie möglich. Vielleicht erst einmal eine Selbsthilfe-gruppe, um Erfahrungen auszutauschen. Bei Ess-störungen halte ich eine tiefenpsychologische Thera-pie für absolut notwendig.

Natürlich schlagen sich auch Millionen Männer mit einer Essstörung herum. Nur zwei haben mir allerdings geschrieben. Gustav (Name geändert) erinnert sich: Die Esssucht habe ich mit circa zwölf Jahren „entdeckt". Ich stahl zu Hause Geld. Meine Mutter war damit beschäftigt, den oft betrunkenen Stiefvater „ruhig zu halten". Ich kaufte mir erst Spielzeug (Pistolen!), dann ging ich irgendwann in einen Imbiss und kaufte mir „etwas Besonderes". Ich habe mich in der Kindheit irgendwie nicht beachtet gefühlt, fand mich unwichtig. Ich habe mich nach Anerkennung gesehnt. Ich bin aber meist den Anforderungen der Mutter, der Schwester und der Schule hinterhergehinkt.

Ich fühle mich heute oft noch so. Für meine Ess-sucht schäme ich mich. Das Rauchen konnte ich einstellen. *Ebenso das Saufen. Mit Hilfe von zwei Selbsthilfegruppen, einer regionalen, offenen Gruppe und den Anonymen Alkoholikern. Anfangs half „der persönliche Tiefpunkt", die Kapitulation. Ich habe auch Verhaltenstherapie, Analyse und stationäre Therapie in der Klinik für psychosomatische Medizin in Grönenbach gemacht. Heute fühle ich mich sicher. Ich trage aber stets einen Meetingplan mit mir herum – bisher hat's geholfen.*

Gustav kommt mit seiner Esssucht einstweilen noch nicht weiter: *Ich bin es nicht los. Ich finde keine entsprechende Gruppe. Die Krankenkasse verweigert stationäre Therapie. Ich weigere mich, zu kapitulieren. Ich weiß, dass ich noch jahrelang damit rumeiern kann. Ich fürchte mich vor der elenden Quälerei, essensmäßig abstinent zu leben, jeden Tag eiserne Disziplin aufzubringen.*

Dabei weiß ich genau, was zu tun ist: eine Gruppe suchen. Die Sache ernst nehmen. Sich entscheiden, ob man leben oder sterben will. Jahrelang in die Gruppe gehen und zuhören! Wenn man mit einem Suchtverhalten aufhört, entsteht ein Vakuum. Es muss unbedingt gefüllt werden, z. B. mit einem neuen Freundeskreis aus der Gruppe. Notfalls muss man alle, die das Suchtverhalten unterstützen, verlassen. Meine Esssucht sagt mir den Satz: „Wenn du dich auf mich einlässt, verlierst du immer!"

Mark (Name geändert) belegt in seinem Brief an mich, dass aus einer ganz verrückten Essstörung auch ein Tick werden kann: *Ich habe die Angewohnheit, alles, was ich gegessen habe, besonders dann, wenn es sehr gut geschmeckt hat, wieder hochzuwürgen, so dass es wieder in meinen Mund gelangt, um es dann wie ein Wiederkäuer nochmals zu kauen. Ich kann sozusagen den Geschmack nochmal genießen. Dann schlucke ich es wieder hinunter und würge es nach ein paar Minuten wieder hoch, um es wieder zu kauen.*

Wie kann es zu einer solchen Fixierung kommen? Mark: *Es fing während meiner Internatszeit an. Meine Eltern besuchten mich jeden zweiten Sonntag. Dann gingen wir mittags gemeinsam essen und nachmittags Kaffeetrinken. Wenn meine Eltern wieder weggefahren waren, würgte ich das, was ich vorher gegessen hatte, wieder hoch, um nochmal in die Freude des Genusses zu kommen. Weil die Nahrungsaufnahme für mich einen so hohen Stellenwert hat, hat sich mein Unbewusstes eine Suchtform ausgesucht, die damit zu tun hat.* Mark ist heute noch ein zarter, körperlich schmächtiger Mann. Was muss der kleine Mark in seinem Internat an Einsamkeit gelitten haben!

Kann das suchtartige Essen für das nicht gelebte Leben stehen? Es scheint so, wenn man Susanne-Maries Bericht liest. Susanne-Marie (Name geändert) meint: *Ich gehöre wohl zu den zwanghaften Überessern. Lange Zeit verlief mein Leben zwischen Essen und Fasten, um meine Gewichtsschwankungen in den Griff zu bekommen. Gebrochen habe ich nie, weshalb man mich wohl bei meinem Klinikaufenthalt vor zwei Jahren eher als leichten Fall eingestuft hat. Noch heute esse ich zwanghaft, kann oft*

138

nicht aufhören und erlebe „Essen als tägliches Problem". Heute, sechsundzwanzig Jahre alt, erinnert sich Susanne-Marie, dass sie schon in der Grundschule wegen ihrer Figur aufgezogen wurde. Auch ihre Mutter war übergewichtig und strapazierte sich mit Diäten. Susanne-Marie erlebte die Qual, die die meisten übergewichtigen Frauen stigmatisiert – den eigenen Leib als „Fremd-Körper" zu empfinden: *Ein eigenes Körpergefühl habe ich wohl nie richtig aufgebaut, eher eine Ablehnung zu mir und meinem Körper.*

Susanne-Marie ist wohl behütet als Kind, aber sie gerät in einen Vaterkonflikt: *Durch meine enge Vaterbeziehung habe ich meine Mutter aus meinem Leben gedrängt. Sicher ist mein Vater daran nicht unbeteiligt. Oft hat er mich auf seine Seite gezogen und mich gegen die Figur meiner Mutter aufgehetzt. Ich habe dann gehungert.* Susanne-Marie übernimmt das Essverhalten ihrer Mutter. Mit dem Essen kann sie ihre Gefühle vergessen. Es bleibt, wie sie schreibt, die Übelkeit des Essens und die Angst: *Die Angst vor dem Essen, die jedoch nur die Angst des Lebens widerspiegelt. Meine Umgebung hat wenig davon mitbekommen.*

Susanne-Marie zieht sich zurück, sie isoliert sich, sie verheimlicht ihre Essprobleme. Heute redet sie darüber und lässt sich von ihrem Partner unterstützen: *Am meisten hat mir die Selbsthilfegruppe der Anonymen Esssüchtigen geholfen. Da habe ich mich verstanden gefühlt, und vor allem habe ich so viel begriffen. Ich habe irgendwann loslassen können. Ich musste mich nicht mehr ständig überessen. Das Programm ist Klasse und hat mir persönlich viel geholfen. In meiner jetzigen Umgebung finde ich keine passende Gruppe. Und weg ist meine Sucht nicht.*

Es sieht so aus, als ob Du, liebe Susanne-Marie, Dir noch vieles in Deinem Leben anschauen musst und Dir dazu eine stationäre Hilfe holen darfst. Denn Du schreibst: *Oft kommt meine Essstörung aus der Einsamkeit. Ich habe Angst vor Menschen. Ich kann schwer Kontakte aufnehmen. Ich muss auch sagen, dass ich nicht sehr gerne lebe. Ich finde es einfach anstrengend. Mir wurde als Kind vieles abgenommen, in guter Absicht, aber heute bin ich dem Leben kaum gewachsen. Erschwerend kommt mein Geiz hinzu. Ich gebe nicht gerne. Geld lege ich am liebsten auf die Bank. Ich lebe nicht. Erzogen mit einem Bewusstsein für Sicherheit, verbaue ich mir die Freiheit des Lebens. Meine Körperablehnung ist auch geblieben. Gerade in der Partnerschaft wirkt sich das sehr anstrengend aus. Meine Eltern wissen bis heute noch nicht, was los ist, würden es wohl auch nicht so verstehen können. In therapeutischer Behandlung bin ich auch noch. Ob ich dort gut aufgehoben bin, das weiß ich nicht.*

Das heißt aber nicht, dass Susanne-Marie nichts tut. Ihren allzu anstrengenden Erzieherberuf, in dem sie nur noch „gefressen" hat, wie sie schreibt, hat sie aufgegeben. Sie macht eine Ausbildung zur Ernährungsberaterin. Gerne würde sie einen Naturkostladen aufmachen. Die Sucht könnte ihr sagen: „Genieße das Leben. Lass es dir gut gehen. Unternimm viel mit Leuten. Bleibe nicht mit deiner Einsamkeit zurück".

Susanne-Marie erkennt: *Manchmal bin ich dankbar für meine Sucht. Denn sie zeigt mir, dass etwas in meinem Leben nicht stimmt.* Anderen würde Susanne-Marie Therapie raten oder *Kliniken wie Grönenbach, in der ich allerdings selbst nicht war.* Also, liebe Susanne-Marie, Hintern hoch, auf nach Grönenbach! Du wirst es nicht bereuen!

Wenn man von Sucht spricht, das habe ich bei meiner Hospitanz in der Hochgrat-Klinik wieder neu gelernt, dann sollte man nicht im wehleidigen Tonfall davon sprechen. Wo immer Sucht vorliegt, gibt es auch Erfolge, Ende der Sucht, Lernerlebnisse, Wiedergeburt. Therapierte Süchtige sind oft die lustigsten Menschen der Welt. Sie sind selbstkritisch, ironisch, prall von Lebenslust. Sie sind tief, verständnisvoll, aber auch herrlich verrückt.

Ich liebe trockene Süchtige. Denn sie zeigen mir etwas von der Verletzlichkeit und der Siegerqualität des Menschen. So jagte mir aus der Sonneninsel Kreta Anneliese (Name geändert) mit ihrem kämpferischen Bericht einen wahren Adrenalinausstoß in die Arterien.

Anneliese gesteht heute offen, dass sie eine Esssucht hat und dass ihr irgendwelche Diäten überhaupt nichts bringen. Ihre Sucht liegt, wie so viele andere Komplikationen, in ihrer Kindheit. Annelieses Mutter interessierte sich nicht für ihre Probleme. Umgekehrt musste die kleine Anneliese oft die Sorgen der geschiedenen Mutter anhören.

Zusätzlich zeigte mir meine Mutter: Wenn Probleme auftreten, wird erst einmal gegessen. Somit war eine gute Grundlage für meine Sucht gelegt. Meine Oma stopfte noch mehr in mich rein, nach dem Motto: „Das arme Kind". Meine Mutter beleidigte mich, ich hätte einen Hintern, wie ein „Drei-Taler-Gaul". Die Schulfreunde boten mir etwas zu essen an. Wenn ich annahm, sagten sie: „Die kann doch nie ‚Nein' sagen!". Meine Schwester meinte, warum ich denn bei der vitalstoffreichen Vollwertkost immer noch so dick sei?

Ihre Sucht hält Anneliese geheim. Sie verurteilt alle Dicken und vergöttert alle Schlanken. Sich selbst möchte sie nicht im Spiegel anschauen: *Gott sei Dank habe ich vor ca. zwei Jahren dem Zucker den Rücken gedreht. Somit waren schon mal sämtliche Zuckerwaren außerhalb meiner Gier. Aber auch mit vitalstoffreicher Vollwertkost kann man sich was anessen!*

Das kennen wir in Lahnstein. Wir sind immer wieder verblüfft – gelegentlich auch bei manchen unserer Seminarteilnehmer –, wie Menschen den Tag mit einem gehäuften Suppenteller(!) Frischkornbrei beginnen und sich bei den Mahlzeiten Mengen hineinstopfen, mit denen eine ganze Familie unterhalten werden könnte. Von uns angesprochen, erwidert so ein lieber Fresssack treuherzig: *Aber ich esse doch nur vollwertig!* Den Hinweis auf eine mögliche seelische Störung geben wir dann behutsam, damit es keine Kränkung wird.

Zurück zu Anneliese. Auch drei Wochen Frischkostkur *ganz nach Dr. Brukers Buch „Idealgewicht ohne Hungerkur"* lässt natürlich nur einige Pfunde herunterpurzeln, um sie, im Jojo-Effekt anschließend wieder hinaufzukatapultieren: Weil Anneliese damit ja nicht die seelischen Ursachen ihrer Essattacken beseitigt hat. Anneliese ist enttäuscht und ärgerlich auf sich. Dann, vor einem Jahr, traut sie sich, im Buchhandel nach einem Buch für Esssucht zu suchen – dieser Schritt ist oft das erste „Coming out". Sie findet den Ratgeber der bekannten Verhaltenstherapeutin Doris Wolf *Übergewicht und seine seelischen Ursachen.* Jetzt begreift sie die Ursachen ihrer Essanfälle. Es hätte auch das Buch von Maja Langsdorff *Die heimliche Sucht, unheimlich zu essen* oder das Werk der Psychologin Renate Göckel *Endlich frei vom Esszwang. Zwölf Beispiele, wie man die Esssucht überwinden kann* sein können. Bücher sind bei allen Suchtdispositionen glänzende therapeutische Lehrer und Begleiter. Einfach in die Buchhandlung gehen, fragen, sich vom Computer eine Liste zum speziellen Suchtthema ausdrucken lassen!

Anneliese ist es gelungen, ihre Sucht aufzugeben. Sie ist stolz auf sich. Mit Recht. Sie muss, wie sie sagt, immer noch an sich arbeiten: *Dadurch wurde und werde ich selbstsicher und selbstbewusst. Ich kann endlich das verhasste kleine, liebe, dummtreue Mädchen lassen, in das ich hineingezwängt wurde. Ich kann meine eigene Meinung vertreten. Besonders meine Mutter hat damit große Schwierigkeiten: „Ich erkenne Dich überhaupt nicht wieder. Früher warst Du so ein liebes, friedliches Kind".*

Das will sagen: Du hast alles getan, was ich wollte... Aber das ist nicht mehr meine Sache. Ob andere mich mögen oder nicht – ich kann mich mögen, so wie ich bin! Dagegen verhindert die Sucht die wirkliche Sehnsucht, die hinter meiner Sucht steht. Meine Sehnsucht ist und war immer, einmal zu reden, ohne gefragt zu sein, auch in ein Fettnäpfchen zu treten, „Nein" zu sagen, meine Meinung zu vertreten und andere zu begeistern. Meine Sucht sagt mir auch heute noch in bestimmten Situationen: „Ohne mich kannst du nicht leben". Heute weiß ich: Doch! Ohne dich kann ich sehr gut, sogar besser und zufriedener leben.

Abschließend schreibt Anneliese etwas, was „Suchtkrüppeln" verdammt gut ansteht: *Ich möchte mich zum Schluss bei meinem Mann bedanken, der mit mir zusammen immer wieder das Problem erörtert, und mit dem ich gemeinsam überlege, was ich tun kann, statt zu essen.*

Mich selbst macht es glücklich, wenn ich in meinen Sitzungen, oft auch nur bei einer einmaligen Lebensberatung, als Weichensteller nützlich bin. So bei Gerlinde (Name geändert). *Lieber Mathias,* so berichtet sie, *schon seit einiger Zeit nehme ich mir vor, Dir zu schreiben: Weil ich Dir von Herzen danken möchte für den neuen Weg, den Du gezeigt hast, als Du mir vorschlugst, mit meiner seit fast fünfzehn Jahren bestehenden Essstörung Hilfe in der Hochgrat-Klinik bei Horst Esslinger zu suchen.*

Meine Hauptsucht ist seit meinem neunzehnten Lebensjahr die Esssucht. Seit meinem fünfzehnten

Lebensjahr bis zu meinem neunundzwanzigsten Lebensjahr war ich Raucherin. Ich verspüre bis heute noch die Folgen meiner Nikotinabhängigkeit durch immer wieder auftretenden Rauchdruck. Eine weitere ausgeprägte Sucht, unter der ich jedoch nicht so stark leide, die nur dazu dient, von der Realität und von meinen Gefühlen zu flüchten, ist mein suchtförmiges Lesen im Einsamkeitsrückzug. Ich habe erfahren, dass ich zu Suchtverhalten und Missbrauch von allem Möglichen neige, wie z. B. Alkohol, Fernsehen, Geld ausgeben, Putzen, Arbeiten, Sex, Jogging.

Gerlinde erlebt ein ständiges Auf und Ab zwischen Minderwertigkeit und Grandiosität. Ihr Körpergewicht schwankte in den letzten elf Jahren zwischen siebenundfünfzig und hundertachtzehn Kilogramm bei einer Körpergröße von 178 cm. Gerlinde: *Also auch die körperlichen Ausmaße dieser Sucht sind verheerend und können wie bei jeder Sucht tödlich enden.*

Essen, sagt Gerlinde, wurde in ihrer Familie als Belohnung eingesetzt, als Nachtisch, Trostpflaster und Betthupferl. Die Feiertage wurden vor allem mit Essen gefüllt und gestaltet: *Süßigkeiten waren etwas ganz Besonderes, von denen ich nie genug bekommen konnte... Heute weiß ich, ich war schon damals zuckersüchtig. Meine Mutter schränkte meine Süßigkeiten wegen der Zähne ein. Doch ich wußte genau, wie und wo ich mir welche beschaffen konnte. Schon als Erstklässlerin „klaute" ich im Tante-Emma-Laden kleinere Leckereien oder kratzte mir meine heißgeliebten Kaugummis von der Straße ab und kaute sie, bis sie wieder weich wurden. Als ich später selber Geld verdiente und meine erste große Liebe scheiterte, ließ ich mich vollends in den „Zuckersumpf" abgleiten. Niemand kontrollierte mich mehr. Ich konnte so viel Süßigkeiten konsumieren, wie ich wollte.*

Gerlinde ist eine Überlebende, wie es in der Therapie missbrauchter Frauen so realistisch, aber auch so mutmachend heißt: *Von meinem elften bis zu meinem fünfzehnten Lebensjahr wurde ich vom Mann meiner Tante mütterlicherseits regelmäßig sexuell missbraucht. Er war in den zunehmend schwieriger werdenden Verhältnissen zwischen meinen handgreiflich verstrittenen Eltern (Vater trank zu viel) und meinen wachsenden Schuldproblemen, so sah ich es damals, der einzige Erwachsene, der sich wirklich für mich interessierte und sich um mich kümmerte. Er beschäftigte sich mit mir, unternahm gemeinsame Ausflüge, und er machte mir Geschenke. Dieser Onkel nützte, so weiß ich es heute, meine kindliche Liebe, Bewunderung, erwachende Sexualität und Neugierde am Geschlechtsleben gezielt und geschickt aus. Die Art und Weise, wie er mich missbrauchte, war eine Qual für mich und tat auch körperlich weh. Doch ich dachte, ich wäre schlecht, und dies sei eben der Preis, den ich für seine Zuwendung zahlen müsse.*

Gerlinde wagt nicht, den Eltern vom Missbrauch zu erzählen. Das Schlimmste in ihrem Leben behält sie bei sich. Dies scheint ein Lebensmuster zu wer-

146

den. In die Esssucht rutscht sie während ihrer ersten Liebesbeziehung. Sie dauert von ihrem fünfzehnten bis zum neunzehnten Lebensjahr: *Seit meinem Klinikaufenthalt weiß ich, dass mein damaliger Freund sexsüchtig war. Er verfügte nur über ein geringes Selbstbewußtsein und genoss es, Macht über so ein hübsches, intelligentes, junges Mädchen wie mich zu haben. Er quälte mich mit Psychospielchen und setzte mich unter Druck, meine Figur so zu erhalten, wie sie war. Heute glaube ich, dass er nicht mich liebte, sondern meinen verführerischen Körper und meine ständige Bereitschaft, seine sexuellen Bedürfnisse zu erfüllen. Diese Beziehung hat dazu geführt, dass ich noch nie eine richtige Liebesbeziehung mit intakter Sexualität zu einem Mann leben konnte. Diese erste Liebesbeziehung ist bis heute nicht geklärt für mich. Wenn ich ihm zufällig begegne, ist mein erstes Gefühl starke Scham und der Wunsch, wegen meines übergewichtigen Körpers im Erdboden versinken zu wollen.*

Gerlinde ging es wie vielen missbrauchten Frauen. Sie hat häufig wechselnde Männerkontakte. Sie kommt sich „wie halbiert" vor. Sie braucht männliche Bettpartner als Bestätigung. Sie hat das „Nein" in der Sexualität nicht gelernt. Die Missbrauchte missbraucht das Essen: *In dieser ganzen Tragödie gewann Essen immer mehr an Wichtigkeit für mich. Es „klebte" mein Leben zusammen. Es half mir dabei, meine Gefühle buchstäblich herunterzuschlucken und irgendwann sogar ganz abzuschalten. Mein Gewicht kontrollierte ich mit ständi-*

gen Diäten. *Es schwankte innerhalb kürzester Zeit zwischen zehn und fünfundzwanzig Kilogramm mehr oder weniger. Die Waage wurde mein Stimmungsbarometer. Ich wurde besessen von dem Wunsch, schlank zu sein. Alles und jedes in meinem Leben machte ich an meinem Gewicht fest. Essen war andererseits mein Leben, mein Seelentröster, mein Beruhigungsmittel, meine Schlaftablette, mein Aphrodisiakum, mein Stimmungsaufheller.*

Gerlinde arbeitet erfolgreich als Erzieherin, abends als Kellnerin. Sie trinkt häufig Alkohol, literweise die Alltagsdroge Kaffee. Sie schlägt sich die Nächte um die Ohren, raucht wie ein Schlot, wirft ihr Geld zum Fenster heraus und ist liebessüchtig, wie sie schreibt. Wenn sie verliebt ist, nimmt sie ab. Wenn es ihr schlecht geht, nimmt sie zu. Mit der Geburt der Tochter ändert sich einiges: *Sie bekam all meine Liebe. Sie brachte Struktur in mein Leben. Sie zwang mich, angesichts ihrer Hilflosigkeit, alles für sie zu tun. Ich tat es gerne. Für meinen Mann blieb allerdings nichts Liebevolles mehr übrig, nur Vorwürfe und Schuldzuweisungen. Er zog sich von mir zurück und ging seine eigenen Wege. Nur die Liebe zu unserer gemeinsamen Tochter hielt uns zusammen. In dieser Zeit aß ich wie ein Scheunendrescher. Nur so konnte ich den Belastungen meiner Mutterschaft, meiner starken Depression, meinem Selbsthass, meinen Schuldgefühlen, der quälenden Beziehung zu meinem Mann und der totalen finanziellen Abhängigkeit von ihm standhalten und für mein Kind weiter funktionieren.*

148

Auch ein geliebtes Kind kann sie nicht von der Sucht erlösen: *All das Unerfüllte in mir, der Wunsch nach symbiotischer Mutterliebe und nach dem „Glanz im Auge des Vaters" (Julia Onken „Vatermänner"), hatte ich versucht, bei anderen zu finden und dann resigniert mit Essen zum Verstummen gebracht. Der einzige Mensch, von dem ich Liebe wirklich annehmen konnte, war meine kleine Tochter, die ich zu meinem einzigen Lebensinhalt erkor. In der Klinik durfte ich erkennen, dass ich auf dem Weg war, sie emotional zu missbrauchen, zum Auffüllen meiner Gefühlsdefizite. Ich war sehr, sehr einsam in meiner Sucht und tat einigen Freunden und besonders meinen Eltern und Geschwistern großes Unrecht. Da ich die Liebe, die sie mir entgegenbrachten, nicht fühlen konnte, weil ich innerlich tot war. Ich war zum Schluss, gelinde gesagt, ein Kotzbrocken. Es ist noch einiges von diesem Kotzbrocken übrig geblieben, trotz Klinik. Ich sehe dies positiv, denn dieses „borstige" Verhalten bedeutet Schutz, den ich mir anders derzeit noch nicht geben kann.*

Gerlinde wiegt auf dem Höhepunkt ihrer Krise 118 Kilogramm. Den guten Freundinnen wird es peinlich, wie sie aussieht, vom Ehemann ganz zu schweigen. Gerlinde macht kein Hehl daraus, dass sie in ihrer Sucht gelogen hat: *Ich habe aus Scham oft heimlich gegessen. Ich habe behauptet, weniger zu essen, als es tatsächlich der Fall war. Oft log ich, ich hätte den ganzen Tag noch nichts gegessen, obwohl ich schon mehrere tausend Kalorien intus hatte. Ich log, wenn es um mein tatsächliches Kör-*

pergewicht ging. Es hat lange gedauert, bis ich
merkte, dass ich mich mit all dem selber belüge und
bescheiße.

In der Hochgrat-Klinik hat Gerlinde viel gelernt,
vor allem die lebenswichtige totale Abstinenz von
zwanghaftem Überessen. Jetzt isst sie konsequent
drei Mahlzeiten täglich, keine noch so kleinen Zwi-
schenmahlzeiten, keinen Fabrikzucker, nur honig-
gesüßte Speisen, keine Weißmehlprodukte, keinen
Bohnenkaffee, keinen Schwarz- oder Grüntee mit
der „Droge" Tein. Natürlich hat Gerlinde noch
Rückfälle, aber sie kann sich selbst helfen: *Es ist nun*
an der Zeit, die Sucht aus meinem Leben langsam,
aber sicher zu verabschieden, weil ich sie nicht mehr
zum Überleben brauche. Ich bin stolz auf mich, dass
ich mich für die Klinik entschieden habe. Dass ich
mich nicht hinter meiner damals achtzehn Monate
alten Tochter versteckt habe. Dass ich die zehn-
wöchige Trennung von ihr in Kauf nahm, um wie
ein Berserker an mir zu arbeiten und mir jede Hilfe
zu nehmen, die ich kriegen konnte. Und, last but not
least, hat mir das spezielle Konzept der Klinik gehol-
fen, für das ich allem Anschein nach voll aufnahme-
bereit war, sowie die dortigen Therapeuten und die
Begegnung mit dem Zwölf-Schritte-Programm der
Selbsthilfegruppen, wie z. B. den Anonymen Ess-
süchtigen. Lebenswichtig war meine Begegnung mit
Gott, der mich nie verlassen hat und dem ich heute
wieder Raum in meinem Leben geben kann.
Zum Schluss bedanke ich mich ausdrücklich und
mit weit offenem Herzen bei Dir für Deine kostbare

Zeit, die Du mir zweimal im Gespräch geschenkt hast und Deinen professionellen Rat sowie Deine wahrhaftige Art, mir zu begegnen. Was Du mir damals in Aussicht stelltest, habe ich in der Hochgrat-Klinik in Wolfsried bekommen, einen Neubeginn: meine Geburt in ein anderes Dasein. Du warst einer meiner Geburtshelfer, eine männliche Hebamme. Ich mache Dir ein Gedicht zum Geschenk, das ich in dem Band „Naturlandschaften" von Johannes Vollrath und Ingrid Guettner gefunden habe:

Unser Anfang ist im
Wasser
unser Ende in
der Erde
Wir erblicken das
Licht der Welt
und unser erster Schrei
ist ein Ringen nach Luft
Unser Leben
schwingt
zwischen den Elementen

Mit schweren Schritten gehen die Tage
und stützen sich auf meine Schultern
selbst die Luft wiegt mehr als die
Erde auf der ich stehe
Ich habe mir immer gewünscht
mich zu spüren
und tue es jetzt

Bulimie und Magersucht
„Bist du schlank und schön, hast du eher Erfolg, Anerkennung und Liebe"

Nachts schleichen wir uns zuweilen in die Küche, das Dreieck des Lichts, das der Kühlschrank auf den Boden wirft, wir schaufeln uns kalten Braten, Eiscreme, Früchtegelee, Käse in den Mund, schlucken ohne zu kauen, lauschen auf das stetige Ticktack der Uhr, das in der Küche widerhallt. Ich habe es getan. Millionen andere ebenfalls. Viele von uns spüren eine Leere, die an unseren Rippen zehrt und nicht durch Nahrung gefüllt werden kann, und sei es auch noch so viel.

… Unsere beständige Suche nach etwas, das groß genug ist, um uns zu füllen, führt uns zur Götzenverehrung – und seltsamerweise sind diese Götzen gleichzeitig Konsum und Hunger. Wir schwanken zwischen Selbstverehrung und Selbstdegradierung.

Marya Hornbacher,
Alice im Hungerland. Leben mit Bulimie und Magersucht

Fast alle Frauen mit Essstörungen haben einen Punkt in ihrem Leben, der für sie nicht „stimmt". Dies kann der falsche Arbeitsplatz, der falsche Beruf oder der falsche Partner sein. Eine Veränderung steht an. Davor scheut die Frau zurück, so beobachtet die Psychologin Renate Göckel in ihrem Buch *Endlich frei vom Esszwang*. Das stimmt.

Nur – man sieht es von außen nicht. Als ich das erste Mal einer bulimischen Patientin gegenübersaß, war ich verwirrt. Da saß eine zierliche, schlanke, aparte Dreißigjährige vor mir, beruflich erfolgreich, raffiniert geschminkt, ein elegantes Kostüm, sprachlich kultiviert und erotisch attraktiv. Jeder vitale Mann hätte sich nach dieser Frau alle Finger abgeschleckt.

Gleichwohl bekannte Britta (Name geändert), eine Gymnasiallehrerin: *Ich bin am Ende. Ich komme nicht mehr weiter. Ich mache ein Martyrium durch. Ich führe ein Doppelleben. An einem einzigen Abend esse ich z. B. ein Pfund Spaghetti. Dann mache ich mir ein fast tellergroßes Wiener Schnitzel. Dann esse ich eine ganze Schüssel Kartoffelsalat. Dann hole ich einen Fertigpudding aus dem Eisschrank. Den „bekröne" ich mit etwa zehn Esslöffeln Schlagsahne. Dann hole ich mir ein Trumm Schwarzwälder Kirschtorte, das ich beim Konditor gekauft habe. Das schlinge ich in mich hinein und futtere auch gleich noch eine Packung Chips. Das alles tue ich in rasender Eile. Zwanzig bis dreißig Minuten genügen mir für diese maßlose Orgie. Ich habe den Telefonanrufbeantworter an. Keiner darf mich stören. Weil ich mich schäme, ziehe ich die Vorhänge zu, obwohl ohnehin kein Mensch hineinschauen kann. Dann bin ich so vollgefressen, dass ich meine Hose öffnen muss. Es geht mir ganz elend. Es ist ein Gefühl wie ein alkoholischer Kater.*

Jetzt gehe ich in das Badezimmer, knie mich vor die Toilette, stecke mir den Finger in den Mund und kotze, kotze und kotze. Das ganze schöne Essen liegt

in der Schüssel. Der größte Teil meines Gehalts geht für Fressen drauf. Von Essen kann man hier nicht mehr reden, verzeih'. An Wochenenden kann es mir passieren, dass ich sechs Fressattacken erleide.

Natürlich passt in dieses Leben kein Mann. Er könnte mich ja am Brechen hindern. Ich bin also ziemlich abweisend. Außerdem fühle ich mich ja auch nicht schön. Eigentlich möchte ich aussehen wie das Fotomodell Kate Moss. Mein Traum wäre, wenn mir Kindergrößen stehen würden. Ich bin so mit meinem Fressen und Kotzen beschäftigt, dass mich selbst in den Schulstunden die Gedanken quälen, was ich mir an Essensvorräten anlegen muss. Bis jetzt habe ich es noch geschafft, in den Schulpausen nicht zu kotzen.

Mir tun inzwischen meine Zähne weh. Ich führe eine abenteuerliche Existenz. Das geht nun schon seit acht Jahren, keiner weiß von meinem Unglück. Bin ich geistesgestört? Wenn meine Kollegen von meiner Perversion erführen, würden sie mich verachten. Sie können ohnehin schon nicht begreifen, dass sie mich nie mit einem Mann sehen. Ich lüge dann immer, mein Freund arbeite im Ausland...

Was Du, arme Britta, „Perversion" nennst und worüber Du noch nie ein Buch gelesen hast, das ist die Bulimie, der Stierhunger. Das Wort kommt aus dem Altgriechischen „bous", das bedeutet „Stier", und „limos", das heißt „Hunger".

Das ist natürlich keine Perversion, sondern eine tiefe seelische Störung. Nicht der Körper hungert, sondern die Seele. Die Erkrankte greift zum falschen Mittel: Sie isst manisch, um satt zu werden. Gleichzeitig sind die Bulimikerinnen von der Idee der schönen, schlanken Figur besessen. Diese Figur symbolisiert für sie sozusagen das gute Ich, während das böse Ich durch die Fressgier konstelliert wird. Damit immer wieder das gute Ich hergestellt wird, muss, so lautet die schizophrene Formel, das fressende Ich mit dem Kotzen bestraft und gesühnt werden. Oft, bei sexuell missbrauchten Frauen, wird die Essstörung unbewusst gegen einen Körper eingesetzt, der als beschmutzt erlebt wird. Magersüchtige machen genau das Umgekehrte – sie nehmen dem Körper die sexuelle Attraktion durch den Essensentzug, bis sie nur noch über einen kindlichen, skeletthaft ausgehungerten und damit für Männer abstoßenden Körper verfügen.

Weder gegen Bulimie noch gegen die „Anorexia nervosa" gibt es ein Patentrezept oder Allheilmittel. In der Regel gelingt es den Frauen nur mit Hilfe von Ärzten, Therapeuten und der Selbsthilfegruppe, auf einem langen, komplizierten Weg der therapeutischen, medizinischen und ernährungsphysiologischen Methodenvielfalt, sich aus der Sucht herauszuarbeiten.

Eine Anonyma, die ihren Namen verbirgt, schreibt mir: *Sobald die innere Leere da ist, esse und erbreche ich, oder wenn ich mich verletzt fühle. Vom Ess-Brechen weiß niemand. Es ist wirklich wahnsinnig. Da lebe ich mit meinem Mann seit zwanzig Jahren zusammen, und er ahnt nicht mal, dass ich darunter leide. Meine Partnerschaft ist seit Jahren in*

der Krise. Ich finde keine Lösung. Alles hat sich fest-
gefahren. Wir leben nebeneinander her. Es schmerzt
jeden von uns. Wir sind unfähig, etwas zu tun.

Liebe Unbekannte, ich weiß von Dir nur, dass
Du in den neuen Bundesländern lebst, auch Raucherin bist und nach der „Wende" in die Zuckersucht des „Goldenen" Westens gestürzt bist. Merkst
Du, wieviel Themen Du angehen musst/darfst?
Warum kommst Du nicht einfach einmal mit Deinem Mann oder allein in eine Beratung vor Ort oder
nach Lahnstein? Das wäre der erste Schritt. Nimm
Dich wichtig.

Manuela (Name geändert) isst alle Dinge, *die mir*
so in die Finger kommen. Wurst, Käse, Essensreste,
Schokolade, Knabbersachen: *Egal, wieviel ich esse,*
es bleibt immer die Gier nach mehr. Sie betont, sie
hat keine Bulimie, aber die Fressgier ist ein Dämon:
Irgendwie habe ich das Gefühl, dass dieses Monster
immer mehr von mir Besitz ergreift, wider allen bes-
seren Wissens.

Clara (Name geändert) kenne ich aus meiner
Praxis. Sie ist eine kaufmännische Angestellte im
Verwaltungsdienst in Süddeutschland, eine aufge-
weckte, gut aussehende und spannende junge Frau,
die ich sofort ins Herz schloss. Aber was für eine
Leidensgeschichte verbirgt sich hinter diesem
fröhlichen Menschen. Seit fünfzehn Jahren leidet
die siebenunddreißigjährige Frau an massiven Ess-,
Brech- und Verdauungsstörungen. Ihre inneren
Konflikte agierte sie über Essstörungen aus, denn
mit fünfzehn Jahren litt sie ein Jahr unter Mager-

sucht. Dabei hungerte sie sich von sechsundvierzig Kilo auf fünfunddreißig Kilo herunter.

Noch heute reagiert Clara ihre seelischen Hochs und Tiefs mit Fressen ab: *Danach ist es mir schlecht. Ich fühle mich unwohl. Ich verfalle während des „Fressens" in einen panikartigen Zustand. Ich habe Angst vor dem Dickwerden. Ganz heiß wird es mir. Ich beschließe dann, auf Grund des starken Unwohlseins und Völlegefühls, mir den Finger in den Hals zu stecken und so viel wie möglich wieder zu erbrechen. Danach fühle ich mich total elend und ausgelaugt, wie ausgepresst. Anschließend habe ich furchtbaren Durst und knallrote Augen. Ich bin dann zu nichts mehr fähig. Auch Termine muss ich absagen. Ich gelte daher für andere als unzuverlässig.*

Tatsächlich leiden die Bulimikerinnen oft an starker Zahnerosion; dies ist durch die Säure im Erbrochenen bedingt. Das Haar kann ausfallen. Im Rachen treten Risse und Blutungen auf. Es kommt zu Infektionen der Speicheldrüse, zu Dysfunktion von Magen und Darm. Die Nieren werden beeinträchtigt, wenn zu viel Diuretika, das sind harntreibende Mittel, benutzt werden. Von der Anstrengung des Erbrechens und dem Platzen kleiner Blutgefäße sind die Augen der Bulimikerinnen oft blutunterlaufen, weswegen sie sie oft hinter einer dunklen Sonnenbrille verstecken. Stress und Unterernährung führen oft zum Aussetzen der Menstruation. Viele Bulimikerinnen haben, so sehr sie auch die Fülle wegkotzen, aufgetriebene Bäuche. Es gibt Bulimikerinnen, die täglich bis zu dreißigtausend Kalorien zu sich nehmen, dafür eine Menge Geld brauchen und für ihre teure Sucht sogar klauen.

Claras Zähne sind durch das Angreifen der Magensäure auf dem Zahnschmelz bereits stark beschädigt. Sie musste sich einer Zahnbehandlung unterziehen, zu der sie selbst achttausend D-Mark beitragen musste. Außerdem leidet sie an Verstopfung. Oft hat sie eine ganze Woche lang keinen Stuhlgang. Sie nimmt daher regelmäßig aus Verzweiflung Abführmittel. Armer Darm!

Mit dem Beruf ist Clara unzufrieden. *Die Krankheit bestimmt und beeinflusst mein ganzes Leben; auch meine Mitmenschen, mein Partner und meine Mutter leiden darunter.* Der Vater ist vor Jahren schon gestorben, von der überbehütenden Mutter hat sich Clara bis heute nicht gelöst. Wie bei vielen Mädchen begann bei Clara die Sucht in der Schule: *Ich hatte eine modebewusste Freundin, die sehr auf ihre Figur achtete. In der Schule redeten die Schülerinnen auch viel von Schlankheit. Sie lasen Zeitschriften, in der superschlanke Models dominierten. Ich wollte ein wenig dem Schönheitsideal entsprechen. Ich dachte, ich bekomme keinen Freund, wenn ich dick werde.*

Dabei denke ich an einen anderen, ich möchte schon fast sagen, „niedlichen" Fall, an den ich mich gern erinnere, weil er sich so schwebend leicht löste. Eines Tages kamen aus dem Saarland ein Elternpaar und ihre Tochter Clarissa (Name geändert) zu mir. Clarissa war auf dem Weg zur Magersucht. Die Dreizehnjährige hatte sich dünn wie ein Spargel gehungert. Clarissa war ein spritziges, putzmunteres Mädchen mit so starkem Dialekt, dass fast ein Dolmetscher nötig gewesen wäre. Ich hätte sie mir als Tochter gewünscht. Bereitwillig offenbarte sie, dass die meisten Mädchen ihrer Klasse von der Idee des Schlankwerdens besessen seien und hungerten, was das Zeug hielte. Sie sei die konsequenteste Hungerin. Das glaubte ich ihr aufs Wort, denn Clarissa war ein wahres Teufelchen an Energie.

In meinem Kopf rotierte es. Ich bin kein Fachtherapeut für jugendliche Anorektikerinnen. Ich nahm die Therapie an, nicht zuletzt, weil meine Schwester, Dr. Maria Theresia Jung, eine erfahrene Konstanzer Schulpsychologin, mich darin unterstützte. *Sie mag Dich,* sagte meine Schwester, *und das ist das größte therapeutische Kapital.* Ich machte einen simplen Deal mit Clarissa. Ich sagte: *Gibt es etwas, was Du Dir wahnsinnig wünschst, was Dir die Eltern aber nicht geben wollen?* Ich muss dazu sagen, dass ihre Mutter und ihr Vater liebevolle, patente Menschen waren, und dass ich schnell spürte, dass keine familiären Konflikte die Ursache für Clarissas magersüchtiges Verhalten bildeten. Clarissa antwortete wie aus der Pistole geschossen: *Ja, ich möchte einen Hund. Aber das wird Papa nie zulassen. Meine Eltern machen nämlich immer große Weltreisen. Da stört so ein Vieh, sagen sie.* Ich fragte: „Würdest Du für einen Hund mit Deiner Hungerei aufhören?" Clarissa antwortete: *Ja, schon. Dann würden mich alle meine Freundinnen zu Hause besuchen, um mit mir und dem Hund spazieren zu gehen. Aber das tun meine Eltern nie!*

Es machte mir Spaß, die Sitzung nun dramatisch zu gestalten. Ich schickte Clarissa vor die Tür („Du darfst nicht lauschen!"). Die Eltern stellte ich vor die einfache Alternative: „Wollt Ihr lieber, dass Clarissa definitiv magersüchtig wird, oder gestattet Ihr ihr einen Hund?" Die Frau schaute auf den Mann. Dieser zögerte eine Nanosekunde lang, dann meinte er: *Sie soll ihn haben, den Hund.*

Jetzt holte ich Clarissa wieder herein. „Deine Eltern", sagte ich mit der sonoren Würde eines Zarastro, „haben den wichtigsten Entschluss ihres Lebens gefasst". Clarissa verwirrt: *Was für einen Entschluss?* „Du kriegst einen Hund!" Clarissa: *Juchhu!* Ich: „Was für eine Rasse willst Du denn? Clarissa: *Einen Golden Retriever oder einen Neufundländer, so wie Deine Halva.*

Clarissa brach mit ihren Eltern auf. Sie machte noch zwei intensive gestalttherapeutische Sitzungen bei mir, wo ich sie über ihr Körpergefühl malend reflektieren und nachspüren ließ. Nach Beendigung dieser knappen therapeutischen Hilfestellung, kam sie eines Tages plötzlich, zusammen mit ihrer Mutter, unangemeldet, wieder. In den Armen hielt sie glücklich einen kleinen pechschwarzen potentiellen Riesen: *Den musste ich Dir doch zeigen. Mit dem Hungern habe ich aufgehört. Dick will ich allerdings nicht werden. Ist mein Neufundländer nicht süß?*

Zurück zu Clara: Clara, die inzwischen auch unter Haarausfall litt, reflektierte neun Wochen in der Klinik „Roseneck" in Prien am Chiemsee die Entstehungsgeschichte ihrer Sucht: *Ich bildete mir immer ein, dass ich abnormaler, einfach anders, weniger schön oder attraktiv wie die anderen Mädchen bin. Als ich ein wenig Busen bekam, mochte ich das nicht. Meine ganzen Essstörungen begannen in der Pubertät. Ich hatte sehr wenig Selbstwertgefühl, auch Angst vor Männern und fand mich immer „dick". Ich konnte mich nie so akzeptieren, wie ich war.* Clara ist sogar noch ein zweites Mal in diese Klinik mit ihrem Spezialprogramm für Esssüchtige gegangen. So lange kann der Weg zur Gesundung dauern.

Jedes Suchtgeschehen, jeder Absturz und jeder Ausstieg ist einzigartig. Dogmatische therapeutische Festlegungen führen in die Irre. Immer wieder erlebe ich es, dass Menschen auch aus eigener Kraft oder mit „Gottes Hilfe", wie sie sagen, das Trockenwerden schaffen. So ist es Wanja (Name geändert) aus Österreich gegangen, die, wie sie schreibt, tief in *die schwarze Nacht der Seele* geblickt hat. Das vierzehnjährige Pummelchen glaubte, keine Chance zu haben: *Meine Haltung war so weit geprägt: „Bist du schlank und schön, hast du eher Erfolg, Anerkennung und Liebe".*

Es dauerte nicht lange. Ich wurde tatsächlich schlanker. Ich behielt maximal nunmehr nur ein Essen pro Tag bei mir. Ich fühlte mich in gewissen Phasen sogar wie beflügelt, wie eine Feder. Ich neigte zur kurzzeitigen Euphorie. Dieser folgte leider immer eine depressive Phase. Die Essverhaltensstörungen

162

nahmen sehr bald eine bedrohliche Form an. Ich ver-
lor die Kontrolle darüber. Die Sucht störte bereits
mein Vorankommen in der Schule. Sie zwang mich in
eine Art Isolation. Sie belastete mein Taschengeld. Sie
machte Heimlichtuereien vor meiner Familie not-
wendig. Sie beherrschte vorwiegend meine Gedan-
ken. Dieses Verhalten, diese schreckliche Sucht sollte
mich noch circa zwanzig Jahre meines Lebens beglei-
ten. Nur dies wusste ich damals noch nicht: Jede
Mahlzeit wurde zum Kampf mit der Sucht!

Warum bemerkte die Familie Wanjas Drama nicht? Das erinnert mich an eine meiner Klientinnen, nennen wir sie Mona. Mona, die Frau eines Bäckers, selbst sehr gut ausgebildet und tüchtig, Mutter mehrerer Kinder, war zwischen dem siebzehnten und dem neunzehnten Lebensjahr ess-kotzsüchtig. Die wichtigsten Ursachen waren der Alkoholismus des Vaters, die Außenbeziehung der Mutter und Monas eigener, verzweifelter Versuch, die Ehe der Eltern zusammenzuhalten. Mona und ich haben nachgerechnet: In den zwei Jahren der verheimlichten Sucht hat Mona um die tausend Mal auf der Toilette gebrochen. Die Eltern haben nichts bemerkt!

Zurück zu Wanja. Auch Wanjas Eltern merkten nichts, weil sie im eigenen Betrieb so gut wie Tag und Nacht beschäftigt waren. Sie waren pflichtbewusste und rechtschaffene Leute. Wanja: *Dass dadurch unser Familienleben zu kurz kam, ist die Kehrseite der Medaille. Die Wohlstandsverwahrlosung hatte in meinem Leben Einzug gehalten.*

„Wohlstandsverwahrlosung" – was für ein

scharfsinniges Wort für den materiellen Luxus und die verborgenen psychischen Nöte unserer Gesellschaft! Mit diesen Lebensmustern stigmatisiert, zieht Wanja, wie sie schreibt, *den falschen und damals dennoch richtigen Ehemann an, der selber eine enorme Schwäche an Liebesfähigkeit vorweisen konnte. So entwickelte sich diese Ehe zur großen Enttäuschung in meinem Leben. Auch das ersehnte Kind brachte keine Stabilität in unsere Ehe.*

Wanjas Gewicht sinkt auf vierundvierzig Kilogramm. Sie bekommt eine lebensbedrohliche Krankheit. Nur die Verantwortung für ihren Sohn lässt sie überleben. Wie so viele Suchtkranke geht Wanja unbewusst den Weg der „Logo-Therapie", wie sie ihr Landsmann, der österreichische Arzt und Psychoanalytiker Viktor Frankl, im Grauen des Konzentrationslagers entwickelte, die Suche nach dem existentiellen Sinn des Lebens: *In dieser Zeit der Finsternis bewegten mich immer wieder die gleichen Fragen: Wer bin ich? Woher komme ich? Was ist meine Lebensaufgabe? Gibt es Gott? Warum existiert all dies Leid? Warum diese Sucht? Ich fand einen wunderbaren spirituellen Weg, der mir die wahre Form der Liebe, meine innere Stabilität und Selbstannahme schenkte. Es war mir klar, warum ich diese Sucht durchleben musste. Die Haltung der Dankbarkeit und das Wissen, dass mich der Schöpfer unendlich liebt, hat mir die Kraft gegeben, diese Suchtform endgültig zu beenden. Ausdrücklich möchte ich betonen, dass es zur damaligen Zeit noch keine mir brauchbare Therapieform in meiner Hei-*

mat gegeben hat. Das war damals, vor beinahe fünf-undzwanzig Jahren, wohl eine eher seltene Aus-nahme. Den Ausstieg habe ich sozusagen „alleine" mit Gottes Hilfe geschafft. Dafür bin ich dankbar, solange ich atmen kann.

*

Bulimie und Magersucht sind wie die zwei Seiten einer Medaille. Schauen wir uns das Phänomen der Magersucht an. Am eindringlichsten aus meiner Praxis scheint mir der Fall von Michaela (Name geändert): Sie war bei 1,70 m Größe auf neununddreißig Kilo herabgehungert. Es gelang mir, sie in einer der Herrenalb-Nachfolge-Kliniken unterzubringen, wo sie zu meiner großen Freude verhältnismäßig rasch gesundete. Sie kam mit ihrer Mutter. Diese war voluminös übergewichtig, passiv und jammernd. Der Vater, so ergab die Anamnese, tyrannisierte die Mutter. Vor den Augen des Mädchens pflegte er zu sagen: „Schau Dich doch an, Du fette Sau, mit Dir mag doch kein normaler Mann schlafen."

Frausein, das realisierte die pubertierende Michaela, ist unattraktiv. Man muss sich von einem Mann wie ein Stück Vieh taxieren lassen und kann sich dagegen, wie ihr das Beispiel ihrer Mutter zu beweisen schien, nicht einmal wehren. Also traf sie den größten Entschluss ihres Lebens, der, obwohl neurotisch, Bewunderung verdient. Sie hungerte sich zum Strich hinunter, um überhaupt nicht erst die Rolle einer Frau übernehmen zu müssen und statt dessen asexuell bleiben zu dürfen.

In der Klinik konnte sie, wie Michaela mir später berichtete, die innere Dramaturgie ihrer Anorexie begreifen. Sie weinte und wütete. Sie entwickelte Mitleid mit sich selbst und damit Selbstbewusstsein. Sie zog zu einer Freundin, entdeckte sich, mittlerweile siebzehnjährig, als Frau. Die Mutter blieb esssüchtig und depressiv, unter der Lufthoheit des tyrannischen Mannes; sie kümmerte, entwicklungslos, weiter vor sich hin.

Michaela realisierte mit ihrer anorektischen Rebellion gegen väterliche Despotie und Sexismus nur eine der zahlreichen Motivationsvarianten der Essstörung, von der die amerikanische Psychoanalytikerin Hilde Bruch in ihrem Klassiker *Essstörungen – Zur Psychologie und Therapie von Übergewicht und Magersucht (1973)* zusammenfassend spricht: *Maßlose Verwöhnung und Verzärtelung, Sprach- und Gefühllosigkeit, bedrängende Elternfiguren, Überbetonung der Ess-Thematik, symbiotische* (verschmelzend-klammernde – M.J.) *oder paradoxe Beziehungsangebote, Beurteilung von Autonomie und Selbständigkeit als schuldhafte und verbotene Impulse und vieles andere mehr können dazu beitragen, dass bei Kindern und Jugendlichen der „Griff" zur Essstörung als Schutz und Reaktion auf solche Familienverhältnisse erfolgt.*

Die verborgene Aggression der Magersucht zeigt der Fall Esmeralda (Name geändert): Als einzige von allen Schulkameradinnen hielt Esmeralda, heute fünfzehn Jahre alt, drei ältere Geschwister, in der Klasse den kollektiven Vorsatz durch, in der

166

Fastenzeit jeglichen Luxus, vor allem Fleisch, Wurst und Süßes, wegzulassen: *Ein riesiges Gefühl. Endlich konnte ich etwas, was keiner von ihnen konnte.* Beim Opa auf der Waage stellt sie fest, dass sie sechzig Kilo wiegt. Sie ist entsetzt. Sie weint allabendlich über ihre Beine, über ihre Hüfte, ihre Taille und den „dicken Bauch". Sie hungert. Dann wiegt sie nur noch fünfzig Kilo.

Der hinzugezogene Arzt warnt sie: *Ab diesem Zeitpunkt begann ein Kampf zwischen der Angst, zuzunehmen und wissen, dass ich gar nicht mehr abnehmen wollen darf. Es begann ein Spießrutenlauf. Meine Eltern waren gegen mich. Sie gaben sich Mühe, litten Höllenqualen. Ich machte ihnen ihr Leben kaputt. Ich tyrannisierte meine Familie, las nur noch Kochbücher, der Kalorienanzeigen wegen. Dann nahm ich bis auf einundvierzig Kilo ab, litt unter der Kälte. Ich wurde eine Einzelgängerin. Leben war Terror pur – für mich und für alle, die mir näher standen. Ich wurde eine Zicke, ich war unerreichbar für Späße. Es gab nichts, worüber ich lachen konnte. Meine Gedanken kreisten nur ums Essen. Irgendwann zu dieser Zeit brachte mich meine Mutter zu einem Psychologen. Der half mir langsam aus diesem tiefen Sumpf heraus. Ich begann, zuzunehmen und an mir zu arbeiten. Im Sommer 1998 war das Leben langsam wieder heller und fröhlicher. Innerhalb von sieben Monaten habe ich acht Kilo zugenommen. Ich wiege jetzt neunundvierzig Kilo.*

Esmeralda weiß jedoch: *Der Kampf ist nicht vor-*

bei. Ich bereue noch oft, was ich gegessen habe oder wie viel. Manchmal gibt es Tage, da fühle ich mich elend, und ich habe nach dieser langen Zeit trotzdem nicht das Gefühl, eine richtige Figur zu haben. Solche absurden Sachen verstehen meine Eltern nicht, ich übrigens auch nicht. Ich hoffe, irgendwann frei zu sein von dem Zwang, den ich mir auferlegt habe und der sich in mir zur Sucht verselbständigt hat.

Allen Magersüchtigen rät Esmeralda, zu kämpfen und eine Therapie zu machen: *Alleine schafft man es nicht, da bin ich mir ziemlich sicher, weil man im Unterbewusstsein gar nicht will. Ich glaube aber auch, man darf sich nicht in die Hände anderer begeben. Man muss selbst wollen und kämpfen. Die anderen leisten nur die Hilfestellung.*

Respekt, Esmeralda, Respekt! Vielleicht lesen Du und Deine Leidensgenossinnen einmal die aufwühlende Biographie der 23-jährigen Amerikanerin Marya Hornbacher *Alice im Hungerland. Leben mit Bulimie und Anorexie (Campus Verlag)*. Darin sagt Marya einmal: *Wir alle tragen unendlich viele Kisten und Taschen mit staubigem, altem Krimskrams aus der Kindheit mit uns herum: Sammlungen aus Groll, lange Listen mit Wunden von größerer und kleinerer Bedeutung... Menschen tragen emotionale Rucksäcke. Diese Taschen bestimmen uns. Mein Gepäck macht mich zu jemandem, der ich nicht sein wollte: ein unterwürfiges Mädchen, eine empfindliche Pflanze, ein bedürftiges, gieriges Wesen. Ich begann schon in frühen Jahren, mich meines Gepäcks zu entledigen. Ich begann, eine* neue Rolle zu konzipieren. Ich legte mir einen Plan zurecht... Mein Plan: Dünn zu werden. Großartig zu werden.

Darf ich Dir, liebe Esmeralda, für Deinen mutigen, klaren Brief das folgende Gedicht von Ulrich Schaffer schenken?

> Schon längst weißt Du,
> dass Du manches nicht mehr tun willst,
> weil es gegen Dein Inneres angeht.
> Du machst einen faulen Kompromiss;
> Du verkaufst Dich
> vielleicht für ein bisschen Ruhe,
> für ein bisschen Sicherheit,
> für ein bisschen Wärme;
> aber dabei verlierst Du Dich selbst:
>
> Wenn Du Dich selbst verlierst,
> verlierst Du das Kostbarste, was Du besitzt.
> Dann wirst Du ein Mensch ohne Kern:
> Du musst Dich bewusst kennenlernen,
> um Dich lieben zu lernen.
> Wir können nur lieben, was wir kennen,
> und wir lernen nur kennen,
> was wir bereit sind zu lieben.
>
> Die Gleichgültigkeit,
> auch uns selbst gegenüber,
> macht uns blind.
> Lerne Dich kennen,
> lerne Dich lieben.

Nikotinsucht

„Ich habe über 300 000 Glimmstengel gepafft"

Zusatzstoffe im Tabak steigern Sucht

Internationale Tabakfirmen haben die Nikotinsucht von Rauchern mit chemischen Zusatzstoffen bei der Zigaretten-Produktion zu steigern versucht, heißt es in dem Bericht des britischen Fonds für die Krebsforschung (ICFR), der Anti-Raucher-Gruppe ASH und des Bundesstaates Massachusetts. Bei der Zigaretten-Produktion in der Europäischen Union würden mehr als 600 Zusatzstoffe verwendet, die unnötig seien... So erörtert ein dem Bericht beigefügtes Dokument des Zigarettenherstellers British American Tobacco die Möglichkeit, mit dem Zusatzstoff Ammoniak die Nikotinsucht zu steigern. In dem Expertenbericht wird außerdem die Vermutung aufgestellt, dass beispielsweise mit Hilfe von Kakao eine künstliche Erweiterung der Luftwege erzeugt werden sollte, damit der Zigarettenrauch tiefer in die Lungen gelange.

Frankfurter Rundschau,
15.07.1999

Der Tabak bildet zusammen mit dem Alkohol die am weitesten verbreitete Droge. Trotzdem werden Pfeifenrauchen und Zigarettenkonsum in der Regel unterschlagen, wenn von Abhängigkeit und Sucht die Rede ist. Es ist vielleicht nicht untypisch, dass von den hundertvierundvierzig Briefen, die ich auf meinen Fragebogen zum Suchtverhalten erhielt, nur zwei die Nikotinsucht zum Inhalt hatten. Allerdings dürfte es sich bei den Lesern des GESUNDHEITSBERATER um besonders gesundheitsbewusste Menschen handeln, die dem Gift Nikotin kritisch gegenüberstehen.

Die Tabakpflanze Nicotiana Tabacum entstammt der Familie der oft giftigen Nachtschattengewächse. Zu ihr zählen die Giftpflanzen Bilsenkraut, Stechapfel und Tollkirsche, aber auch die harmlose Kartoffel und die köstliche Tomate.

Der vierzehnjährige Andreas (Name geändert), Sohn einer Patientin, musste wegen einer akuten Nikotinvergiftung ins Krankenhaus eingeliefert werden. Die Situation war böse. Der Junge litt an allen klassischen Symptomen der nikotischen Intoxikation: Blutdrucksteigerung, Herzklopfen, Übelkeit bis zum Erbrechen, Schwindel, Durchfall und Zittern. Andreas Eltern schämten sich über den „missratenen Sprössling", aber die Sorge überwog. Denn das Nikotin ist ein starkes Gefäßgift. Es greift vor allem die Kapillaren an und führt durch deren Zusammenziehung zu einer Mangeldurchblutung vieler Organe. Bei 20 Zigaretten täglich auf 20 Jahre gesehen nimmt ein Raucher 6 Kilogramm Rauchstaub auf (= 20 Briketts) und pro Jahr eine Tasse Teer. Der Rauch einer einzigen Zigarette kann durch das Einwirken des Nikotingiftes auf die Hautkapillaren einen Temperaturabfall der Fingerspitzen von über acht Grad verursachen. Chronische Raucher haben meist schlecht durchblutete Hände und Füße.

Deutsche Militärärzte berichten, dass im Zweiten Weltkrieg an der winterlichen Ostfront die Raucher am stärksten frostgeschädigt waren. Wenn das Rauchen über Jahre, ja, Jahrzehnte hindurch eine funktionelle Verengung der Gefäße (Nikotinangiospasmus) bewirkt, so sind anatomische Wucherungen der Gefäßinnenhaut und Verdickungen der Gefäßwände die Folge. Herzinfarkt, Raucherbein, Lungenkrebs, chronische Bronchitis, Lungenschäden treten auf. Jede gerauchte Zigarette ist eine Droge und schockt den Organismus. Bei Frauen führt die Raucherschädigung oft zu Störungen der Menstruation bis zur Raucheramenorrhoe (gänzliches Ausbleiben der Regelblutung), zur Schwächung der Gebärfähigkeit und zur Schädigung des Babys.

Die Nachrichten aus der Nebelwelt des blauen Dunstes sind verheerend: Jedes Jahr sterben in Deutschland rund 100 000 Menschen an den Folgen des Rauchens. Die Weltgesundheitsorganisation (WHO) schätzt die Todesrate auf 3,5 Millionen Menschen weltweit. In Deutschland gibt es zwanzig Millionen Raucher. Jedes Jahr fangen 360 000 junge Leute an zu rauchen, davon zwei Drittel im Alter von unter achtzehn Jahren. Die Werbung hat vor allem diese Jugendlichen im Visier. Denn bei der Lust am Laster geht es um ein gewaltiges Geschäft. Die Deutschen haben zum Beispiel 1998 exakt 38,9 Milliarden Mark im blauen Dunst aufgehen lassen. Das war eine Steigerung von 4,1 Prozent gegenüber 1997, meldet das Statistische Bundesamt.

An diesem Umsatz ist der Staat mit 75 Prozent beteiligt. Er lässt offiziell durch den Gesundheitsminister vor dem Nikotingift warnen, sackt aber liebend gern die „Lastersteuer" ein. „Pecunia non olet", Geld stinkt nicht, sagten schon die Römer über die kaiserliche Latrinensteuer. Dabei verweist der Staat scheinheilig auf die Erhaltung der Arbeitsplätze in der Tabakindustrie. Im Durchschnitt konsumiert ein Raucher etwa fünfzehn Zigaretten pro Tag. Das Zigarettenrauchen beginnt meist vor dem achtzehnten Lebensjahr. Entscheidend ist die negative Rolle oder das Vorbildverhalten der Eltern und Bezugspersonen.

Nicht nur die Lunge und das Herz werden nach langjährigem Zigarettenkonsum in Mitleidenschaft gezogen. Neben vielen anderen Organen wird offenbar auch die Funktion des Gehirns beeinträchtigt. Dies wiesen Ärzte an der Erasmus-Universität in Rotterdam in einer groß angelegten Studie nach. An ihr nahmen insgesamt 9223 Personen teil. Sie waren mindestens fünfundsechzig Jahre alt und geistig gesund. Im Beobachtungsraum von zwei Jahren nahm die geistige Leistungsfähigkeit bei den Rauchern deutlich schneller ab als bei ehemaligen Rauchern und Nie-Rauchern. Die Mediziner testeten dabei das Kurzzeitgedächtnis, die Orientierungsfähigkeit und das Rechenvermögen der Studienteilnehmer. Fazit: Möglicherweise verursacht das Rauchen im Alter kleine Schlaganfälle, die äußerlich nicht weiter in Erscheinung treten, aber das Gehirn beeinträchtigen...

Nikotin ist natürlich auch kein Ersatz für Diät. Viele Raucher halten Nikotin für einen Schlankmacher. Das ist ein Irrtum. Eine US-Studie ergab: Rauchen macht weder schlank, noch verhindert es die alterstypische Gewichtszunahme (Journal of Consulting and Clinical Psychology vol. 66, 12/98). An der Untersuchung nahmen viertausend Probanden zwischen achtzehn und dreißig Jahren teil, die sieben Jahre lang beobachtet wurden. Dabei zeigte sich nur ein minimaler Unterschied zwischen dem Gewicht von Rauchern und Nichtrauchern.

Raucher weisen eine deutliche Suchtstruktur auf: Sie sind anfällig für Mehrfachabhängigkeit. Für Menschen, die gerade mit dem Alkohol aufgehört haben, stellt Nikotin eine besondere Gefahr dar: So ging es auch meinem lieben Freund Hermann. Er war nasser Alkoholiker. In der Suchtklinik Bad Fredeburg wurde er trocken. Er blieb es eisern. Hermann war ein hochbegabter Schreiner und Zimmermann und schrieb in seiner Freizeit Prosa und Gedichte, oft auf Plattdeutsch. Nach dem Alkoholentzug unternahm er gleich eine dreifache Suchtverlagerung: chronischer Griff zu Süßigkeiten, Koffeinsucht in Gestalt von bis zu zwei Kannen Kaffee pro Tag, Nikotinsucht. Er rauchte regelmäßig vierzig, oft aber auch sechzig Zigaretten am Tag. An einem kalten Märztag teilte ihm sein Arzt die Diagnose Krebs mit. Im April gab er, nach fünfzig Jahren Raucherkarriere, mit Hilfe von Nikotinpflastern, die Nikotinsucht auf. Im September starb er nach qualvollen Operationen auf der Intensivstation. Er wurde dreiundsechzig Jahre alt. Gerade hatte er die Rente beantragt.

Dabei begann die Geschichte von fünfhundert Jahren Tabakqualm im Dunstkreis der Götter. Die Maya-Priester schlürften in einer heiligen Handlung den Rauch brennender Tabakblätter, um ihren Geist zu beschwingen und mit den Göttern in Kontakt zu treten. Christoph Columbus exportierte die himmlische Qualmerei in die Alte Welt. Der Kult mit dem schmauchenden Kraut griff schnell um sich. Der Preußenkönig Friedrich I. pflegte in seinem „Tabakkollegium" die hohen Herren zum Nikotinkonsum zu nötigen. Viele Zeitgenossen hätten jedoch die Pflanze am liebsten an ihren Herkunftsort verbannt, dorthin, wo der Tabak wächst. Der Zar drohte, die Raucher nach Sibirien abzuschieben. Der Papst dekretierte Kirchenausschluss. Sultan Murad der Grausame ließ die Raucher aufhängen und anschließend vierteilen. Das war nun wirklich zu starker Tabak. Aber auch Goethe kritisierte die „Schmauchlümmel" scharf: *Sie ersticken jeden honetten Menschen, der nicht zu seiner Verteidigung zu rauchen vermag.*

War der Tabak, ähnlich wie der Zucker, anfangs eher ein exklusives Vergnügen, so katapultierte die maschinelle Produktion der Zigarette das Nikotikum rasch zu einem Massenartikel, der Tag und Nacht in Läden, Kneipen und Automaten verfügbar war. Ähnlich wie beim Zucker oder dem Alkohol oder dem Fleisch schoss auch der Rauchkonsum im 20. Jahrhundert katastrophal in die Höhe: Von zweihundert Zigaretten pro Kopf und Jahr vor dem Ersten Weltkrieg auf das etwa Zehnfache heute.

Während früher, vor allem mit Rücksicht auf Frauen und Kinder, das Qualmen nur in speziellen Rauchsalons (dem „Herrenzimmer") gestattet war, eroberten sich die Raucher – bis zur Gegenbewegung der letzten Jahre – alle Zimmer, öffentlichen Gebäude, Bus, Bahn und Flugzeuge. Heute noch sehen sich Krankenhausleitungen gezwungen, pro Etage ein „Qualm-Zimmer" für die Rauchsüchtigen einzurichten. Wer so eine Räucherkammer einmal betreten hat, denkt, er habe sich in eine Forellenräucherei verirrt – es stinkt nur widerlicher. Selbst vor der von Dr. M. O. Bruker gegründeten Klinik Lahnhöhe haben seine Nachfolger im Freien vor dem Haupteingang einen „Rauchertreffpunkt" mit monumentalem Aschenbecher eingerichtet.

Die volkswirtschaftlichen Schäden der Nikotinsucht, Krankenhausaufenthalte, ärztliche Leistungen, Frühinvalidität und Frühmortalität, liegen für die Bundesrepublik nach allen Schätzungen bei weit über hundert Milliarden D-Mark jährlich. Der Siegeszug der Zigarette über den Erdball ist ein Totenzug. Der Marlboro-Werbemann, dieser Inbegriff rauchender Männlichkeit, ist längst, wie man weiß, am Lungenkrebs hustend und erstickend gestorben. Über die Zahl der geschädigten und gestorbenen „Passivraucher", die Angehörigen von Nikotinsüchtigen also, gibt es keine verlässlichen Schätzungen. Der US-Justizminister Robert Kennedy stellte schon vor Jahrzehnten für sein Land fest: *Die*

Zahl der Amerikaner, die jährlich durch das Ziga-
rettenrauchen getötet werden, ist höher als die Zahl
unserer Gefallenen im ganzen Ersten Weltkrieg, im
Koreakrieg und dem Vietnamkrieg zusammen.
Tatsächlich sterben laut US-Statistik im Land der
unbegrenzten Möglichkeiten jährlich 650000 Amerikaner vorzeitig, die als Nichtraucher länger leben
würden. Dabei reproduziert sich die Sucht nach den
Glimmstengeln fortlaufend selbst, frei nach dem
Buddhistischen Sprichwort: *Die Objekte des Be-*
gehrens sind wie Salzwasser. Je mehr wir ihrem
Genuss frönen, um so stärker wird unser Verlangen
nach ihnen.

Warum rauchen Menschen überhaupt? Weshalb
wird aus dem Experiment des Jugendlichen eine
manifeste Sucht? Berthold (Name geändert), fünfzig, erfolgreicher Chemiker, verheiratet und Vater
von zwei studierenden Töchtern, beschreibt mir die
Geschichte seiner langen Raucherkarriere vom gele-
gentlichen über das gewohnheitsmäßige bis zum
süchtigen Rauchen drastisch: *Ich habe mit fünf-*
zehn Jahren das Rauchen begonnen. Du musst Dir
vorstellen, ich war im Gegensatz zu meinen Klas-
senkameraden klein und hatte eine hohe, piepsige
Stimme. Sie nannten mich „Mickey Mouse“. Das hat
mich geärgert und deprimiert. Ich hatte ohnehin
Minderwertigkeitskomplexe. Während die anderen
schon mit einem Mädchen gingen, kriegte ich keine
ab. Einmal strahlte Rita, die Klassenschönste, in
meine Richtung wie tausend Watt. Ich konnte es
kaum glauben. Mit Recht. Sie strahlte nämlich mei-

nen Freund an, der hinter mir stand. Die gleichaltrigen Mädchen zogen kurze Röcke an, schminkten sich flott und machten auf Weibchen. Wir Jungens, im Gegenzug, machten auf Männchen. Mit reichlich Brillantine kämmten wir uns eine Tolle, trugen enge Jeans – und rauchten. Ich weiß das noch genau: Man musste wie Humphrey Bogart die Kippe so schief im Mundwinkel hängen haben, dabei nuschelig sprechen. „Ich qualme, also bin ich" – die „Top-dogs" der Klasse machten es vor, ich Underdog imitierte. Ich wollte doch zur Clique gehören und „den Weibern" imponieren. Tatsächlich half der Trick auch bei Roswitha. „Du bist mein Traummann", flüsterte sie, als wir uns zum ersten Mal küssten.

Später steigert Berthold seine zaghaften Rauchversuche auf dreißig Zigaretten am Tag. Mit Siebzehn liegt er mit einer Bronchitis im Bett und raucht doch stur seine dreißig Zigaretten täglich weiter. Manchmal marschiert er noch nach Mitternacht zum nächsten Automaten, um sich mit Glimmstengeln einzudecken. Er findet es einfach schick. Die Eltern wundern sich, dass er ständig mit dem Taschengeld klamm ist. Die gutmütige Oma, selbst eine Kettenraucherin, versorgt ihren Enkel mit „Qualm-Geld", wie sie sagt. Welche Sucht sie damit auch begünstigt, ist der guten Frau nicht klar. Berthold hält sein Rauchen vor den Eltern verborgen. Eines Tages erwischt ihn der Vater beim heimlichen Rauchen. Was jetzt passiert, ist das klassische Drama eines bereits Suchtkranken:

Mein Vater machte ein riesiges Donnerwetter. Er war Apotheker und lebte gesundheitsbewusst. Meine Mutter war Veganerin, die hätte nicht einmal ein Raucherlokal betreten, geschweige denn, es in ihrem Hause geduldet. Die Eltern drohten mir mit Hausarrest und Taschengeldentzug. Mein Vater zeigte mir sogar die – schauerliche – Farbaufnahme einer Raucherlunge. „So wird es mir Dir enden, Junge!" sagte er, sichtlich besorgt. Ich gelobte Besserung. Vierundzwanzig Stunden später hing ich wieder an der Zigarette. Wie in einem Rausch rauchte ich jetzt sogar bis zu fünfzig Zigaretten am Tag.

Diesmal ertappte mich meine Mutter. Der Strafvollzug folgte auf dem Fuß. Meine Eltern nahmen mich auf den vierwöchigen Sommerurlaub an den Luganer See mit. Ich stand rund um die Uhr unter elterlicher Aufsicht. Mein Gepäck wurde kontrolliert, meine Taschen gefilzt. Ich bekam keine müde Mark. Ich schmachtete nach einer Zigarette wie ein Ertrinkender nach dem Land. Aber ich kam an kein Päckchen heran. Es passierte etwas Seltsames mit mir. Ich aß und aß und aß. Ich erinnere mich noch, dass ich an einem Tag zehn vollgehäufte Teller Spaghetti verschlang. Innerhalb dieses Monats nahm ich sieben Kilogramm zu. Ich musste mir sogar noch in Italien neue „Pantalone", größere Hosen, kaufen, weil ich die alten nicht mehr schließen konnte. Vielleicht war es auch das Heimweh nach Roswitha, das ich mit diesem Frustessen zu stillen versuchte. So eine Art orales Tröstungsbedürfnis. Ich nuckelte ja auch oft an der Zigarette wie ein Kind am Schnuller.

Die Sucht begleitet Berthold dreißig Jahre lang. Berthold beschreibt die Wonnen des Rauchens mit der Glut eines Liebhabers: *Ich empfand das Rauchen immer als einen Genuss. Ich liebte die Zigarette nach dem Essen, beim Kaffee, beim Bier oder beim Fernsehen. Die erste Zigarette am Morgen, die letzte am Abend, im Labor der Griff zur Zigarette, bei der Teambesprechung. Ich bin eher ein introvertierter Typ und habe Scheu vor Menschen. Das Rauchen erleichtert mir den Kontakt mit anderen. Wenn ich Gesprächspartnern eine Zigarette anbiete, dann entsteht eine gemütliche, angenehm ritualisierte Situation, die mir über die Spannung hinweghilft. Ich habe das Rauchen eigentlich in fast jeder Situation als eine Hilfe empfunden. Es beruhigte mich, wenn ich mich ärgerte oder unter Stress war. Dann beschäftigte ich mich eben mit meiner Zigarette. Das Rauchen gab mir immer auch die Möglichkeit, eine Art Arbeitspause einzulegen. Mit dem Rauchen meinte ich, mich besser konzentrieren zu können. Die Zigarette war mir ein stummer Freund und Schutzgeist. Heute denke ich manchmal, die Zigarette ersetzte mir das fehlende Gegenüber, den Freund, manchmal auch die Partnerin. Renate (Name geändert) sagte einmal zu mir: „Ich glaube, Du brauchst mich gar nicht. Hauptsache, Du bist mit Deiner Zigarette allein."*

Berthold sieht sich rückblickend als einen „einsamen Steppenwolf". Nicht wenig erschreckt ihn, welche Unsummen von Geld er verqualmt hat. Er macht folgende Rechnung auf: *Ich habe dreißig*

Jahre lang, genau sind es zweiunddreißig Jahre, jeden Tag mindestens dreißig Zigaretten geraucht (oft mehr), das macht über dreihunderttausend Zigaretten. Das wäre der Grundstock für ein Haus gewesen. Das Groteske ist, dass ich mir als Chemiker über die Gefährlichkeit des Nikotins völlig klar war. Im Tabakrauch sind potentiell viertausend verschiedene Stoffe, viele davon sind giftig und mehr als fünfzig davon sind krebserregend, insbesondere aromatische Kohlenwasserstoffe und Nitrosamine.

In einer Aufklärungsbroschüre von 1993 fand ich folgende Rechnung: Eine Schachtel mit zwanzig Zigaretten kostet üblicherweise 5,– DM. Bei dem Verbrauch von einer Schachtel pro Tag ergibt das im Jahr etwa 1800 D-Mark für Zigaretten. Würde man statt dessen diesen Betrag auf einen Ratensparvertrag mit sechs Prozent Zinsen einzahlen, hätte man nach dreißig Jahren ein kleines Vermögen von ca. hundertvierzigtausend D-Mark angesammelt.

Natürlich weiß ich auch, dass Rauchen die übliche Lebenserwartung um fünf bis neun Jahre verkürzt, aber ich sagte mir immer: Mir schmeckt's, und ich fühle mich ja noch gut – also warum sollte ich es aufgeben?

Gesundheitlich blieb Berthold nicht ungeschoren. Seine Neigung zur Bronchitis blieb ihm lange Jahre ein treuer Begleiter, ebenso Infektionsanfälligkeit und erhöhter Blutdruck. Manchmal ekelte sich Berthold vor sich selbst, dem penetranten Nikotingeruch seiner Kleider, seines Arbeitszimmers, die Grauheit einer Raucherhaut. Außerdem sagt ihm

Renate, wenn sie über seine Sucht sauer ist, wütend: „Ich küsse doch keinen Aschenbecher."

Womit wir beim Thema sind. Warum beendete Berthold seine Sucht? Wie die meisten brauchte auch er Leidensdruck. In seinem Fall trug das Leiden den diagnostischen Namen „temporäre Impotenz" oder „erektile Dysfunktion": *Ich war geplättet. Meine männliche Ehre war gekränkt. Ich kann es meiner Frau nicht mehr besorgen. Ich bin kein Mann mehr. Das ist das Ende. Solche Gedanken schossen durch meinen Kopf. Renate war liebevoll. Sie schickte mich zum Urologen. Der Doktor war ein kluger Mann. Er verschrieb mir keine Medikamente. Er fragte mich einfach: „Trinken Sie? Rauchen Sie?" Die erste Frage konnte ich mit gutem Gewissen verneinen. Bei der zweiten musste ich kapitulieren. „Stellen Sie das Rauchen sofort und ganz ein", sagte der Doktor, „und kommen Sie in einem halben Jahr wieder. Wenn es bis dann nicht klappt, können wir es immer noch medizinisch versuchen."*

Gesagt, getan. Ich stand so unter Schock, dass ich in diesen zwanzig Minuten im Sprechzimmer des Arztes das Rauchen aufgab. Sofort. Für immer. Ohne einen einzigen Rückfall. Ich begann zu schwimmen und zu joggen. Ich schlief länger, baute den Stress ab, unternahm viel mit Frau und Töchtern. Ich las alles, was ich über das Rauchen bekommen konnte. Bei Tolstoi fand ich eine Selbstbeobachtung, die mich bis ins Herz traf. Es war meine Situation, die der russische Erzähler schilderte: „Wann empfand ich das besondere Bedürfnis nach

Tabak? Es geschah fast immer in solchen Augen-
blicken, wenn ich nicht gern an das denken wollte,
was mir durch den Sinn ging – wenn ich vergessen
wollte, nicht denken. Ich sitze allein, müßig. Ich
weiß aber, ich muss an die Arbeit gehen. Ich habe
nur keine rechte Lust dazu. Ich zünde eine Zigarette
an und sitze weiter müßig da… Ich spiele Karten
und verspiele mehr als die Summe, auf die ich mich
beschränken wollte – ich rauche. Ich habe mich in
eine unbehagliche Lage gebracht. Ich habe schlecht
gehandelt. Ich habe mich geirrt. Ich muss mir meine
Lage eingestehen, um mich aus ihr zu befreien. Aber
kann sie mir nicht eingestehen. Ich beschuldige die
anderen – und rauche.“

Berthold ist eine wichtige Einsicht gelungen: Die
Zigarette vernebelt im Wortsinn das Leben. Sie
belässt den Süchtigen in Unklarheit. Der süchtige
Raucher ist in einem negativen Sinn nur bei sich, bei
der Zigarette, beim Inhalieren, bei der Sucht – und
nicht beim anderen, beim Partner. So war es denn
wohl auch kein Zufall, dass Bertholds Sucht in dem
Augenblick kritisch wurde, als seine Ehe in Turbulenzen geriet. Renate hatte die Nase voll von ihrem
verschlossenen Berthold, der sich ununterbrochen,
selbst auf der Toilette, hinter seiner Zigarette versteckte, der sich seiner Anspannung, Nervosität und
Kontaktarmut nicht stellte.

Nach dem Entzug, der Berthold trotz seines
Minutenentschlusses schwerfiel und den er erst einmal mit Essen kompensierte, ist er ein neuer Mensch
geworden: *Ich möchte die Leistung meiner Nikotin-*

aufgabe nicht idealisieren, aber sie hat mich für das Leben offen gemacht. Gleichzeitig habe ich auch, allerdings in einer längeren Wegstrecke, das manische Kaffeetrinken beendet. In meinem Labor lief die Kaffeemaschine von acht Uhr morgens bis fünf Uhr nachmittags. Auch mit meiner Koffeinsucht versuchte ich, Spannungssituationen zu bewältigen und mir künstlich Energie zu verschaffen. Dabei weiß ich als Chemiker ebenfalls, dass dem kurzfristigen energetischen Aufschwung des Koffeins auf den Fuß und im gleichen Umfang das Absacken, der Energieverlust folgt. Früher waren das Koffein und das Nikotin stärker als ich, heute bin ich der Sieger.

Verlassen wir Berthold. Wir wissen heute, dass der Raucher nur ein Viertel vom Rauch seiner Zigarette „genießt", den sogenannten Hauptstromrauch. Der überwiegende Teil aber, der an der Zigarettenspitze entweichende „Nebenstromrauch", zieht in die Umgebung der „Passivraucher" ab. Das Schlimme ist, der Nebenstromrauch enthält zum Teil weit höhere Schadstoffkonzentrationen als der Rauch, den der Raucher selbst einatmet. Die Konzentration krebserregender Substanzen im Nebenstrom ist bis zu hundertdreißig Mal höher als im Hauptstrom. Als Gegenüber des Rauchers dürfen wir die Fülle kanzerogener Stoffe einatmen wie Nitrosamine, Vinylchlorid, Hydracin, Benzopyren, Formaldehyd, Anilin, Cadmium und vielen anderen Teufelsdreck. Bereits 1987 war im Bericht des Bundesumweltministers zu lesen: *Es kann davon aus-*

gegangen werden, dass kaum ein anderer luftgetra-gener Schadstoff das Risikopotential des passiv inha-lierten Tabakrauchs in geschlossenen Räumen erreicht... Es ist davon auszugehen, dass die lang-andauernde Aufnahme dieser Schadstoffe in Folge Passivrauchens zu schweren gesundheitlichen Fol-gen führen kann.

Die Weltgesundheitsorganisation (WHO) be-fand ein Jahr später: Frische, vom Tabakrauch freie Luft ist ein wesentlicher Teil des Grundrechts auf gesunde und unverschmutzte Umwelt. Jedes Kind und jeder Jugendliche hat das Recht, vor jeder För-derung des Tabaks geschützt zu werden. Das Deut-sche Krebsforschungszentrum konstatierte 1992 lapidar: Passivrauchen kann tödlich sein. In der Konzeption der Bundesregierung zur Verbesserung der Luftqualität in Innenräumen wiederum heißt es 1992: *Erwachsene haben über ihre Lebensge-wohnheiten grundsätzlich selbst zu bestimmen; sie haben dabei aber die Belange anderer zu achten. Dazu gehört die Respektierung des Anspruchs von Nichtrauchern, durch Tabakrauch nicht beläs-tigt oder gefährdet zu werden. Nichtraucher müs-sen wirksam vor den Gesundheitsgefahren und Belästigungen durch Passivrauchen geschützt wer-den.*

Dosissteigerung, wachsende Abhängigkeit, Kon-trollverlust, Entzugserscheinungen, soziale Schäd-lichkeit – die Stolperstrecke des Suchtrauchers ist wie die jedes anderen Süchtigen. Noch einmal: Raucher sterben früher und sind vermehrt krankheitsanfällig. Ihre Folgekrankheiten belasten die Krankenkassen, d. h. alle zahlenden Mitglieder. Die Nikotinsucht zählt unter den stoffgebundenen Süchten zu einer der folgenschwersten. Die Ärztin Carola Halhuber gibt in ihrem gescheiten Buch *Vom Raucher zum Nichtraucher* eine spezielle Hilfeleistung für Nikotinsüchtige zu bedenken: Wenn wir Sucht wirklich als Krankheit erkennen und nicht nur als Symptom „abschaffen", sondern dem ganzen Menschen helfen wollen, dann müssen auch für den süchtigen Raucher, ähnlich wie für den Alkoholiker und den Drogensüchtigen, stationäre Einrichtungen geschaffen werden, in denen eine umfassende Therapie möglich ist. Das gäbe denn auch die Möglichkeit, nicht, wie bei den zahllosen kurzgestrickten kommerziellen Raucherentwöhnungskursen, „nur" das Rauchen selbst abzustellen, sondern kritisch hinter die Sucht zu schauen, neurotisches Lebensverhalten zu klären und „Arbeit am Charakter" (Fritz Künkel) zu leisten.

Carola Halhuber präsentiert einen klaren Test mit zwölf Fragen zur eigenen Suchtgefährdung. Wenn ich mehr als acht dieser Fragen mit einem eindeutigen „Ja" beantworten muss, befinde ich mich in der gefährlichen Suchtzone:

1. Ist es für Dich völlig unvorstellbar, eine ganze Woche nicht zu rauchen?
2. Gerätst Du in Panikstimmung, wenn Du einmal keine Zigaretten hast?
3. Du rauchst unter der Belastung des Alltags.

Müßtest Du etwa gleichviel rauchen, wenn Du völlig entspannt und unbelastet wärst?

4. Wirst Du für Dich und andere unleidlich, wenn Du weniger rauchst?

5. Rauchst Du häufig nüchtern im Bett?

6. Bekommst Du Kopfschmerzen, Herzbeschwerden, Schweißausbrüche oder Schlafstörungen, wenn Du weniger rauchst?

7. Rauchst Du jede Zigarette so weit wie möglich, d.h. bis auf einen Stummel auf?

8. Rauchst Du eine Zigarette nach der anderen?

9. Deine eigene Marke ist Dir ausgegangen. Würdest Du jede andere Sorte rauchen, gleichgültig ob mit oder ohne Filter?

10. Du hast kein Kleingeld für den nächsten Zigarettenautomaten. Würdest Du trotzdem noch spätnachts unter allen Umständen versuchen, zu Zigaretten zu kommen?

11. Deine Zigaretten sind ausgegangen. Würdest Du jemanden anpumpen, den Du unsymphatisch findest?

12. Stell Dir vor, Du stündest kurz vor einem Herzinfarkt oder der Amputation eines Raucherbeines, vor einer Lungenoperation wegen Lungenkrebs, oder es droht Dir noch verhütbare Raucherimpotenz: Glaubst Du, dass Du trotzdem weiterrauchen würdest?

In den Bergen der Suchtliteratur, die ich für dieses Buch gelesen habe, fand ich Carola Halhubers Stellungnahme zum eigenen Suchtverhalten besonders

188

ehrlich und hilfreich. Die gelernte Chirurgin resümiert:

„Und Sie selbst – rauchen Sie?" Diese Frage, die mir immer wieder gestellt wurde, möchte ich hier abschließend beantworten. Auch ich habe geraucht, und zwar nicht wenig. Ich glaube also zu wissen, wovon ich rede. In den letzten drei Klassen der Oberschule hatte ich damit begonnen – heimlich natürlich. Im ärztlichen Elternhaus, wo das Rauchen streng verboten war, konnte ich in dieser Phase der Pubertät meine „Unabhängigkeit" und „Selbstständigkeit" am besten dadurch beweisen, dass ich intensiv nach Zigaretten roch, Zigaretten herumliegen ließ und mir demonstrativ Aschenbecher und Feuerzeug zum Geburtstag wünschte.

Mein bester Freund in den ersten Jahren des Medizinstudiums rauchte relativ viel; ich selbst blieb Gelegenheitsraucher. Bis die Verbindung in die Brüche ging. In den folgenden Monaten der Trauer, des Zornes und des Trotzes stieg mein Zigarettenkonsum sprunghaft auf mehr als zwei Päckchen am Tag an. An die Beweggründe kann ich mich noch gut erinnern: Da war etwas von verzweifeltem Trostbedürfnis, gemischt mit dem negativen Heroismus der Selbstzerstörung und einer irrationalen Hoffnung, dem rauchenden Freund auf diese Weise nahe sein zu können.

Nach dem Staatsexamen, während der chirurgischen Ausbildungszeit, rauchten die Kollegen, vor allem während des Nachtdienstes, und es rauchte auch der bewunderte Chef. Da bin ich abermals dem sanften Gruppendruck unterlegen, wie damals als sechzehnjähriger Teenager auf dem Schulhof.

Der erste Herzinfarkt-Patient, mit dem ich über das Rauchen sprach, sagte: „Sie haben gut reden. Sie können weiterrauchen!" Damals erkannte ich plötzlich die Zusammenhänge zwischen ärztlicher Glaubwürdigkeit und persönlichem Lebensstil bei der Beratung chronisch Kranker. Im nächsten halben Jahr war ich mit meinen Rückfällen beschäftigt und damit weitgehend ungenießbar. Aber, nach einem längeren Urlaub war es geschafft!

Für eine Camel laufe ich meilenweit? Die Frage ist: Wohin? Für Walther H. Lechler sind alle Süchte Ausdruck des Unvermögens, anderen Menschen zu sagen: *Ich bin liebenswert.* In den zwei Jahrzehnten seiner chefärztlichen Tätigkeit an der „Lebensschule" Klinik Bad Herrenalb im Schwarzwald ging er auf seine Weise vor: *Ich sage zum Beispiel auch den Rauchern, die hierherkommen: Wenn Ihr Euch eine Zigarette anzündet, gebt Ihr im Grunde ein Rauchsignal. Es bedeutet, „ich brauche Liebe". Nur könnt Ihr es keinem anderen Menschen sagen. Wir können es keinem anderen sagen, weil der erschrickt. Oder weil wir glauben, er erschrecke. Wir trauen uns nicht, auf den anderen zuzugehen. Aus dieser Angst heraus zerstören wir alles. Wir nehmen uns die Grundlage zu leben. Denn mit Angst kann man keine Beziehung haben.*

Vielleicht sind es auch die von Walther H. Lechler genannten Rauchsignale unerfüllter Liebe, die Jugendliche, vor allem junge Mädchen, immer häufiger und immer früher zur Zigarette greifen lassen. Der Nikotinkonsum deutscher Jugendlicher liegt im Ländervergleich an der Spitze. Das Einstiegsalter zum regelmäßigen Rauchen, mindestens einmal pro Woche, liegt im Durchschnitt bei 12,5 Jahren. Dies ergibt eine Studie der Weltgesundheitsorganisation (WHO). Bereits 13,5 Prozent der deutschen dreizehnjährigen Mädchen und 12,8 Prozent der Jungen in diesem Alter rauchen regelmäßig. Bei den Fünfzehnjährigen ist es mehr als ein Viertel der Jugend. Aufklärung muss also bereits im Kindesalter beginnen. Dagegen gaukelt die Zigarettenwerbung den Teenagern ein Erwachsensein vor. Wie lautet die raffinierte Zigarettenreklame mit den faltenlosen jungen Frauen und den strahlenden jungen Männern? „Ich rauche gern".

Die berühmte „Zigarette danach" suggeriert ebenfalls jugendliche Dynamik und sexuellen Genuss. Dabei macht das Rauchen, vor allem ältere Männer, impotent! Wie oft sitzen fünfzigjährige Männer vor mir, die über ihre „erektile Dysfunktion" klagen. Entrüstet wehren sie jeden Zusammenhang zwischen ihrem Kettenrauchen (und Alkohol- und Kaffeeräuschen) und dem schlappen Hosenwurm ab. Eine statistische Untersuchung mag lehrreich sein: Über 120 000 britische Männer leiden wegen des Zigarettenkonsums an Impotenz. Das erklärte die Britische Ärztevereinigung. Männer, die in ihrer Jugend und darüber hinaus rauchen, hätten ein bis zu fünfzig Prozent höheres Risiko, im Alter zwischen dreißig und vierzig bereits impotent zu werden, als Nichtraucher. Die englischen Ärzte wollen nun die Regierung und die EU-Kommission dazu bewegen, Warnungen vor Impotenz auf die Zigarettenschachteln durchzusetzen.

Erlösung durch das „euphorisierende Nikotin" empfand auch Ursula (Name geändert), die ich als letzten Beitrag präsentieren möchte. Ihr Leben ist, wie so oft, kompliziert. Die Krise beginnt, als sie sechzehn ist, die Ehe der Eltern bewegt sich am Rande des Abgrunds, der Vater hat eine Freundin. Ursula wird von den Eltern als Schiedsrichterin und Beraterin missbraucht. Das überfordert sie, gibt ihr aber auch Wichtigkeit, die ihr schmeichelt. Das junge Mädchen schwankt zwischen Größenwahn und Selbsthass. Sie beginnt, die Vorzüge von Alkohol kennenzulernen. Um ihre Grübeleien loszuwerden und traumlos zu schlafen, durchstöbert sie Kühlschrank und Schränke im Elternhaus nach Schnapspralinen und anderen Alkoholika und gönnt sich „Gelegenheitsbesäufnisse". Zwanghaft ist auch ihr Essverhalten. Sie protokolliert, wie viele Kalorien sie zu sich nimmt, stellt absurde Essenspläne auf und leidet unter acht Kilogramm Übergewicht.

Ursula schmollt. Sie fühlt sich ungeliebt und leidet. Sie hat hohe Ideale und muss sich von ihrem sterbenden Vater verabschieden: *Nach seinem Tod begann ich zu rauchen. Zuerst mal hin und wieder als Zeremonie, schließlich aber regelmäßig und süchtig. Meine drei Jahre ältere Schwester rauchte schon lange. Sie lebte in einer Wohngemeinschaft mit immer wechselnden Mitbewohnern. Das hat*

192

mich tief beeindruckt, *und obwohl ich mich ne-*
ben meiner Schwester hässlich, fett und unattrak-
tiv fand, glaubte ich doch, einen Teil von ihr zu
leben oder zu verkörpern, wenn ich rauchte. Sie
war so hübsch, schlank, begehrenswert und abge-
klärt. Ich selbst ging meinen Weg ziemlich mühsam
weiter.

Ursula schließt ihre Ausbildung mit Bravour ab.
Mit dem Bruder hat sie eine komplizierte Beziehung.
Jede mürrische Stimmung von ihm lässt sie in ihr
Schneckenhaus verschwinden. In ihrem kleinen
Zimmerchen raucht sie Hunderte von Zigaretten,
trinkt Rotwein. Sie trauert einer gescheiterten großen Liebe nach, einem Zivildienstleistenden, für den
ich kleines, dämliches, griesgrämiges und hässliches
Gänschen nicht die adäquate Partnerin war. Es ist
viel depressive Stimmung in ihr. Sie liest Unmengen
von Büchern, Philosophie, Religion und psychologische Themen, kann nichts behalten, leidet unter
Schlafstörungen. Sie rackert in einem Krankenhaus,
um ein wertvoller Mensch zu sein. Privat lebt sie
zurückgezogen: *Das einzige, was ich mir „Gutes"*
tat, war zu rauchen und zu trinken. Einmal, nach
einem Besuch bei meiner Mutter, versuchte ich, mit
dem Rauchen aufzuhören. Nach einem halben Tag
musste ich hemmungslos weinen. Ich konnte nicht
mehr aufhören, so dass ich mir schließlich eine Ziga-
rette anzündete, die mich auch prompt beruhigte.

Sie versucht, mit Hilfe einer Fernschule das Abitur nachzumachen. Erfolglos. Sie rettet ein Pferd
vor der Schlachtung und findet in ihm bis heute

einen wundervollen Freund. Dann lernt sie Werner (Name geändert) kennen, der ihr Mann wird. Werner ist unkompliziert, männlich, selbstbewusst, aber er entspricht nicht ihrem Ideal. Immer hat sie Zweifel, ob sie ihn überhaupt liebt. Manchmal findet sie auch seine Art abstoßend: *Aber ich hatte Angst, keinen Mann mehr zu bekommen. Außerdem wollte ich „Es" auch einmal erleben. Also kamen wir schließlich zusammen.*

Eine schwierige Geschichte beginnt. Ursula wird schwanger, Werner kann sich nicht für ein Kind begeistern. Also treibt sie ab. Mit Werner und einem gemeinsamen Freund lebt sie in einem gemütlichen alten Bauernhaus, das sie nach und nach renovieren. Sie erwirbt die Fachhochschulreife. Das bedeutet, zusammen mit Klassenkameraden nächtelange Arbeitssitzungen, bei denen die Aschenbecher nur so überquellen. Sie hat jedoch viel Spaß, schneidet als Klassenbeste ab und studiert Sozialpädagogik. Sie ist eine starke Raucherin. Täglich raucht sie eineinhalb Schachteln Zigaretten. Dabei hat sie inzwischen ein ausgeprägtes Bronchialasthma: *Das war schon richtig pervers. Zuerst inhalierte ich mein Asthmamittel, dann rauchte ich eine Zigarette und inhalierte noch einmal, weil sich die Bronchien schon wieder verengt hatten. Ich schämte mich deswegen vor mir. Aber irgendwie gehörten diese Schuldgefühle mit zu dem Teufelskreis. Auf Alkohol konnte ich zeitweise verzichten, obwohl ich in dieser Hinsicht mit Sicherheit auch gefährdet bin. Das Rauchen konnte ich nie aufgeben.*

194

Vor ihrer Mutter versteckt sie das Rauchen. Wenn diese Ursula zufällig beim Schmauchen entdeckt, ist ihr dies hochpeinlich: *Ich konnte ihre besorgten, aber deswegen nicht minder spitzen und verletzenden Bemerkungen nicht ertragen. Ich wurde mir allmählich klar darüber, dass ich das Rauchen gar nicht aufhören wollte, weil ich auch diese Schuldgefühle wollte.*

So kompliziert sind die Mechanismen der Sucht. Gleichzeitig leidet Ursula zunehmend unter einer Krankheits- und Krebsphobie: Alle Symptome, die sie an sich wahrnimmt, scheinen ihr den Beginn der Krebserkrankung anzuzeigen: *Natürlich hatte ich hauptsächlich Angst vor Lungenkrebs.* Aber auch das gehörte zu dem Teufelskreis, in dem die Zigarette und das euphorisierende Nikotin kurzfristig befreiend, ja schon fast auch erlösend wirkte.

Im Studium gehören die verrauchten Nächte zum Lifestyle. Sie wird zum zweiten Mal schwanger und raucht, reduziert, weiter. Werner akzeptiert das Kind, noch kommt für ihn eine Ehe allerdings nicht in Frage. Ein gesunder Sohn kommt auf die Welt. Sie ernährt ihn vollwertig nach Bruker. Ursula schwebt auf Wolken. Rauchen und quälende Selbstbezichtigungen werden zur Nebensache. Vergessen sind Krankheitswahn und sonstige Depressionen. Sie nimmt an einer Selbsterfahrungsgruppe teil und reflektiert ihre Beziehungen zu Vater und Mutter. Im zweiten Praxissemester wird sie zum dritten Mal schwanger, raucht weiter und setzt ein Mädchen, ein richtig stabiles Speckbaby, in die Welt. Ursula schafft ihre Diplomarbeit, trotz Kinder und gravierendem Asthma. Sie raucht noch immer. Ursula bekommt eine Halbtagsstelle auf dem Jugendamt: *Die Arbeit belastete mich zunehmend. Natürlich bemühte ich mich, wirklich gute Arbeit zu leisten. Wieder einmal wurde mein Zigarettenkonsum beträchtlich hoch. Ich rauchte im Durchschnitt täglich eine Schachtel Zigaretten.*

Trotz Verhütung wird sie ein viertes Mal schwanger. Werner hat als Freiberufler eine unsichere Existenz, ihre Stelle ist nicht gesichert. Also entscheidet sie sich ein zweites Mal für eine Abtreibung: *Dieses Mal war es sehr schmerzlich für mich, weil ich schon viel besser einschätzen konnte, was ich verlor.*

Ein fünftes Mal wird sie schwanger und gebärt einen wahren Brocken von Kind. Ein Raucherentwöhnungsbuch von A. Carr fällt ihr in die Hände. Der sarkastische und eingängige Stil des Engländers liegt ihr. Jedes Klischee und die beschriebenen Verhaltensweisen kommen ihr bekannt vor: Plötzlich ist es ein Leichtes, auf das Rauchen zu verzichten.

Dazu ist es auch höchste Zeit, denn zweimal muss sie wegen eines Asthmaanfalls während der Schwangerschaft den Notarzt holen; die Geburt selbst ist normal, aber schrecklich lange und schmerzhaft.

Was ist der innerste Kern von Ursulas Nikotinsucht? Sie meint: *Ich habe bzw. hatte ein ziemlich labiles Selbstwertgefühl. Als Raucherin, d. h. mit der Zigarette in der Hand, fühlte ich mich sicherer und vielen Problemen besser gewachsen. Wenn meine Sucht sprechen könnte, würde sie sagen: „Du kannst mir nicht entfliehen. Du musst dich mir stellen. Wenn du das Grundproblem nicht bewältigst, wirst du immer ein Suchtmittel brauchen."*

Ursula ist selbstkritisch. Sie hat für sich die Frage beantwortet, welche Sucht sie im extremen Krisenfall einholen könnte: *Ich bin mir nicht hundertprozentig sicher, ob ich für alle Zeiten von meiner Nikotinsucht geheilt bin. Wenn mich harte Schicksalsschläge träfen, würde ich offenen Bewusstseins zur Alkoholikerin werden. Beispielsweise wenn etwas mit meinen Kindern oder Werner passierte. Wahrscheinlich würde ich dann auch wieder rauchen.*

Ursula mag nicht mehr grübeln und sich selbst zerfleischen: *Ich halte es für förderlicher, allgemein in sich zu gehen und die Lebensumstände und den Lebensweg zu reflektieren. Wenn man die Sucht als Ausdruck eines tiefer liegenden Problems annehmen kann, hat sie mehr Zeit zu heilen.*

Und um Heilung geht es. Nikotin ist ein tödliches Gift. Es wird auch als Mittel zur Schädlingsbekämpfung eingesetzt. Unter seinen viertausend Chemikalien sind ja auch Blausäure, Carbolsäure und Arsen enthalten. Trotzdem rauchen wir. Sind wir Ungeziefer?

Das Magengeschwür des Rauchers

Da den Magengeschwürskranken die innere Harmonie fehlt – es sind keine Menschen, die in sich selbst ruhen –, sind sie fast alle Zigarettenraucher, dabei aber keineswegs Gelegenheitsraucher, sondern solche, für die das Rauchen eine Ersatzbefriedigung ist. Sie brauchen die Zigarette; ohne sie fühlen sie sich nicht ausgefüllt. Es ist bei ihnen mehr als nur eine Beschäftigungs„neurose"; es steckt eine Unstetheit dahinter, die aus dem Fehlen einer inneren Zufriedenheit entspringt. Der Träger des Magengeschwürs ist ein süchtiger Raucher, weshalb es auch so schwer ist, gerade ihn vom Rauchen wegzubringen.
Oft könnte man im Zweifel sein, ob der Kranke ein Magengeschwür hat, weil er raucht, oder ob er raucht, weil er eine Geschwürspersönlichkeit ist. Dass für die Ausheilung der Geschwürskrankheit das Unterlassen des Rauchens eine wichtige Voraussetzung ist, steht jedoch außer allem Zweifel.

Dr. med. M. O. Bruker
Leber-, Galle-, Magen-, Darm und
Bauchspeicheldrüsenerkrankungen

*

Rauchen verdoppelt Risiko

Rauchen verdoppelt die Gefahr von Herzinfarkten. Sie treten bei Rauchern durchschnittlich zehn Jahre früher auf als bei Nichtrauchern. Dies zeigt eine Studie, die beim 21. Europäischen Kardiologen-Kongress in Barcelona vorgelegt wurde. Ausgewertet wurden mehr als 2100 Herzinfarkt-Fälle.

dpa, 01.09.1999

Alkohol und Männer

„Ich wollte zeigen, was ich drauf habe und meine Hemmungen gegenüber anderen abbauen"

Sechs kleine Jägermeister
waren bei der Bundeswehr.
Sie tranken um die Wette –
den Besten gibt's nicht mehr.

Lied der „Toten Hosen"

Als Schluckspechte sind wir Weltspitze. Alkohol ist in Deutschland immer noch das Suchtproblem Nr. 1. 6,6 Millionen Bundesbürger, so alarmierte der Fachverband Sucht im Juni 1998, haben Alkoholprobleme, 5 Millionen Männer und Frauen sind direkt abhängig. Dazu kommt das 20-Millionenheer der Raucher, 1,4 Millionen Medikamentensüchtige und 120000 Drogenabhängige. Der Verbrauch von reinem Alkohol pro Einwohner liegt an der Jahrtausendwende bei 10,9 Liter. Das bedeutet, dass im Schnitt jeder Bürger rund 131 Liter Bier, 18 Liter Wein, 4,5 Liter Sekt trinkt.

Die Trinkquoten in der ehemaligen DDR lagen in deren letzten Existenzjahren noch einen Liter Pur-Alkohol über dem Durchschnitt der alten Bundesrepublik. Wenn es östlich der Elbe schon sonst nichts zu kaufen gab, so gab es offensichtlich genügend Stoff, um sich den Frust durch die Gurgel zu jagen. Den 100000 Zigarettentoten des vereinigten

Deutschlands, stehen gegenwärtig rund 50 000 Alkoholtote und 2000 Drogentote jährlich gegenüber. Nach Angaben des Deutschen Verkehrssicherheitsrates werden jährlich 200 000 alkoholisierte Kraftfahrer von der Polizei gestellt. Etwa jeder zweite Verkehrstote geht auf das Konto von Alkohol.

Pro Jahr werden über 2000 Kinder mit Alkoholschäden geboren. Eine Vielzahl von Arbeitsunfällen geht auf Alkohol zurück. Die Folgekosten durch Alkoholmissbrauch für die Volkswirtschaft werden in Deutschland auf über 30 Milliarden Mark jährlich geschätzt. Die Weltgesundheitsorganisation WHO beziffert die Schäden auf sechs Prozent des Bruttosozialproduktes eines Staates. Ein Alkoholkranker bringt im Schnitt nur Dreiviertel der üblichen Arbeitsleistung, er fehlt sechzehnmal häufiger, ist 2,5 Mal häufiger krank und 3,5 Mal häufiger in Betriebsunfälle verwickelt als ein normaler Mitarbeiter. In Belegschaften rechnet man mit fünf Prozent Alkoholabhängigen, bei reinen Männerbetrieben können es leicht zehn Prozent werden. Der Selbstmord ist beim Alkoholismus die zweithäufigste, bei Medikamentenabhängigen die häufigste Todesursache.

Wir leben, um einen glänzenden Buchtitel der Expertin Anne Wilson-Schaef zu zitieren, im *Zeitalter der Sucht*. Achtzig Prozent der erwachsenen Deutschen konsumieren regelmäßig Alkohol. Das hat eine lange Geschichte. Schon Martin Luther bekämpfte den „Saufteufel" seiner guten Christen. Er bekannte zugleich: *Ich fresse wie ein Böhme und saufe wie ein Deutscher.* Goethe, seine Frau Christiane und Sohn August von Goethe würden sich heute vermutlich in einer Gruppe der „Anonymen Alkoholiker" wiederfinden.

Politiker und Massenmedien konzentrieren ihre Aufklärungskampagnen gerne auf die illegalen Drogen und ihre Konsumenten. Jeder Drogentote auf der Toilette des Hauptbahnhofes wird in einer wöchentlich erneuerten, makaberen „Hitliste" peinlich registriert und numeriert. Dadurch gerät leicht aus dem Blick, dass nach wie vor der Alkohol die Volkssucht Nr. 1 ist und sein wird. Wo es ernst wird mit dem politischen Schlachtruf „Keine Macht den Drogen", da legt sich die Alkohol-Lobby und die Politische Klasse schnell quer. Als im Juni 1999 die Gesundheitsministerin Andrea Fischer (Bündnis 90 Die Grünen) den Vorstoß unternahm, die Alkoholwerbung einzuschränken, stieß sie alsbald auf Widerstand im Bundeskabinett. Werbeverbote, so sagte Kultur-Staatsminister Michael Naumann, laut einer internen Mitteilung des Zeitungsverleger-Verbandes, seien letzte Zuckungen eines sich autoritär gerierenden Staatsverständnisses. Immerhin sah der Entwurf des Gesundheitsministeriums für eine freiwillige Selbstverpflichtung unter anderem vor, Alkoholwerbung im Fernsehen nur noch nach 22.00 Uhr und mit einem Warnhinweis versehen ausstrahlen zu lassen. Prominente sollten ebenso wenig für Alkoholika werben dürfen wie Personen, „die unter dreißig Jahre alt sind oder die diesen Eindruck vermitteln."

202

Beim Elend Alkohol kann man kaum übertreiben. Die Realität ist weit schlimmer noch als der Augenschein. Das kann jeder Krankenhausarzt, Internist oder Röntgenologe bescheinigen. Insbesondere katapultiert der kombinierte Alkohol- und Tabakkonsum das Krebsrisiko in dramatische Höhen. Wer etwa, wie so viele Polytoxikomane (Vielfachsüchtige), mehr als fünfundsiebzig Gramm Alkohol pro Tag oder mehr als vierzig Zigaretten täglich über einen Zeitraum von fünfundzwanzig Jahren konsumiert, der hat ein hundertvierzigfaches erhöhtes Risiko, an Krebs zu erkranken! Dass der Alkohol selbst die Muttermilch vergiftet, das wollen nicht alle jungen Mütter wahrhaben.

Aber bleiben wir bei den Männern. Ich kenne das Drama seit Jahren. Immer wieder geschieht es, dass sich meine Praxistür öffnet und eine Frau mit ihrem etwas zögerlichen Ehemann erscheint. Nach einigem hilflosen Gerede über die schlechte Sexualität („tote Hose"), die Sprachlosigkeit in der Beziehung und einigen hilflosen Erklärungen des verlegen dasitzenden Mannes, dass „alles nicht so schlimm ist" und er nur seiner Frau zuliebe hierher gekommen sei, gibt sich die Frau einen Ruck. *Wir sollten einmal über Deinen Alkoholkonsum sprechen,* bemerkt sie meist stockend. Dann pflegt der Mann in die Offensive zu gehen: *Du mit Deinen Vorwürfen wegen meiner paar Bierchen! Das ist ja lächerlich! Du gönnst mir nichts. Sicher, manchmal habe ich den Kanal voll, aber das ist bei meiner vielen Arbeit auch nicht verwunderlich. Ein Mann* möchte sich von Zeit zu Zeit auch einmal einen *Schwips antrinken. Das können Frauen nicht verstehen.* Erwartungsvoll und komplizenhaft blinzelt mich der Mann an. Pustekuchen! Ich mache inzwischen kurzen Prozess. Ich habe nämlich keine Lust, mir eine von vornherein erfolglose Paartherapie zu organisieren, bei der einer der Partner suchtkrank und damit paartherapeutisch grundsätzlich unzugänglich ist: Entzug kommt vor Therapie.

Statt dessen schlage ich dem Mann einen klaren Vertrag vor: *Wir können hier nicht entscheiden, ob Du bereits alkoholabhängig bist oder nicht. Als Grundbedingung für eine Paartherapie verlange ich, dass Du hier und heute in dieser Sitzung einen Vertrag mit Dir machst: Ich trinke zwölf Monate keinen Tropfen Alkohol mehr. Es gibt keine Ausnahmen. Dann sehen wir weiter. Falls ich in dieser Zeit auch nur einen einzigen Rückfall baue, dann gehe ich zum Entzug in die Klinik und in eine Selbsthilfegruppe wie die der Anonymen Alkoholiker.*

Ich drücke dem Paar eine Literaturliste in die Hand. Jede Buchhandlung führt Dutzende von Alkoholismus-Ratgebern in ihrem Sortiment. Besonders schätze ich das kleine Goldmann-Taschenbuch von Annegret und Wolfgang Weikert: *Wenn Männer zu viel trinken. Frauen lernen, mit Alkoholproblemen in der Beziehung umzugehen.* Oder das kluge Paperback des Arztes und Suchtexperten Helmut Kolitzus, *Die Liebe und der Suff... Schicksalsgemeinschaft Suchtfamilie.*

Manchmal sind der Mann und die Frau nach so

einem weichenstellenden Krisengespräch sogar bereit, unabhängig von dem „Vertrag", sofort die Selbsthilfegruppe aufzusuchen. Der Frau lege ich dann die Teilnahme an den Sitzungen von Al-Anon, der Gruppe für Angehörige von Alkoholabhängigen, ans Herz.

Aber ich kenne die Fülle von Bagatellisierungen, den lang anhaltenden Widerstand, die munteren Trinkersprüche, die mir entgegensprudeln: *Rotwein ist gut gegen den Herzinfarkt. Ein Bierchen hat noch nie geschadet. Zwischen Leber und Milz passt immer noch ein Pils.* Hinter der hartnäckigen Weigerung, die Diagnose „Alkoholabhängigkeit" für sich zu akzeptieren, steckt die tradierte schwere Diskriminierung des Alkoholikers als haltloser, ja verbrecherischer Persönlichkeit.

Die nationalsozialistischen „Rasseforscher" wollten, wie man weiß, die Alkoholiker mit ihrem „kranken Erbgut" gewaltsam umerziehen oder kurzerhand „ausmerzen". Sie deportierten die Alkoholkranken in die Konzentrationslager. 1968 hat dagegen das Bundessozialgericht in Kassel in einem Grundsatzurteil die Alkoholopathie als Krankheit im Sinne der Reichsversicherungsordnung anerkannt. Zehn Jahre später ermöglichte ein weiteres Sozialgerichtsurteil eine Vereinbarungsempfehlung über die Kostenteilung der Alkoholtherapie seitens der Bundesverbände der Krankenkassen und der Rentenversicherer.

Die Alkoholabhängigkeit ist weder ein Straftatbestand, noch eine Sünde, aber sie ist auch kein

Kavaliersdelikt. Sie ist eine Krankheit. Eine Krankheit braucht Therapie. Diese Krankheit kann, im Falle des Alkoholismus, zwar nicht geheilt, aber gestoppt werden.

Eben das versuche ich zu vermitteln. Dabei stoße ich immer wieder an die harte männliche Wand, die ich von mir selbst kenne. Das „Saufen" ist, das bestätigen mir fast alle Männer, fester Bestandteil männlicher Identität. Unter Zustimmung der anderen Geschlechtsgenossen bekannte einmal ein Mann in meinem Seminar: *Ich habe als Jugendlicher nicht trinken gelernt, sondern das Saufen.*

Ich selbst erinnere mich an meinen ersten alkoholischen Exzess nach typischer Männerart mit neunzehn Jahren. Die gesamte Unterprima des humanistischen Gymnasiums wanderte an einem Nachmittag, im Rahmen des Chemieunterrichtes (!), zur örtlichen Bierbrauerei. Interessanterweise hatten sich die Mädchen unserer Klasse davon distanziert. Gelangweilt folgten wir Jungen den theoretischen Ausführungen des Brauereigeschäftsführers über die Phasen des Gärprozesses. Wir warteten einzig und allein auf den anschließenden kostenlosen Umtrunk in der Kantine, bei der, wie wir von den Oberprimanern wussten, jeder so viel trinken konnte, wie er wollte. Das taten wir! Danach waren wir betrunken. So formulierten wir es natürlich nicht. *Mensch, was war ich knülle!* haben wir anderntags noch mit bleichen Gesichtern auf dem Schulhof geprahlt. Ich kam schwankend nach Hause. Meine Mutter schaute mich stirnrunzelnd an und sagte nur: *Mathias, Du gehst jetzt lieber gleich ins Bett.*

Die männlichen Saufrituale haben sich natürlich bei mir wiederholt, besonders als engagierter 68er Student in der „Nasszelle" der politischen Hochschulgruppe. Die Feuchtbiotope tauchten auch in meinem Berufsleben immer wieder auf: Ich genoss sie. Heute kann ich das gar nicht mehr verstehen. Ich hasse es, am Morgen mit einem dumpfen Kopf aufzustehen.

Jede Alkoholsucht hat eine individuelle Geschichte. Wie Alkoholismus entsteht, welchen „Gewinn" er bringt, wie stark er in dem Persönlichkeitsprofil des Einzelnen verwurzelt ist, wie man der fundamentalen Sucht, wie die Anonymen Alkoholiker sagen, „vierundzwanzig Stunden" entkommen kann, das zeigen die drei folgenden Berichte von Männern.

Wolfgang (Name geändert) ist heute noch ein nasser, also nicht trockener Alkoholiker. Er war von seiner Geburtsstunde an, wie ich das in meinem Buch *Die zweite Lebenshälfte* grundsätzlich dargestellt habe, eine „Hans-mein-Igel-Existenz", ein ungeliebtes Kind also. Die Mutter hatte sich von ihrem ersten Mann getrennt, weil er ihr angeblich den gewünschten Pelzmantel nicht schenkte. Sie verliebte sich in einen anderen Mann, war jedoch nicht mit ihm verheiratet: *In dieser Verbindung wurde ich gezeugt. Sie hielt nicht lange. Als meine Mutter mich im Krankenhaus zum ersten Mal sah, muss sie einen riesigen Schock bekommen haben.*

Die Haut des Babys Wolfgang war feuerrot. Das Wesen zuckte, wimmerte und lag in einem Brutkasten. Aus den Jugendamtsakten habe ich später entnommen, dass meine Mutter mehrfach vom Krankenhaus durch das Jugendamt aufgefordert wurde, das Kind abzuholen. Das tat sie nicht. So landete ich in einem Waisenhaus, wo ich die ersten zwei Lebensjahre verbrachte. Ich kam dann für eine kurze Zeit zu meiner Mutter und zu dem neuen Mann. Er war an Tuberkulose erkrankt und musste immer wieder in Sanatorien. Die beiden größeren Brüder kamen zu ihrem Vater, dem ersten Mann meiner Mutter. Sie gebar nun zwei neue Geschwister, weibliche Zwillinge.

Der kleine Wolfgang macht eine wahre Odyssee durch. Mit vier Jahren kommt er zu Pflegeeltern, armen Leuten, dann zu Verwandten, dann in Kinderheime in Braunschweig und im Allgäu. Dann ist er nicht mehr „tragbar": *Ich war entwichen, wie es in der Sprache der Jugendamtsakte hieß. Ich war beim Kaufmann beim Klauen erwischt worden. Ich hatte die Heimleiterin körperlich angegriffen. Ich habe einen Mitschüler schwer verletzt, weil er mich als „Hinkebein" titulierte. Der Rektor verpasste mir zwei solche Ohrfeigen, dass ich aus der Nase blutete.*

Wolfgang muss in eine sogenannte Erziehungsanstalt, die so heute kaum mehr denkbar wäre: *Da gab es Erzieher, die hatten ihre Lieblinge, die waren auch vor homosexuellen Übergriffen nicht sicher. Diese Jungen wurden mit Ausgang, mit Alkohol und mit Einladungen in eine nahe gelegene Gaststätte belohnt. Andere Erzieher saßen nachmittags mit einer Bierflasche und rauchend im Tagesraum. Sie gaben das entsprechende Beispiel für die Jugendlichen ab. Wenn diese in ihrer Freizeit in die Stadt gingen, war es selbstverständlich, sich ein Bier zu bestellen. Wir waren inzwischen fünfzehn und siebzehn. Meine Mutter hatte inzwischen wieder geheiratet, einen wesentlich älteren Mann. Wenn ich am Wochenende zu Besuch war, gab es immer etwas zu trinken. Bei einer Weihnachtsfeier gab es einmal so viel Schnaps, dass ich zwei Tage im Bett lag, mich übergeben musste und am ganzen Körper zitterte.*

Für Wolfgang gibt es keinen definierten Anfang und kein absehbares Ende der Sucht. Sein Trinken diente, wie er heute erkennt, immer nur der Betäubung. Fünfundzwanzig Jahre lang. Dabei empfindet Wolfgang den Alkohol als einen nicht einmal besonders schmackhaften Ersatz: *Er soll nur etwas verschönern, was sich normalerweise nicht verschönern lässt. Ich glaube, dass die einzige Möglichkeit, eine solche Lebensgeschichte zu ertragen, darin besteht, sich der Wirklichkeit zu stellen.*

Aber das sagt sich so einfach. Wolfgang hatte die Spastik und ein schweres Ekzem („Neurodermitis"). Er hat auf Arbeitsplätzen gekämpft, erlebte Mobbing. Eine dreijährige Fortbildung wurde nicht anerkannt. Eine Freundin aus „gutem Hause" trennte sich von ihm, als sie einen Medizinstudenten kennenlernte. Er war standesgemäß, Wolfgang nicht. Wolfgang litt und leidet unter Schlafstörungen. Er liegt manchmal bis zum Morgen wach und dreht sich von der einen auf die andere Seite. Beziehungen wollen ihm nicht gelingen: *Da gehe ich nicht maßvoll genug heran. Wenn die Beziehung beginnt, kommt erst mal mein ganzer Hunger nach Zuwendung, nach Zärtlichkeit und handfester körperlicher Liebe heraus. Ich habe Zeiten gehabt, da habe ich ein halbes Monatsgehalt nach Frankfurt in den Puff getragen. Ansonsten macht auch das nicht satt. Es ist ein Notbehelf, wie all die kleinen Hilfsmittel, die man im einschlägigen Leben erwerben kann und die überwiegend das Wohlgefallen einer männlichen Kundschaft finden, die meist mehr oder weniger alkoholisiert ist.*

Wolfgang versucht immer wieder, aus der Sucht auszusteigen. Er geht mehrere Jahre regelmäßig zu den Anonymen Alkoholikern: *Dies ist nach meiner Meinung die einzige Gemeinschaft, bei der man eine Chance hat, aus dem Alkoholkreislauf wieder rauszukommen. Nur für den einen Tag dieses Glas stehen lassen. Das sagen sie immer wieder in den Meetings. Das sagt sich so einfach, und es ist doch so schwer zu verwirklichen. In diesen Gruppentreffen kann jeder über sich reden. Jeder kann alles sagen. Keiner wird unterbrochen. Es ist die Rede von einer Höheren Macht. Aber diese Höhere Macht kann sich jeder nach seiner eigenen Vorstellung zurechtlegen.*

Wolfgang hat das Wesen dieser 1935 in den USA entstandenen Selbsthilfebewegung verstanden. In der Präambel der Anonymen Alkoholiker (AA) heißt es nämlich: *Anonyme Alkoholiker sind eine*

Gemeinschaft von Männern und Frauen, die miteinander ihre Erfahrung, Kraft und Hoffnung teilen, um ihr gemeinsames Problem zu lösen und anderen zur Genesung vom Alkoholismus zu helfen. Die einzige Voraussetzung für die Zugehörigkeit ist der Wunsch, mit dem Trinken aufzuhören. Die Gemeinschaft kennt keine Mitgliedsbeiträge oder Gebühren; sie erhält sich durch eigene Spenden.

Wer hierher kommt, wird nicht instrumentalisiert für irgendeinen finanziellen oder ideologischen oder politischen Zweck. In der Präambel heißt es nämlich weiter: *Die Gemeinschaft der AA ist mit keiner Sekte, Konfession, Partei, Organisation oder Institution verbunden; sie will sich weder an öffentlichen Debatten beteiligen, noch zu irgendwelchen Streitfragen Stellung nehmen. Unser Hauptzweck ist, nüchtern zu bleiben und anderen Alkoholikern zur Nüchternheit zu verhelfen.*

Gegen die Krankheit Alkoholismus gibt es, bei allen Fortschritten der pharmakologischen Forschung, kein Medikament. Die Selbsthilfegruppe ist wohl die einzige wirksame Medizin gegen das Trinken. Dies ist um so wichtiger, als wir Deutschen in einer, wie die Alkoholismusforschung sagt, „permissiv-exzessiven Kultur" leben, in der vom Kaufrausch über die Stimmungsaufheller-Tablette bis zum „Jägermeister" *(Ich trinke Jägermeister, weil...)* eine grenzenlose „Versüchtelung" getrieben und schrankenlos für die Suchtstoffe geworben wird.

Die Selbsthilfegruppen der Alkoholkranken sind

kleine Bastionen der Heilung und des Widerstandes. Oft höre ich, vor allem von männlichen Patienten, dass ihnen ihre Gruppe „zu primitiv" oder zu „jammerig" sei. Oft fühlt sich auch der alkoholabhängige Studienrat sozial deplaziert neben der trinkenden Aldi-Kassiererin. In Wahrheit geht es meist nicht um die Qualität der Selbsthilfegruppe, sondern um den verborgenen Widerstand gegen die Kapitulation vor der eigenen Abhängigkeit und der Notwendigkeit, sich Hilfe zu holen.

Selbsthilfegruppen der Alkoholiker setzen sich aus ganz normalen, nicht fehlerfreien und nicht vollkommenen Menschen aus allen Gesellschaftsschichten zusammen. Das sind keine Paradiese der Läuterung und des kultivierten Gesprächs, sondern quasi therapeutische Überlebensgemeinschaften, die gleichermaßen rückhaltlose Akzeptanz wie liebevolle Konfrontation bieten.

Denn trockene Alkoholiker sind Experten ihrer selbst. Sie kennen ihre geheimen Schleichwege, ihre Ausflüchte, ihre Schuldprojektionen auf andere, ihr Selbstmitleid, aber auch ihren guten weichen Kern, Glaube, Liebe und Hoffnung. Der Gruppe fern bleiben und schmollen, das bringt nichts. In der Gruppe hat jeder die Chance, gerade in den unbequemen Begegnungen, sich der Wahrheit zu stellen und die Nachreifungsdefizite seiner Persönlichkeit auszugleichen. Denn psychotherapeutisch gesehen ist der Süchtige eher eine Ich-schwache Persönlichkeit mit erheblichen Reifungsdefiziten. Den Frustrationen und Härten des Lebens, der inneren Angst

212

und Depression ist der Trinker, die Trinkerin meist hilflos ausgeliefert. Er/sie hat ein begrenztes Lösungsrepertoire für die Krisen des Lebens.

Wo ein Alkoholiker ist, ist meist auch eine kranke Familie. Das hat Horst (Name geändert), ein erfahrener Verwaltungsfachmann, am eigenen Leib erfahren. Seine Mutter war alkoholkrank, der Vater gewalttätig: *Als Dreizehnjähriger habe ich schon meinen Vater angegangen, wenn er unsere Mutter schlug.* Horsts berufliche Karriere verlief erfolgreich. Sein Privatleben blieb dabei, wie er schreibt, auf der Strecke. Horsts langjährige Freundin will ihm das Kind eines anderen Mannes unterschieben. Der Vaterschaftstest überführt sie des Betrugs. Horst reagiert psychosomatisch: Er bekommt eine halbseitige Gesichtslähmung und muss ins Krankenhaus. Er findet seine heutige Frau Mitte der neunziger Jahre und freut sich, als er zum ersten Mal das gemeinsame Töchterchen in den Armen hält.

Horst packt nun seine Probleme an, die ihn viele Jahre quälten: *Es war wie ein Hexenkessel. Ich habe mich für alles verantwortlich gefühlt. Für alle, die ein Problem hatten, war ich da. Nur bei mir selbst habe ich weggeguckt.*

Horst gibt das Rauchen, bis zu zwei Päckchen „Reval" pro Tag, auf. Dann beginnt er, ein Tagebuch zu schreiben. Er geht in Therapie, besucht verschiedene Seminare über Meditation, NLP (Neurolinguistisches Programmieren), Energetik, systemische Familientherapie. Sportlich betätigt er sich im Aikido und macht jeden Morgen die „Fünf Tibeter". Vor neun Jahren nannte er in seinem Tagebuch als Ziel, den Alkohol *stark zu reduzieren*. Tatsächlich wird es immer weniger. Horst sagt, er sei, wenn er unbelastet ist, ein Genusstrinker. In seiner Familie und im sozialen Umfeld hat fast jeder geraucht und Alkohol getrunken. Die fehlende Liebe und Anerkennung in der Kindheit hängt ihm nach: *Es ist die Liebe, Liebe und nochmals die Liebe, die mir als Kind nicht gegeben worden ist. Im tantrischen Training habe ich sehr an dem Punkt Gefühlswelt gearbeitet. Bei einer Übung habe ich wie ein Schlosshund eine Stunde lang geweint. Ich war als Kind, Jugendlicher, Erwachsener immer alleine. Weit weg von allen.*

Als Horst noch viel trank, wurde es einfach akzeptiert: *„Ja, der Horst, der trinkt halt ein bisschen viel"*, *haben die Leute gesagt. Natürlich habe ich damit auch Probleme zugedeckt. In unserem Dorf, im Fußballverein, bei der Feuerwehr, überall wurde geraucht und getrunken. Als mir klar wurde, wie gesundheitsschädlich Rauchen ist, habe ich von heute auf morgen das Rauchen aufgegeben.*

Horst hat, im Rahmen einer Paartherapie bei mir, die vorläufige Trennung von seiner Frau als sinnvollen Schritt akzeptiert und arbeitet an sich. Er hat erkannt, welcher ängstliche und liebesbedürftige Junge hinter seiner Fassade steckt, den er nicht mit Nikotin zunebeln und mit Alkohol vernichten darf: *Ich wäre früher froh gewesen, wenn ich einen väterlichen Freund gehabt und den einen oder anderen Rat von ihm bekommen hätte. Wahrscheinlich hätte*

214

ich dann schon viel früher mit einer Therapie begon-
nen. Im Nachhinein betrachtet, war der Alkohol der
„Freund" in meinem Leben. Im Alkohol habe ich
Entspannung gesucht und gefunden. Beim Männer-
stammmtisch habe ich Alkoholfreunde gehabt, bei
denen ich geborgen war und auch ein Stück „Hei-
mat" gefunden hatte.

„Alkoholfreunde"! Was für ein nach Fusel rie-
chendes Wort! Ich erinnere mich an eine demosko-
pische Befragung, bei der sich ergab, dass von zehn
deutschen Männern über Vierzig neun keinen
Freund haben. (Dagegen haben von zehn deutschen
Frauen neun eine Freundin, ergab die gleiche
Untersuchung). In diese Lücke etablieren sich dann
die „Alkoholfreunde".

Wer mit seinem Alkoholkonsum in eine Gefah-
renzone rutscht, der tut gut daran, sich einmal die
kleine Typologie des Trinkers anzuschauen. Der
berühmte amerikanische Professor E. M. Jellinek,
der das hier nicht vorgestellte, von jedem Gefährde-
ten dringend zu lesende Jellineksche Trinkschema
erforscht hat, konzipierte u. a. die Typologie der
fünf Trinktypen:

1. Der Alpha-Typ: Das ist der „Konflikttrinker", der Probleme im Alkohol „zu ertränken"
sucht. Dazu hat der Schauspieler Heinz Rühmann
treffend bemerkt: „Sorgen ertrinken nicht im Alkohol, sie können schwimmen". Der Konflikttrinker
trinkt sowohl sozial angemessen als auch exzessiv.
Er trinkt hauptsächlich allein.

2. Der Beta-Typ: Er ist ein „Gelegenheitstrinker" und trinkt hauptsächlich in Gesellschaft nach dem Motto: *Keine Feier ohne Meier!* Er fahndet förmlich nach den Gelegenheiten zum Feiern und lässt keine Möglichkeit aus. Oft befindet er sich in der Grauzone zwischen Problemtrinken und Alkoholismus.

3. Der Gamma-Typ: Er ist mit Sicherheit ein abhängiger Trinker, der nach Jellinek unter „Kontrollverlust" leidet. Er trinkt und glaubt, ohne Alkohol nicht mehr leben zu können. Sein Stoffwechsel hat sich an den Suchtstoff gewöhnt. Allerdings, und das ist sehr wichtig festzuhalten, kann der Gamma-Typ durchaus „Abstinenzpausen" von größerem Umfang einhalten. Aber sobald er nur ein Glas Alkohol getrunken hat, kann er nicht mehr aufhören, bis er betrunken ist.

Die berühmten „Abstinenzpausen", auf die der nasse Alkoholiker so stolz ist und die er sich und anderen geflissentlich demonstriert, sind kein Beweis für Nichtabhängigkeit, sondern im Gegenteil ein klassisches Indiz der Alkoholkrankheit. Das ist nicht anders wie mit jenen Zigarettenrauchern, die von sich behaupten: *Ich kann jederzeit auf das Rauchen verzichten. Ich habe schon rund ein Dutzend Mal aufgehört.* Der Gamma-Typ versucht wortstark, sich und der Umgebung weiszumachen, er könne aufhören, wann er wolle. Er zwingt sich tatsächlich zur Abstinenz und erreicht diese auch, aber er muss dabei ständig an den Alkohol denken und hält die Karenz natürlich langfristig nie durch. Er ist bereits abhängig geworden.

4. Delta-Typ: Im Volksmund nennt man diesen chronischen Alkoholiker den „Spiegeltrinker". Mit Kontrollverlusten und Exzessen fällt er nicht auf, aber er braucht und hält seinen Alkoholspiegel. Gastwirte, Winzer, Brauereiarbeiter, Kellner verfallen leicht ins „Spiegeltrinken"; es ist eine Gefahr ihrer Profession. So richtig „betrunken" ist der Spiegeltrinker selten. Er ist unauffällig.

Ich kenne Klienten, die regelmäßig nach Arbeitsschluss mit einer Cola-Rum bierglasgroß beginnen, zum Abendessen eine Flasche Bier trinken, um sich dann vor dem Fernseher einen halben bis dreiviertel Liter Wein, ganz kultiviert, versteht sich, zu „gönnen". Wenn solche „Spiegeltrinker" einmal ins Krankenhaus eingeliefert werden, muss der Partner diskret Alkohol einschleusen, oder die Katastrophe des Entzugs beginnt.

Von den sogenannten „unteren Schichten" bis zu den „gehobenen Kreisen" ist in der reichen Bundesrepublik das „Spiegeltrinken" epidemisch verbreitet. Oft offenbart sich nach Jahrzehnten diese Form des Alkoholismus eines Tages völlig unvermittelt – in der Leberzirrhose, der Arterienverkalkung, der Trinkerhepatitis oder der Ösophagusvarizenblutung, dem Platzen von Krampfadern in der Speiseröhre...

5. Epsilon-Typ: Das ist der sogenannte „Quartals-Säufer". Lange Zeit trinkt er nichts, ist äußerlich angepasst, dann, einmal im Quartal, schlägt er alkoholisch zu und trinkt bis zur Bewusstlosigkeit. Die Trinkphase kann ein paar Tage, aber auch mehrere Wochen dauern. Dann, plötzlich, hört der Quartalstrinker auf, als wäre nichts gewesen.

Gamma-, Delta- und Epsilon-Alkoholiker gelten als krank im Sinne des Gesetzgebers beziehungsweise der Reichsversicherungsordnung. Konflikt- und Gelegenheitstrinker werden nicht als „krank" eingestuft. Das ist natürlich problematisch.

Albert (Name geändert) bewegt sich innerhalb der großen Grauzone vor der manifesten Sucht. Der Hinweis scheint mir wichtig, weil viele in diesem minenverseuchten Niemandsland zwischen den Fronten „Gesund" und „Abhängig" herumirren.

Der vierunddreißigjährige Rechtsanwalt Albert kannte und kennt viele Süchte in seinem Leben. Er spricht von Nikotinsucht, Fernsehsucht, Beziehungssucht, Kaufsucht und Arbeitssucht. Hier berichtet er von seinem Männerproblem mit dem Alkohol: *Mit sechzehn/siebzehn begann ich regelmäßig zu trinken. Anfangs waren es nur ein, zwei Bier am Abend. Innerhalb kurzer Zeit trank ich täglich. Zum Bier kam Wein und Schnaps. Allmählich wurden auch die Mengen größer. Mit siebzehn kam der erste Vollrausch, dann fand er mindestens einmal im Monat statt. Da ich damals im Internat wohnte, konnte ich das sehr gut vor meinen Eltern verbergen, bis ich wegen eines Exzesses in der 12. Klasse kurz vor der Entlassung aus der Schule stand. Auch da wurde meinen Eltern alles als ein Ausrutscher dargestellt. Während der Armeezeit und im späteren Studium wurden die Exzesse weni-*

218

ger. *Jetzt lebe ich, abgesehen von ein bis zwei Gläsern Wein pro Woche, ohne Alkohol.*

Wie kam es zur Sucht? Albert spricht von seinem nicht erfüllten Bedürfnis nach Liebe und Anerkennung, das gepaart war mit Minderwertigkeitskomplexen: *Ich wollte zum einen zeigen, was ich drauf habe und zum anderen meine Hemmungen gegenüber anderen abbauen.* Albert war ein guter Schüler und kein Außenseiter, aber er rebellierte mit Alkohol, Zigaretten und aufmüpfigem Verhalten. Die Trunkenheit half ihm dabei, weil sie ihn enthemmte, ihm auch kurzfristige „Glückseligkeit" bescherte.

Aber der Alkohol hat ein Doppelgesicht. Er führt einerseits zu oberflächlichen Kontakten und vermeintlicher Geselligkeit, andererseits lässt er den Trinker in seinen wesentlichen Bedürfnissen vereinsamen. Albert: *Doch immer wieder gingen Beziehungen zu Mädchen und jungen Frauen auseinander, weil ich es damals vorzog, mit Kumpels zu saufen, anstatt mit der Freundin etwas Gemeinsames und Schönes zu unternehmen. Das verstanden die Mädchen nicht und lehnten es ab. Ich fühlte mich nicht geliebt und trank weiter. Zwischenzeitlich hatte ich geheiratet. Ich habe etwas weniger, aber immer noch fast allabendlich getrunken. Zunächst tat ich dies aus Geselligkeit, dann später auch, um den Alltagsstress, die Zerrüttung und das Schweigen in der Ehe zu bewältigen – quasi als Betäubungsmittel.*

Der Alkohol ist ein klassischer Krisendämpfer. Man nimmt die eigene Not und das Elend des ande-

ren nur verschwommen wahr, durch den Weich-
zeichner Alkohol. Irgendwann aber geht es so nicht
mehr weiter. Die grausame Realität bricht durch die
allabendlichen Rauschzustände durch: *Dann kam
die Trennung von meiner Frau. In dieser schwersten
Krise meines Lebens, in der ich mich immer noch
befinde, lernte und lerne ich zwangsläufig, mein
Leben zu bestimmen, nicht das, was meine Eltern,
Lehrer, meine Frau oder irgend jemand anderes von
mir erwarten. In dieser Phase habe ich ohne besonderen Willen und ohne besondere Konzentration auf
dieses Problem mich vom Alkohol gelöst, monate-
lang nicht einen Tropfen zu mir genommen und
auch kein Verlangen danach gespürt. Was hat da
geholfen? Sicher die Selbst-Achtung, der neue
Umgang mit mir selbst, das Erschließen neuer Berei-
che des Lebens für mich. Ich habe eine bisher nicht
gekannte Sensibilität für die Natur entwickelt, insbesondere für Bäume.*

An die Stelle der bisherigen rebellischen Attitüde
setzt Albert jetzt auf den „kleinen Ausstieg": *Indem
ich mich als Teil in dieser Welt begreife und meinen
eigenen Weg lerne, z. B. mit der Erfahrung Fasten
und mit der Umstellung von „Industrie-Nahrung"
auf Brukersche vitalstoffreiche Vollwertkost, mit
„Über-den-Teller-Rand-Sehen" und mehr Bewegung. Das körperliche und geistige Wohlbefinden
dieser Art, zusammen mit mehr Kreativität, der seelischen Öffnung gegenüber anderen Menschen und
der Überwindung meiner Verklemmungen, bringt
mir öfter und anhaltender das Glücksgefühl, wel-*

220

ches ich vorher u.a. mit Alkohol erlangte. Es hat nicht die lästigen Nebenwirkungen, dass am nächsten Tag der Schädel brummt. Nur das Herz und die Seele schmerzen jetzt manchmal etwas mehr. Aber auch das empfinde ich als wohltuender als die alte Katerstimmung.

Was würde die alkoholische Suchtdisposition – es ist noch keine manifeste Sucht – Albert sagen, wenn sie sprechen könnte? *Es ist einfach, mir nahe zu kommen. Probiere es, und ich lulle dich ein. Der Preis ist ein nicht gelebtes Leben. Ich bin bequem. Die Probleme, die ich dir schaffe, bringen dich mir immer näher, bis wir unzertrennlich werden. Mit mir kannst du aber nie gewinnen, keine Liebe, keine Freunde, keine eigenen Gefühle. Du kannst dich entscheiden – willst du lallen oder lachen?*

Auch heute spürt Albert immer wieder die grundliegende Sucht in sich, sich bei Problemen abzulenken, durch Fernsehen, Arbeit, Einkaufen oder der Sucht nach Gesellschaft. Als jedoch sein einziger Bruder mit einunddreißig Jahren und sein Vater mit siebenundfünfzig Jahren starben, begriff Albert dies als Zeichen, sein Leben sinnvoll zu leben: *Gerade bei der Alkoholsucht kann manchmal eine Drogentherapie im klinischen Sinne notwendig sein. Ich habe sie nicht gebraucht. Wichtig ist für mich jedoch noch die seelische Entgiftung. Insbesondere wir Männer sollten lernen, Schwäche einzugestehen, uns mit allen Risiken Freunden anzuvertrauen. Wir sollten lernen, uns damit auch*

221

verletzlich zu machen und die weibliche Seite in uns herauszulassen.

Selbst-Achtung im Sinne von auf-sich-achten, Ablegen zwanghafter fremdbestimmter Verhaltensmuster – das hat mir geholfen. Es hilft bestimmt auch anderen. Vor allem lachen, lachen und wieder lachen. Nimm Dir einen Therapeuten, das kann ein Baum, ein Tier, ein Tagebuch, ein Freund, eine Freundin oder eben ein Therapeut im eigentlichen Sinne sein. Sprich mit ihm über Deine Probleme. Denke dabei nach. Lasse alles raus und die Probleme los. Verdränge nichts. Betäube Dich nicht. Decke nichts dauernd zu. Friss nichts in Dich hinein.

Bei der Auseinandersetzung mit dem Suchtverhalten geht es letztlich um die Sinnfrage, um die Ganzheit des Lebens, um die Spiritualität, die Geistigkeit des Lebensentwurfs, wie immer sie jeder sieht, esoterisch, philosophisch, religiös oder freigeistig. Das meint das Zwölf-Schritte-Programm mit seinen, von manchen so schwer zu akzeptierenden Begriffen wie *Höhere Macht* und *Gott, wie wir ihn verstehen.* Diese spirituelle Begründung hat von Anfang an der Selbsthilfebewegung der Alkoholiker geholfen.

Carl Gustav Jung behandelte einen amerikanischen Klienten. In der Therapie bei C. G. Jung schien er von seinem Alkoholismus genesen zu sein. Zurück in den USA, trank der Analysand wieder hemmungslos. C. G. Jung konnte ihm keine Hilfe im Rahmen einer medizinischen oder psychoanaly-

222

tischen Therapie versprechen. Da erzählte der große Schweizer Analytiker dem verzweifelten Amerikaner, dass manche Süchtige durch eine spirituelle Erfahrung die Kraft zum Aufhören gefunden hätten. Jung riet dem Alkoholiker zu diesem Weg. Tatsächlich schloss sich der Mann den damaligen christlichen Oxford-Gruppen an, die sich um die Alkoholiker der Oberschicht kümmerten. Mit ihrer Hilfe wurde er trocken.

C. G. Jung schilderte diese Heilung in einem Brief an Bill W., einem der Gründer der „Anonymen Alkoholiker". Jung nannte in einem tiefsinnigen Wortspiel das Verlangen nach Alkohol *einen Ausgleich für den spirituellen Durst unseres Seins nach Ganzheit, ausgedrückt in der Sprache des Mittelalters: nach der Vereinigung mit Gott... spiritus contra spiritum.*

*

Ich bin überzeugt, dass nicht einer von zehntausend, ja nicht einer von hunderttausend Männern mit einer organischen Veranlagung zum Trinken geboren ist. Das Trinken ist meiner Ansicht nach nichts als eine geistige Angewohnheit. Es geht damit nicht wie mit Tabak, Kokain, Morphium oder sonst einer dieser unzähligen Drogen. Das Verlangen nach Alkohol ist einzig und allein geistigen Ursprungs. Es ist eine Angelegenheit geistigen Trainings und Wachstums, ist großgezogen in der Geselligkeit. Von einer Million Trinkern hat nicht einer allein angefangen zu trinken. Alle Trinker trinken zuerst in Gesellschaft, und dieses Trinken hat stets Folgen von allergrößter sozialer Reichweite. Diese sozialen Folgen sind die Grundlage für die Gewohnheit des Trinkens. Die Rolle, die der Alkohol selbst spielt, ist unbedeutend im Vergleich mit dem Anteil der sozialen Atmosphäre, in der das Trinken stattfindet.

Jack London,
König Alkohol

✳

Den nächsten Planeten bewohnte ein Säufer. Dieser Besuch war sehr kurz, aber er tauchte den kleinen Prinzen in eine tiefe Schwermut.

„Was machst du da?", fragte er den Säufer, den er stumm vor einer Reihe leerer und einer Reihe voller Flaschen sitzend antraf.

„Ich trinke", antwortete der Säufer mit düsterer Miene.

„Warum trinkst du?" fragte ihn der kleine Prinz.

„Um zu vergessen", antwortete der Säufer.

„Um was zu vergessen?" erkundigte sich der kleine Prinz, der ihn schon bedauerte.

„Um zu vergessen, dass ich mich schäme", gestand der Säufer und senkte den Kopf.

„Weshalb schämst du dich?" fragte der kleine Prinz, der den Wunsch hatte, ihm zu helfen.

„Weil ich saufe!" endete der Säufer und verschloss sich endgültig in sein Schweigen.

Und der kleine Prinz verschwand bestürzt.

Antoine de Saint-Exupéry,
Der Kleine Prinz

224

Alkohol und Frauen

„Alkoholikerin, i gitt –
als Frau und Mutter ist es ganz schlimm"

*Frauen verhalten sich sogar beim Trinken rollen-
gemäß und erfüllen die Erwartungen, die die Gesellschaft an sie stellt. Frauen wollen und sollen nicht
auffallen, deswegen trinken sie heimlich! Ein betrun-
kener Mann auf der Straße findet noch unser Verständnis – einer Frau im gleichen Zustand begegnen
wir mit Abscheu... Es ist bekannt, dass Ehemänner
ihre krankhaft trinkenden Frauen sehr schnell fallen-
lassen. Dagegen halten Ehefrauen oft recht lange das
unberechenbare und aggressive Verhalten ihrer alko-
holsüchtigen Männer aus.*

Alkoholismus – die Krankheit unserer Zeit,
Schriftenreihe der I.G. Metall

Der Anteil der Frauen an den Alkoholabhängigen
ist seit Gründung der Bundesrepublik ständig ge-
stiegen und steigt noch weiter an. 1950 betrug der
Anteil der Frauen acht Prozent, heute sind rund ein
Drittel der Alkoholkranken Frauen. Frauen neigen,
laut Statistik, stärker zur Mehrfachabhängigkeit,
etwa zu „Pulle und Pille". Die Hausfrauen sind die
stärkste Gruppe der alkoholabhängigen Frauen.
Ihnen folgen die Alleinstehenden, geschieden oder
verwitwet, danach kommen Frauen aus der sozialen
Oberschicht.

Gerade für Hausfrauen ist die Verfügbarkeit und

der schnelle Zugriff zum Alkohol den ganzen Tag über gegeben. Nicht selten ist das „Leere-Nest-Syndrom", der Fortgang der Kinder aus der häuslichen Bindung, aber auch die Abkühlung der ehelichen Beziehung Ursache des Trinkens. Im Übrigen gilt für Frauen wie für Männer gleichermaßen: Nicht jeder, der trinkt, muss Alkoholiker werden, aber jeder, der trinkt, kann Alkoholiker werden.

Noch mitten im Problem steckt Maria (Name geändert), eine angehende Gesundheitsberaterin. Ihre Jugend war alkoholfrei, denn im Elternhaus gab es so etwas nicht. Als Maria mit neunzehn Jahren vom Land in die Großstadt zieht, lernt sie eine Freundin kennen, die viel Alkohol trinkt. In der Kneipe bestellt sich Maria immer eine Cola. Es ist ihr Lieblingsgetränk, weil es so schön süß schmeckt. Kein Wunder, auf einen Liter dieses Gebräus kommen ca. vierzig Stück Würfelzucker. Gefärbt wird die Brause mit brauner Zuckercouleur. Maria wird in der Kneipe wegen ihres Kleinkindergesöffs Cola ausgelacht. Sie soll sich doch ein Bier bestellen. Aber sie mag es nicht. Es schmeckte bitter. Trotzdem gewöhnt sie sich mit der Zeit an den Geschmack und auch die Wirkung des Bieres. Das gehört offensichtlich zu den Ritualen des Erwachsenwerdens.

Mit vierundzwanzig Jahren lernt Maria ihren Mann kennen. Das ist ein 68er-Rebell. Er hat bis dahin Haschisch geraucht. Ob sie mitmachen wolle, fragt er sie. Sie ist dagegen. Er hat Angst, dass Maria ihn verrät: *So hat er sich auf mich umgestellt, weil*

Haschischrauchen angeblich alleine keinen Spaß macht. Wir tranken zusammen Bier, manchmal auch Wein. Ein paar Jahre später haben wir uns selbstständig gemacht. Er arbeitete zwölf Jahre lang rund um die Uhr, auch am Wochenende. Ich kümmerte mich um die Kinder. Wir hatten sehr viel Sorgen: Viel Arbeit, Schulden, ein Kind starb, keinen Urlaub, ich erkrankte an Multipler Sklerose.

Jetzt kommt der entscheidende Satz Marias, der Angelpunkt der Sucht: *Das alles war nur auszuhalten, wenn man sich regelmäßig mit einem Bier betäubte.* Wer ist „man"? Muss jeder von uns Stress und Krise mit Bier betäuben? Ist das ein Naturgesetz? Gab es keinerlei Alternativen, in der Ehe, im Umgang mit der Krankheit, in der Trauerverarbeitung um das gestorbene Kind? War nicht einmal ein Urlaub auf dem heimischen Balkon möglich?

Schon Wilhelm Busch konstatierte in der *Frommen Helene*: *Wer Sorgen hat, hat auch Likör.* In Marias Leben hören weder die Sorgen noch der Alkohol auf: *Seit eineinhalb Jahren hat nun mein Mann eine Freundin. Er gibt mir alle Schuld für sein verkorkstes Leben. Als es anfing mit der Freundin, wurde ich depressiv. Ich konnte nichts mehr essen. Er hielt dies für einen Trick. Er meinte, ich wolle ihn mit meinem Hungern erpressen. Aber er lasse sich nicht erpressen. Ich wolle ihn knechten und knebeln und an die Kette legen, das lasse er sich nicht gefallen. Er hat mich nicht mehr verstanden. Dabei war er bis dahin immer für mich da gewesen, konnte mir meine*

Ängste nehmen und mich trösten. Er war immer meine große Stütze. Er kann die schwere Last nicht mehr tragen. Er möchte nur noch das tun, was ihm Spaß macht. Ich habe in der Zeit sehr viel Alkohol getrunken. In den letzten Wochen habe ich mich bemüht, erst zum Feierabend etwas zu trinken und nicht schon am Tag.

Mir scheint, Maria, Du sitzt auf einem Berg voller unbearbeiteter Probleme. Du delegierst Dein Glück an Deinen Mann. Du „bemühst" Dich, *erst zum Feierabend etwas zu trinken und nicht schon am Tag,* statt dass Du Dir sofort Hilfe holst. Gehe zur nächsten Selbsthilfegruppe, zur Suchtberatung, mache Dich auf die Beine. Gehe mit Dir verantwortungsvoll und liebevoll um. Dieses Elend hast Du nicht verdient. Du kannst es verändern, aber auch nur *Du*. Danke für Dein Vertrauen, Dich hier zu öffnen. Vielleicht ist es Dein erster Schritt zur Eigeninitiative und zum Trockenwerden.

Carola (Name geändert) hat das Trockenwerden aus eigener Kraft geschafft. Wie kam es überhaupt zum Trinken? *Ganz langsam, immer ein bisschen mehr, bis ich es nicht mehr lassen konnte. Zuerst nur in Gesellschaft, dann immer mehr auch allein. Ich bin gar nicht sicher, wie es wirklich dazu kam. Vermutlich habe ich kompensiert und fühlte mich durch den Alkoholgenuss beschwingter und hemmungsloser. Ich glaube, Alkoholkonsum dient als Maske, als Ausweichmöglichkeit, als Selbstbetrug und „Hemmungslöser".*

Carola fühlte sich mit ihrem Alkoholkonsum

„sehr wohl", während sie Zigaretten nie wirklich vertragen konnte. Ihr damaliger Mann fand die Trinkerei schlimm, *weil ich die leeren Flaschen im Keller liegen gelassen und den guten Wein einfach in mich hineingeleert habe.* Nach der Ehescheidung begann Carola, sich mit Lebens- und Ernährungsfragen zu beschäftigen. Eine Therapeutin riet Carola, zuerst die „harten" Getränke wegzulassen, nach und nach dann Weißwein, dann Rotwein und zuletzt das Bier. Das gelang Carola.

Welche Sätze würde Carola heute die Alkoholsucht sagen? *Ich bin bei dir, du brauchst nicht einsam und traurig zu sein. Aber du betrügst dich selbst! Es gibt kein Problem, das durch Alkohol gelöst werden könnte. Im Gegenteil, es fehlt dir, je länger, je mehr, an Klarheit, Kraft und Mut, den Problemen zu begegnen.*

Bei einer Krise, das vermutet Carola, könne sie möglicherweise wieder in den Alkohol abstürzen. Sie rät anderen, das zu tun, was sie selbst unternommen hat: *Beginnen, sich mit dem Sinn des Lebens auf verschiedenen Ebenen zu beschäftigen. Damit lernt man langsam, die Zusammenhänge besser zu verstehen. Man braucht den Alkohol als „guten Freund" nicht mehr.*

Das sind klare Worte. In der Fachklinik Bad Tönisstein im rheinischen Andernach erwachte Miriam (Name geändert) wieder zum Leben. Ich kenne sie persönlich. Sie ist warmherzig, lebendig, ungemein ernsthaft. Sie hat einen Trüffel von Mann und zwei herrliche Kinder, ein bildhübsches Mädchen und ein Söhnchen, das man am liebsten kidnappen möchte. Wenn dieses Buch erstmalig erscheint, ist die zweiunddreißigjährige Miriam gerade zwei Jahre trocken, also zwei Jahre alt, wie die Anonymen Alkoholiker so schön formulieren.

Miriams Eltern führten eine Gastwirtschaft. Da begann das Problem. Materiell war Miriam eher überversorgt und fühlte sich behütet. Ihr Vater war der Herr im Haus, konnte gleichzeitig aber auch außergewöhnlich zärtlich zu seiner Miriam sein: *Ich war immer sein „ein und alles". Auf Bildern kann ich verfolgen, wie ich zu dieser Zeit immer dicker wurde. In dieser Zeit wurde ich mit dem Alkoholismus meines Vaters konfrontiert. Ich hatte kein eigenes Zimmer, mir gehörte nur eine Ecke im Wohnzimmer. Oft wurde ich nachts wach, wenn er angetrunken hereinkam, noch Fernsehen sah und dabei meistens einschlief. Auch wurde ich nachts sehr oft von schlimmen und lauten Ehekrächen wach. Mein Vater war dann immer betrunken oder zumindest angetrunken. Einmal ist er mit einem Fleischermesser auf meine Mutter losgegangen. Einmal wollte meine Mutter ihn verlassen. Ich bin ihr heulend hinterhergelaufen. Aber sie hat mich wieder zurückgeschickt. Das habe ich ganz schlimm in Erinnerung.*

Auch der Onkel ist Alkoholiker, die Mutter ist esssüchtig. Vater und Onkel trinken noch heute. Im vorhandenen Geschäftshaushalt wurde die mangelnde Zeit für Miriam oft über das Essen kompensiert. Die Mutter pflegte zu sagen, *„Ich koche Dir* *aber etwas Schönes, wünsche Dir etwas"*. So bedeutete schon in der Kindheit Essen immer, sich etwas Gutes tun. Außerdem lernte Miriam, dass bei Frust Alkohol zu helfen schien. Wenn Miriam etwas falsch gemacht hatte, dann gaben ihr die Eltern eine verhängnisvolle Botschaft: *Dir geht es doch so gut. Wir tun doch alles für Dich. Du bist so undankbar. Du nimmst uns die ganze Freude am Leben.* In ihre Tagebücher schrieb Miriam dann Sätze wie: *Lieber Gott, ich bin so undankbar zu meinen Eltern. Lass mich doch endlich ein guter Mensch werden.*

In den Schulferien muss Miriam oft bis Mitternacht in der Gastwirtschaft helfen: *Bereits mit zwölf Jahren fand ich erste Kontakte zum Alkohol. Ich bunkerte schon mal Vorräte aus der Wirtschaft und trank diese abends. Mit dreizehn habe ich beim Karnevalsumzug so viel getrunken, dass ich auf der Intensivstation gelandet bin. Als ich später auch andere Süchte kennen lernte, wäre ich lieber auf „weiche" Drogen gewechselt. Was mich jedoch abschreckte, war der Umstand, dass es für mich schwer war, diese Drogen jederzeit zu beschaffen.*

Knapp über vierzehn Jahre alt, verliebt sich Miriam in einen einundvierzigjährigen Mann. Es ist ihre erste richtige große Liebe. Als der Vater das herausbekommt, muss der Mann sofort das Dorf verlassen. Ihr Vater stellt ihr das aber anders dar, *so dass ich unsere große Liebe verraten fühlte. Und darunter habe ich sehr gelitten. Heute sehe ich das anders, nämlich so, dass der Mann schon wahre Gefühle für mich hatte, allerdings vor der dörflichen*

232

Allmacht meines Vaters kapitulieren musste. So dass ich eigentlich am meisten litt, weil mein selbstgesuchter Vaterersatz mich auch schon wieder verlassen hatte. In dieser Zeit hatte auch die Alkoholabhängigkeit meines Vaters ihren Höhepunkt. Ich habe noch fotoscharfe Bilder vor Augen, wo er, keiner regen Bewegung mehr fähig, in seiner Kotze steht.

Man sieht hier das Drama einer hochambivalenten Vater-Tochter-Beziehung, aus der sich Miriam auch heute noch nicht ganz gelöst hat. Dieser Vater liebt sie, und er lässt sie nicht aus der Umklammerung. Er soll ein Vorbild sein und ist zugleich ein alkoholkranker Mann.

Aber das Leben geht weiter. Miriam nimmt ab, sieht gut aus, findet in einer tollen Motorradclique Freunde und Freundinnen. Sie genießt die erotischen Eroberungen, nützt aber auch Männer aus und wird von ihnen ausgenützt. Zum Alkohol hat sie in dieser Zeit, bis auf eine, allerdings entscheidende Ausnahme, ein normales Geselligkeitsverhältnis wie die anderen auch. *Die Ausnahme war, als jemand, den ich wollte, mich partout nicht wollte. Da habe ich eine Flasche Whisky leer gemacht und wollte mit dem Motorrad gegen eine Autobahnmauer fahren. Eigentlich wollte ich aber nicht wirklich. Zwei Polizisten haben mich aufgelesen. Ich sollte in eine Nervenklinik wegen versuchten Selbstmords. Das konnte mein Vater über Beziehungen verhindern. Unsere Differenzen spitzten sich zu dieser Zeit dramatisch zu, weil ich nur noch die böse*

Tochter war, die ihren Eltern das Leben kaputtmacht. Jetzt trank ich auch öfters abends.

Miriam macht ein *Superabitur.* Sie wird, was ihr immer noch sehr gefällt, Steuerfachgehilfin. Sie lernt ihren heutigen Mann Franz (Name geändert) kennen. Endlich wagt sie den Schritt und zieht von zu Hause aus. *In dieser Zeit bin ich bei gesellschaftlichen Anlässen mehrmals sturzbetrunken gewesen. Ich trank aber selten alleine. Ich nahm auch wieder zu. Als mein Mann bei der Bundeswehr war, trank ich viel alleine und nahm weiter zu. Ich trank nur abends, im Beruf war ich immer okay.*

Nach dem ersten Kind fällt ihr die Decke auf den Kopf. Sie sitzt zu Hause, trinkt regelmäßiger, auch heimlich mit versteckten Vorräten. Sie nimmt weiterhin zu. Das zweite erwünschte Kind kommt. Sie reduziert das Trinken, bleibt dick und pflegt wieder ein gutes Verhältnis zu den Eltern. Die Eltern bieten ihr an, bei sich eine größere Wohnung für das junge Glück auszubauen. Sie überredet ihren Mann zum Umzug. Die Entscheidung ist verhängnisvoll. Der Vater kann keine andere Meinung vertragen. Es kommt zu Familiendramen. Die Privatsphäre des jungen Paares wird drastisch eingeschränkt. *Ich nahm weiter zu und trank auch regelmäßiger und mehr, verbunden mit einigen volltrunkenen Ausrutschern zu Hause. Einmal, als ich abends mit einem halben Brötchen vor dem Fernseher in unserer Wohnung saß, platzte mein Vater, halb betrunken und ohne anzuklopfen, herein. Er fing aus heiterem Himmel an, mich als „fette Sau" und „zum*

234

Kotzen" zu beschimpfen. *Das kann ich bis heute nicht vergessen.*

Immerhin ziehen Miriam und Franz einige Zeit später aus ihrem Elternhaus wieder aus und bewohnen jetzt ein schönes Häuschen zur Miete: *Seitdem hat seltsamerweise aber auch meine Trinkerei den fortwährenden Weg zu ihrem Höhepunkt genommen. Mit heimlichen Verstecken, bei Anlässen heimlich vorwegtrinken usw.* Wie alle Alkoholkranken pflegt Miriam Tarnmaßnahmen: *Ich habe immer abends heimlich Wein und Sekt getrunken, ein bis zwei Alibigläser, solange mein Mann noch wach war. Da er früh ins Bett geht, weil er auch schon früh aufsteht, konnte ich dann in Ruhe den Rest der Flasche beim Arbeiten am Schreibtisch und anschließend, ohne Arbeiten, die zweite Flasche trinken. Manchmal, wenn ich am nächsten Tag nicht arbeiten musste, trank ich auch schon einmal bis zu einer halben Flasche Spirituosen, hartes Zeug. Ich habe nie tagsüber getrunken und nie, solange meine Kinder auf waren. Meine Chefs halten sehr viel von mir. Ich habe meistens nachmittags abgearbeitet, wozu ich morgens noch zu kaputt war. Lange hätte das allerdings so nicht mehr funktioniert.*

Über einen Nebenweg – Miriam spricht selbstkritisch von einem *Lügengebäude* –, nämlich wegen ihres auffälligen Übergewichts, landet Miriam in der Klinik Bad Tönisstein und lässt sich in das größte Abenteuer ihres Lebens ein: die schonungslos ehrliche Konfrontation mit sich selbst.

Miriam begreift, was passiert ist. Sie stößt auf

einen möglichen Missbrauch in früher Kindheit. Wie Therapeuten wissen, existiert bei Frauen oft ein Zusammenhang zwischen Missbrauch und späterer Sucht. Der Bad Fredeburger Therapeut Heinz-Peter Röhr, den ich am Ende dieses Buches interviewt habe, hat diesen tragischen Konnex in seinem vorzüglichen, auch von Laien schön zu lesenden Buch *Ich traue meiner Wahrnehmung* anhand einer Interpretation des Märchens *Allerleirauh* anschaulich gemacht.

Hinter Miriams Lebensdrama steht, so sagt sie, *die Suche nach jemandem, der mich endlich einmal liebt und akzeptiert, so wie ich bin.* Könnte die Alkoholsucht sprechen, würde sie zu Miriam sagen: *Komm zu mir, dann merkst du nicht, dass du eigentlich Scheiße bist.*

Miriam empfand die Familie als typisch co-abhängig, immer verharmlosend, verniedlichend und vertuschend. Miriam möchte sich jedoch auf keinen Fall auf Schuldzuweisungen ausruhen: *Ab einem gewissen Punkt, und der ist zumindest bei Alkoholismus recht früh, verselbständigt sich auch die Sucht und der Kontrollverlust so, dass die äußeren Umstände nicht mehr so wichtig sind. Man kreist in der Abhängigkeit um sich selbst, unbeachtet der äußeren Einflüsse, und kommt ohne fremde Hilfe nicht mehr heraus.*

An der Essstörung muss Miriam noch schwer arbeiten, u.a. auch in einer Einzeltherapie. Sehr geholfen hat ihr das Buch *Die Aussöhnung mit dem Inneren Kind* von Chopech/Paul. Als trockene

Alkoholikerin ist Miriam voller Dankbarkeit: *Im Alltag und bei der alltäglichen Lebensbewältigung hat mir am meisten die Selbsthilfegruppe der Anonymen Alkoholiker geholfen und tut es immer noch. Die Therapie in der Fachklinik Bad Tönisstein war der totale, absolute Schnitt in meinem Leben, der Durchbruch, der Neuanfang, quasi die Zweitgeburt.*

Stürmische Glückwünsche also zum zweiten trockenen Geburtstag, liebe Miriam!

Zweiunddreißig Jahre ist Miriam, also noch eine junge Frau. Lena dagegen ist einundsiebzig Jahre und hat gerade die goldene Hochzeit mit ihrem Ehemann Kurt hinter sich. Ich habe beider Namen nicht geändert. Denn diese wundervolle Frau schrieb mir wörtlich: *Wenn Du meinen Namen nennen willst, ist es in Ordnung. Solange ich trocken bin, muss ich mich nicht schämen. Stimmt's?*

Lena war eine klatschnasse Alkoholikerin. Sie ist buchstäblich durch die Hölle gegangen. Fast habe ich ein schlechtes Gewissen, dieses Drama im Telegrammstil zu fassen: Sie war 1928, als sie geboren wurde, nicht erwünscht. Sie hätte ein Junge werden und Dietrich heißen sollen. Die ältere Schwester war willkommen. Der Vater war Lehrer und ein verhinderter Schriftsteller. Beide Eltern lehnten den Alkohol scharf ab. Lena habe dicke Finger, unschöne Hände, schiefe und hässliche Zähne, ließen die Eltern sie wissen. *Ich habe oft geweint und war unglücklich. Tiefe Angst hatte ich in meinen Jugendjahren. Als ich zehn Jahre war, habe ich meine Eltern verflucht, weil sie mich in die Welt gesetzt haben. Geliebt habe ich meine Eltern trotzdem. Sie taten auf ihre Art ihr Bestes.*

Die Liebe zu Lisas erstem Freund endet mit dem Tod: *Mein Helmut fiel in den letzten Kriegstagen 1945 bei Berlin. Er wurde nur achtzehn Jahre und drei Monate alt. Irgendwie ist er immer noch da. Er wollte Förster werden. Wir wünschten uns sechs Kinder und für jedes Kind einen Schäferhund. Tja!*

Der Vater war Kriegsgefangener in Sibirien und kommt fünf Jahre nach Kriegsende zurück. Lena wird Hauswirtschaftsleiterin. *Meinen ersten Schluck Alkohol trank ich auf einer Silvesterfeier mit Sportfreunden. Ich war schon einundzwanzig Jahre alt. Sie gaben mir Rum mit Zucker gemischt. Meine Güte, war ich krank danach. Mir schmeckte das Zeug gar nicht, auch kein Bier, Wein oder Likör. Mein Schnack war leider „Ich bin ja kein Spielverderber" und habe da weiter mitgemacht...*

Lena ist eine resolute junge Frau. In ihrem geliebten Hamburg ist sie die erste Frau im Judosport. Im Sportverein lernt sie Kurt kennen. Sie heiraten 1949 im „Eiltempo". Der berufliche Aufstieg ist schwer. Kurt arbeitet als Vertreter für optische Fachgeschäfte. Er fährt zunächst mit der Bahn, dann mit dem Motorroller, dann mit einem VW-Käfer. Sein guter Anzug und sein heller Mantel sind vom Mund abgespart. Lena und Kurt „erstottern" sich über den Weg einer Baugenossenschaft ein Haus. Eine Tochter, dann ein Adoptivsohn, machen das Leben bunt. Der Versuch, den Adoptivsohn aus den Schädigungen seiner Heimaufenthalte herauszuholen,

238

scheitert. Lena reagiert mit der Flucht in die Sucht: *Ich war oft traurig. Wann ich anfing, mehr Alkohol zu trinken, als mir gut tat, weiß ich nicht. Alkohol beruhigte, machte schön müde und gleichgültig. Geschmeckt hat er mir nie! Er wurde trotzdem mein Freund. Der Weg in die Sucht ist schleichend. Lange, lange war ich fest überzeugt, dass ich jederzeit das Trinken und auch das Rauchen sein lassen könnte.*

In einem der vielen Bücher über Alkoholismus las ich einmal den Satz *Der Alkoholiker ist der gewandteste Lügner, den es gibt, denn er glaubt selbst, was er sagt.* So ging es auch Lena. *Wenn ich trank, wurde ich nach und nach immer trauriger. Ich verkroch mich, weinte und hatte großes Selbstmitleid. Alle anderen Menschen hatten Schuld an meinem Unglück. Nie suchte ich die Fehler bei mir. Mein Alkoholkonsum wurde größer. Erst war es mehr Wein und Bier. Später kam der Schnaps dazu – die Wirkung kam schneller. Ich wurde Meister im Flaschenverstecken. Lügen konnte ich auch toll. Am meisten belog ich mich selber.*

Immer wieder will Lena aufhören mit dem Trinken. Aber der bloße Wille nützte nichts. Fünfzehn Jahre geht es auf und ab. Der Mann und die Kinder merkten natürlich, dass Lena trank. Einmal gab ihr Kurt sogar eine Ohrfeige. Der Sohn versagte in der Schule und im Leben, bis heute. Lena stürzte und stürzte: *Bis heute habe ich Angst vor dem Telefonieren, denn ich weiß nicht, ob ich damals bei Kundengesprächen „gelallt" habe oder nicht. Eine Horrorvorstellung war für mich ein Zahnarztbesuch. Mit*

Fahne ging es nicht, also musste ich einen Tag vorher trocken bleiben. Ich wollte aus dem Trinken raus, aber es klappte nicht. Gut, wenn nicht heute, so doch morgen! Dann ein Schluck zur Beruhigung. Da war's natürlich wieder passiert. Der erste Schluck ist es. Aus und vorbei für diesen Tag. Wieder Tränen und Verzweiflung! Warum ich? Ich wusste damals nicht, dass Alkoholismus eine Krankheit ist. So ging das Tage, Monate, Jahre. Ich verstehe diejenigen, die Selbstmord machen. Ich versuchte es auch, mit Tabletten. Aber ich richtete es so ein, dass man mich noch rechtzeitig gefunden hat.

Lena isoliert sich. Sie tritt aus dem Sportverein aus und geht nirgendwo mehr hin. Als ihre Tochter mit achtzehn Jahren heiratet und das Haus verlässt, fühlt sich Lena allein gelassen. *Ich war hilflos und einsam. Nun musste ich natürlich noch mehr trinken. Ein Teufelskreis. Ich verkroch mich ins Bett. Meine Energie ging schon drauf, um an Alkohol zu kommen, Verstecke zu finden und die leeren Flaschen zu entsorgen. Es war sehr schwer. Morgens kam ich gar nicht aus dem Bett ohne Alkohol. Die Fahne den ganzen Tag verbergen! Das klappte alles sehr schlecht. Alle Energiereserven gingen dabei drauf. Alkoholismus, i gitt – als Frau und Mutter ist es natürlich ganz, ganz schlimm. Was für ein Versager bin ich als Frau! Also musste ich wieder trinken.*

Das Ende von Lenas Trinkerkarriere begann 1973. Eine Ärztin macht Lena auf die Anonymen Alkoholiker aufmerksam: *Ich traute mich nicht allein dorthin. Ich bat Kurt, mich zu begleiten und in den Raum hineinzuschubsen. Ich hatte so viel Angst! Ich schämte mich! Also, Kurt schubste, und drinnen war ich. Meine Güte, da saßen ja lauter „normale" Menschen. Sie lachten, waren gut gekleidet und frisiert! Mannomann! Da sagte der Gruppensprecher: „Mein Name ist Manfred, ich bin Alkoholiker." Wie bitte? Der Mensch gab zu, ein Alkoholiker zu sein? Er schämte sich nicht ein bisschen. Meine Angst war schlagartig weg! „Und wie heißt Du?" „Mein Name ist Lena." Mehr konnte ich zunächst nicht herausbringen. Ich hörte nur einfach zu – und war plötzlich sicher: Hier bist du richtig.*

Bereits beim zweiten Meeting kann Lena erzählen, wieso sie plötzlich nicht mehr trinken musste. *Das kam so. Entweder landest du auf dem Friedhof oder du hörst auf zu trinken. Die Ärztin gab mir, auf Grund meiner Leberwerte, noch höchstens drei Jahre zu leben. Ja, und was macht Kurt dann ohne mich? Er wird wieder heiraten, was sonst! Nee, eine andere Frau sollte in unser neues Heim nicht rein! Nun konnte ich plötzlich aufhören zu trinken. Das war der Anfang, die Stunde Null. Welche Chance! Ich bin heute fünfundzwanzig Jahre alt, denn die alte Lena existiert tatsächlich nicht mehr.*

Wo wir ein Suchtverhalten haben und dagegen ankämpfen, da erleben wir immer auch Rückschläge. Das ist kein Grund, sich zu schämen und aufzugeben. *Das Leben,* sagte Erich Kästner einmal, *ist immer lebensgefährlich.* Lena ist, wie alle trockenen Alkoholikerinnen, eine exzellente Kennerin der

Materie: *Leider hatte ich einige Rückfälle. Heute weiß ich, dass diese Rückfälle für mich notwendig waren, um zu begreifen, dass ich nie wieder Alkohol trinken dürfe. Also, lebenslänglich? Unbegreiflich! Eines Tages begriff ich dann, dass es genügt, heute nicht zu trinken. Daran habe ich mich bis heute gehalten. Jeden Morgen sage ich zu mir: Heute ist ein schöner Tag. Heute muss ich nicht trinken! Fünfundzwanzig Jahre lang.*

Süchtige sind, um den Ausdruck wieder einmal zu gebrauchen, oft Polytoxikomane, also Vielsüchtige. Lena: *Einmal hörte ich nicht auf meine AA-Freunde. Ich ging zum Psychiater, um meine Schwierigkeiten mit meinem Sohn zu besprechen. Der Arzt verschrieb mir Tabletten, viele süchtig machende Tabletten. Zusätzlich kaufte ich rezeptfreie Tabletten. Wie praktisch, dass man keine Fahne hatte. So wurde ich tablettenabhängig. Im Delirium kamen Schlangen aus der Wand. Der Kopf meiner Mutter klebte an der Wand, und sie streckte ihre Zunge heraus.*

Lena hatte das Glück, einen wundervollen, verantwortungsvollen Partner in Kurt zu haben. Er ging regelmäßig zu Al-Anon, zur Angehörigengruppe. Das muss man jedem Partner eines Alkoholikers empfehlen, gleichgültig ob er der Mann, die Ehefrau oder das Kind des Betroffenen ist. Kurt lernte etwas, was alle Angehörigen- und Co-Abhängigen lernen müssen: *Er hatte begriffen, dass die ganze Familie krank war. Er musste nichts für mich tun. Er tat etwas für sich!* Kurt machte etwas

Wunderschönes: *Nach seinem dritten Gruppen-*
besuch entschuldigte er sich bei mir. Er hätte ja alles
falsch gemacht! Ich war so erleichtert, denn nun
hatte ich plötzlich nicht allein die Schuld, nun konn-
ten wir gemeinsam ein trockenes, schönes Leben
anstreben. Diesen Tag werde ich mein Leben lang
nicht vergessen.

Dieses um Vergebung bitten und Verzeihen
scheint mir ein ganz wichtiger Punkt in jeder Beziehung, aber ganz besonders in der Suchtfamilie. Bei
meiner Hospitanz in der Hochgrat-Klinik, habe
ich das in der Familienwoche unter der Leitung
der Familientherapeutin Waltraud Esslinger bewegend erlebt. In der Klinik wird eine eigene Woche
für die gemeinsame Arbeit mit dem Süchtigen und
dessen Partner, Eltern oder Kindern angeboten. Da
gibt es unter anderem zwei erschütternde Höhe-
punkte dieser existentiell wahrhaftigen Begegnungen: Da ist einmal die Konfrontation und Abgren-
zung. Einmal benennt der/die Angehörige des
Süchtigen drei Dinge, die er in Zukunft nicht mehr
hinnehmen will und erläutert seine Gefühle dabei.
Etwa: *Wenn Du Dich wieder ohne eine Erklä-*
rung zurückziehst und mich anschweigst, dann
fühle ich mich traurig und wütend und werde mich
zu meiner Freundin begeben. Umgekehrt konfrontiert und grenzt sich der Süchtige von seinem –
meist co-abhängigen – Partner in ähnlicher Weise
ab. Der jeweils Angesprochene hört sich die Konfrontation nur an, ohne diese zu kommentieren und
damit zu zerreden. So entsteht eine Stimmung kon-

zentrierter Aufmerksamkeit, Ernsthaftigkeit und Würde.

Auch beim Um-Verzeihung-Bitten und Vergeben gibt es wieder zwei Durchgänge. Anfrage und Antwort sind klar ritualisiert und strukturiert. Etwa so: *Ich bitte Dich um Verzeihung, dass ich Dich mit meinem Trinken jahrelang verletzt und gedemütigt habe.* Der/die solcher Art um Verzeihung Gebetene, hat, um der Wahrhaftigkeit willen, die Möglichkeit zu drei Antworten, die er sich verantwortungsvoll überlegt: *Ja, ich verzeihe Dir.* Oder: *Nein, das kann ich Dir nicht verzeihen.* Oder: *Ich würde Dir gerne verzeihen, dafür brauche ich aber noch Zeit.* Unter Waltraud Esslingers behutsam-warmherziger Führung erlebte ich, wie Frauen und Männer vor Glück in Tränen ausbrachen, tiefe Verletzungen abzuschließen vermochten und sich am Ende dieser klärenden Familienwoche voller Respekt und wiedergefundener Liebe in die Arme nahmen.

Zurück zu Lena. Die Kinder wenden sich von Lena ab. Sie sind auch nicht bereit, zu Al-Ateen, der Selbsthilfegruppe für Kinder von Alkoholikern, zu gehen. Die Kinder wollen auch heute noch nicht mit Lena reden. Der Groll auf die trinkende Mutter sitzt offensichtlich tief. *Mein Sohn möchte am liebsten, dass Kurt sich von mir trennt. Ich hätte überhaupt kein Recht, sagt er, zu leben. Das habe ich wörtlich auf Tonband.* Seit elf Jahren konnte Lena kein Wort mit ihrer Tochter wechseln. *So kann ich nicht Abschied nehmen. Ich schaffe es einfach nicht. Und muss essen, essen, essen.* Mit dieser Sucht schlägt sich Lena bis heute herum.

Bei alldem, was an Bitternis geblieben ist, genießt Lena jedoch ihre Neugeburt: *Heute denke ich manchmal, Lena, du bist eine glückliche Alkoholikerin. Du hast eine Chance gehabt und hast sie genutzt.* Lena erkennt aber auch: *Ohne meine Freunde hätte ich es wohl nicht geschafft. Dazu gehört der Arzt Dr. Walther Lechler, der uns stets zur Seite stand. Später kamen andere Ärzte, vor allem der verständnisvolle Dr. Bruker in mein Leben. Bis heute ist meine seelische und geistige Heimat in Lahnstein. Vor über zehn Jahren habe ich meinen Abschluss als Gesundheitsberaterin GGB gemacht. Wenn ich einmal durchhänge, dann denke ich an Dr. Bruker und Dr. Lechler.*

Auch Bücher haben Lena bei ihrem Weg in die Nüchternheit geholfen. Sie nennt u. a. die erschütternde literarische Konfession des Schriftstellers Ernst Herhaus, der in Walther Lechlers früherer Herrenalb-Klinik gesundete. Titel: *Kapitulation. Aufgang einer Krankheit.* Ferner: Thomas Randall, *Falle Alkohol.* Max Bircher-Benner, *Mein Testament.* J. G. Lair/Walther Lechler, *Von mir aus nennt es Wahnsinn.* Die AA-Schrift, *Wie Bill es sieht.*

Lenas Motto ist: *Fange nie an aufzuhören. Höre nie auf, anzufangen.* Lena appelliert an alle männlichen und weiblichen Leidensgenossen: *Bitte, liebe Alkis und andere Süchtige, denkt positiv und geht regelmäßig zu einer Selbsthilfegruppe. Bei AA bin ich jetzt über fünfundzwanzig Jahre. Dort kann*

über alles geredet werden. Du gibst und Du nimmst.
Es ist ein Selbstbedienungsladen, wo immer etwas
für jeden dabei ist.

Lena endet mit dem berühmten Gelassenheitsspruch von Christof Friedrich Oettinger (1702 bis 1782), den die AA-Teilnehmer beim Meetingabschluß aufsagen, indem sie sich liebevoll bei den Händen fassen:

> *Gott gebe mir die Gelassenheit,*
> *Dinge hinzunehmen, die ich nicht ändern kann,*
> *den Mut, Dinge zu ändern,*
> *die ich ändern kann,*
> *und die Weisheit,*
> *das eine vom anderen zu unterscheiden.*

Danke, Lena. Wer Dich kennt, weiß, was für eine großartige Frau Du bist. Du hast den richtigen Moment, den „Kairos", wie die Griechen sagten, zum Ausstieg gefunden. Als Du Angst hattest, dass Du sterben würdest und Kurt sich eine neue Frau in Euer Reihenhaus holen würde, da hast Du die Gelegenheit beim Schopf gepackt, diesen Kairos.

Die Gelegenheit beim Schopfe zu packen, das müssen wir alle lernen. Kairos war in der griechischen Mythologie ein merkwürdiger Halbgott. Er hatte vorne Haare, am Hinterkopf eine Glatze. Packte man ihn nicht rechtzeitig von vorne, in die Haare, sondern wartete man ab, bis er vorbeigelaufen war, griff man in die Leere, in die Glätte der Glatze. „Fass den Entschluss", heißt also die Parole.

Ein Alkoholiker, der wie Lena ein viertel Jahrhundert trocken ist und heute als Geschäftsführer einer großen Firma arbeitet, schickte mir folgenden Text, mit dem ich das Kapitel über die weibliche Alkoholkrankheit abschließen möchte:

Ich bin mächtiger als alle Armeen der Welt.
Ich habe mehr Menschen kaputtgemacht als alle
Kriege.
Ich habe Millionen von Verkehrsunfällen verursacht
und mehr Heime und Familien zerstört als alle
Sturmfluten und Überschwemmungen zusam-
men.
Ich bin der gemeinste Dieb der Welt.
Ich stehle jedes Jahr Milliarden.
Ich finde meine Opfer sowohl unter den Reichen
als auch unter den Armen,
unter Jungen ebenso wie unter Alten, unter Starken
und Schwachen.
Ich bin ruhelos, heimtückisch und unvorhersehbar.
Ich bin überall zuhause, auf der Straße, in der
Fabrik, im Büro, auf der See und in der Luft.
Ich bringe Krankheit, Armut und Tod.
Ich gebe nichts und nehme alles.
Ich bin dein ärgster Feind.
Ich bin der Alkohol.

*

*In vino veritas (*im Wein liegt Wahrheit – M.J.*): Es*
scheint, dass ich auch hier wieder über den Begriff
‚Wahrheit‘ mit aller Welt uneins bin – bei mir
schwebt der Geist über dem Wasser...

Friedrich Nietzsche,
Ecce Homo

Ein tödliches Drama

Ilona, co-abhängige Frau eines Süchtigen, berichtet

> Ich hatte keine Ahnung,
> wie man mit einem Angehörigen,
> der Alkoholiker ist, umgeht.
> Dass nur klare Worte Klarheit
> bringen, wusste ich nicht.
> Zum zudeckenden Verfahren
> neigten wir beide.
>
> Ilona (Name geändert)

Ausbildungslehrgang, Herbst 1959. Gerade 19 Jahre war ich alt geworden. Gerade befreit von einem grausamen Vater durch Scheidung, die die mutige Mutter nach 28 Jahren Ehe eingereicht hatte.

Und nun fiel ER mir in diesem Seminar auf. Warum eigentlich? Florian (Name geändert) war nicht besonders groß, nicht besonders attraktiv. Aber er fiel mir – uns allen – auf, weil er in die Diskussion ging. Weil er zum Beispiel sich mitten im Unterricht meldete und lässig darum bat, das Fenster öffnen zu dürfen, weil die Luft zu „pummelig" sei. Er hatte die Lacher auf seiner Seite. Damals, Ende der fünfziger Jahre, war sein Verhalten ungewöhnlich, fast eine Aufmüpfigkeit steckte dahinter.

Abendliche Gespräche in der Gruppe. Wortführend war er. Witzig, gescheit, im Mittelpunkt stehend. Fast ein bisschen zu sehr. Ja, und dieser kluge

248

Kopf wandte sich mir zu, machte mir ganz offen und ungeniert Komplimente, so dass ich rot wurde.

Rief zu Hause an. War hartnäckig. Schrieb fast täglich nette Briefe. Wir trafen uns wieder. Geld hatten wir beide nicht. Von Haus aus verwöhnt waren wir auch nicht. Die Bahnfahrt verschlang immerhin die Hälfte unseres mageren Azubi-Monatslohns. Also sahen wir uns vielleicht sechs- bis achtmal jährlich unter den strengen Augen seiner alleinerziehenden dominierenden Mutter oder innerhalb der Restfamilie in meinem Elternhaus. Meine Eltern waren inzwischen geschieden.

Die Erinnerung an den ersten Ausgang mit ihm: Kinobesuch, anschließend lud Florian mich zu einem Glas Wein ein. Er bestellte eine Flasche Rotwein, die er im Laufe von etwa zwei Stunden leerte. Ich trank davon vielleicht ein halbes Glas. Alkohol vertrug ich noch nie. Mich beschlich bei seinem Konsum Unbehagen. Er war 21 Jahre alt und trank so viel, ohne betrunken zu sein? Unglaublich. War er daran gewöhnt? Ob er das öfter machte? Gefragt habe ich ihn nicht.

Zwei Jahre später, zu meinem 21. Geburtstag, Verlobung. Weitere knapp zwei Jahre später Hochzeit. Schließlich hatten wir mehrere hundert Briefe gewechselt, uns an Feiertagen und manchen Wochenenden gesehen, einen kurzen Urlaub miteinander verbracht. Wir glaubten, uns ausreichend zu kennen und zu mögen. Er war inzwischen, nach unerfreulichen Gesprächen mit der beherrschenden Mutter, mit großen Schuldgefühlen in eine andere

Unsere tiefste Angst

Unsere tiefste Angst ist nicht, dass wir der Sache nicht gewachsen sind.

Unsere tiefste Angst ist, dass wir unermesslich reich sind.

Es ist unser Licht, das wir fürchten, nicht unsere Dunkelheit.

Wir fragen uns: „ Wer bin ich eigentlich, dass ich leuchtend, hinreissend, begnadet und phantastisch sein darf?"

Wer bist du denn, es nicht zu sein?

Wenn du dich klein machst, dient das der Welt nicht.

Es hat nichts mit Erleuchtung zu tun, wenn du schrumpfst, damit andere um dich herum sich nicht verunsichert fühlen.

Wenn wir unser Licht erstrahlen lassen, geben wir unbewusst anderen Menschen die Erlaubnis, dasselbe zu tun.

Wenn wir uns von unserer Angst befreit haben, wird unsere Gegenwart ohne unser Zutun andere befreien.

Nelson Mandela

Stadt gezogen. Auch ich zog dorthin. Zum ersten Mal mit 23 Jahren auf eigenen Füßen. Beide innerlich noch nicht abgenabelt von den Müttern.

Hochzeitsreise? Ja, die hatten wir auch gemacht. Eigentlich war sie merkwürdig. Zum ersten Mal waren wir längere Zeit allein, und es schlich sich so etwas wie Langeweile ein. So, dass wir uns abends mit einer Nachbarin, einer älteren Dame, zum Kartenspielen trafen. Mit Alkohol. Überhaupt trank Florian jeden Tag zum Essen – oder zwischendurch nach Wanderungen – im Gasthof Alkohol. Schließlich hatten wir Urlaub. Wieder sagte ich nichts. Florian trank fast gierig, aber betrunken war er nie, höchstens angeheitert. Mit welchem Recht hätte ich ihn kritisieren sollen?

Von meinem Vater hatte ich die Botschaft, nicht erwünscht und nichts wert zu sein, empfangen. Und dieser Mann liebte mich doch, oder? So ganz zufrieden schien er aber nicht mit mir zu sein. Die Art, wie ich mich setzte, aß, kleidete oder stand, missfiel ihm öfter. Er kritisierte mich in Gegenwart anderer. Es fiel mir nicht besonders negativ auf, weil er mich immer freundlich kritisierte – zumindest in den ersten Jahren.

Der Alltag? Beide arbeiteten wir in derselben Firma. Als Junggeselle hatte er sich einmal in der Woche abends ein Bier gegönnt, sagte er. Nun, da beide verdienten, „gönnte" er es sich jeden Abend. Überstunden machte er fast täglich seit Beginn unserer Ehe. Mit Verwunderung sah ich, dass sich dann die Bierflaschen im Schreibtisch türmten. Waren die

Überstunden damals bereits ein Vorwand dafür? War das nun die ersehnte Partnerschaft? Haushalt, Pläne, Wochenenden, Lesen, Diskutieren gemeinsam zu erleben?

Beim ersten Betriebsfest waren fast alle Kollegen angetrunken. Mein Mann natürlich auch. Mir schien nur, dass er gieriger und heftiger trank als die anderen. Ich sagte wieder nichts. Aber peinlich war mir sein Verhalten sehr.

Überhaupt – der Betrieb. Nach einigen Monaten fiel mir auf, dass er dort gar nicht so beliebt zu sein schien, wie es mir auf dem Lehrgang vorgekommen war. Florian war nachlässig im Bearbeiten unangenehmer Vorgänge, aber auch nachlässig sich selbst gegenüber. Das ging so weit, dass ihm Kolleginnen zum Geburtstag stillschweigend eine Zahnbürste auf den Schreibtisch legten. Keine höfliche, aber eine deutliche Geste.

Kompetenzgerangel unter Kollegen gab es. Ich war zwischen Mitleid mit ihm und Verständnis für die anderen hin- und hergerissen. Sein Verhalten war mir oft peinlich. Ich kam mir wie eine Verräterin vor, dass dieses Gefühl in mir hochkam. Mir schwante, dass er seine Macken hatte, die andere nicht hinnehmen wollten und konnten. Er war rechthaberisch, belehrte gern. Ich sagte wiederum nichts. Ich wollte ihn nicht kränken. Nach acht Wochen Ehe traten bei mir massiv Herzrhythmusstörungen auf. Beängstigend. „Organisch sind Sie gesund", meinte der Arzt.

Nach drei Monaten Ehe war ich schwanger.

252

Große Freude auf beiden Seiten. Als ich mich aus dem Dienst verabschiedete, sagte eine Kollegin ganz munter: „Kannst Du nicht hierbleiben und Deinen Mann zum Kinderkriegen nach Hause schicken? Den würden wir nicht vermissen."

Merkwürdig. Verheiratet war ich. Durch und durch glücklich hätte ich sein müssen. Aber ich hatte Heimweh nach „Zuhause".

Unser Kind wurde unter größten Schwierigkeiten geboren. Sein und mein Leben waren ernsthaft bedroht.

Meine Schwiegermutter führte aus der Ferne schriftlich das Regiment unserer Ehe.

Nach der Entbindung blieb ich drei Monate im Elternhaus, um mich zu erholen und ausschließlich für unser Kind da zu sein, danach arbeitete ich noch ein halbes Jahr.

Wir zogen in mein Elternhaus zurück. Mein Mann wechselte die Firma (durch den Umzug), dann aber nach einem weiteren Jahr erneut. Dann folgten – um es gleich vorwegzunehmen – innerhalb von sieben Jahren fünf weitere Firmenwechsel. Schuld hatten immer die anderen, die ihm angeblich überall Steine in den Weg legten.

Florian trank regelmäßig Alkohol. Er fand eine Kollegin, die ebenfalls trank. Während der Dienstzeit. Der Wohlstandsalkoholismus gehörte zum guten Ton. Wer trank denn nicht? Keine Feier lief trocken ab, inzwischen auch keine Mahlzeit zu Hause.

Ich sprach noch immer nicht mit ihm darüber, aus

Angst, ihn zu verletzen, zu kritisieren. Er war doch bereits unglücklich darüber, dass er Schwierigkeiten am Arbeitsplatz hatte, und nun sollte ich auch noch anfangen mit der Meckerei?

Die Erziehung des Kindes überließ er weitgehend mir. Bei Kindergeburtstagen managte Florian jedoch alles, kümmerte sich rührend und mit kindlichem Eifer um Spiele und den Ablauf dieses Tages. Sonst war er, wie viele Väter, überwiegend abwesend. Abends wollte er seine Fernsehruhe haben, unser Sohn hatte um acht Uhr im Bett zu sein. Das hätte er am liebsten auch noch bestimmt, als der Sohn bereits 17 Jahre alt war.

Rief ich im Betrieb an, war mein Mann nicht erreichbar. Ich erfuhr, dass er „Kaffee" trinken war in einer benachbarten Gaststätte. Oder er war mal kurz an die frische Luft gegangen, oder...

Nach fünf Jahren Ehe wurde ich massiv krank. Schwerste Infekte, Anfälligkeiten aller Art, Appetitlosigkeit, Müdigkeit, starke Herzrhythmusstörungen. Mein Mann umsorgte mich rührend. War ich krank (also überschaubar), ging unsere Ehe „gut". Zwölf Jahre dauerte dieser Zustand.

Inzwischen hatten sich bei Florian zum täglichen Biertrinken auch harte Sachen eingestellt. Was ich zu Hause sah, wusste ich, was während der Dienstzeit los war, ahnte ich. Schnäpse, sogenannte Magenbitter, trank er mit der Begründung, dass er danach gebesserten Appetit habe, die Magenschmerzen aufhörten, das Völlegefühl nachließe... Ich sagte nichts. Ein einziges Mal bat ich ihn, nicht regelmäßig harte

Schnäpse zu trinken, da dies doch nun wirklich nicht gesund sei.

Abends fuhr Florian oft mit dem Rad weg, um sich Bewegung zu verschaffen. Diese Bewegung endete fast regelmäßig in der nächsten Wirtschaft.

Nach elf Jahren Ehe – wir lebten mehr oder weniger harmonisch nebeneinander her und galten als sehr glücklich – starb meine Mutter durch einen Autounfall. Mir wurde schlagartig klar, dass ich zu Lebzeiten die Lösung von der Mutterbindung ebensowenig geschafft hatte wie mein Mann. Mein Vater war vier Jahre vorher an Krebs gestorben. Da zu ihm kein weiterer Kontakt bestanden hatte, war mir die Bedeutung der nicht aufgearbeiteten Beziehung nicht bewusst. Sein Tod bedeutete für mich endgültige Erleichterung, Befreiung von Angst. Der Tod meiner Mutter dagegen bedeutete Lähmung und keinen Weg aus der Trauer. Ein nie gekanntes Gefühl der Heimatlosigkeit, des Verlassenseins besetzte mich Tag und Nacht über Monate.

Ein halbes Jahr später ging ich auf eigenen Wunsch für einige Wochen in Therapie in eine psychosomatische Klinik. Dort entdeckte ich, dass ich Trauer ausleben darf, dass ich Anforderungen an dieses Leben stellen darf, dass ich Fähigkeiten habe, die es zu entfalten gilt, dass ich ein Recht auf eigenes Leben habe. Vor allem aber, dass ich deshalb keine Schuldgefühle haben muss.

Nach der Rückkehr schloß ich mich einer Elterngruppe an, um Unsicherheiten in Erziehungsfragen zu besprechen. Mein Mann hatte daran kein Interesse. Er war konservativ, ein Patriarch, der weitgehend bestimmte, was zu tun und zu lassen sei. Nun flößte ihm meine neue Aktivität Furcht ein. Wollte ich Fragen mit ihm besprechen, winkte er ab: „Du hast ja Deine Gruppe. Frag die."

Klärende Gespräche mit Florian konnte ich fast nie führen. Wenn etwas unangenehm wurde, wenn wir an den Kern der Sache kamen, winkte er ab: „Jetzt nicht!" oder „Muss das jetzt sein!" oder „Lassen wir das!"

Unser Sohn war klug, angenehm, hübsch, angepasst, kurzum: pflegeleicht. Was ging wirklich in ihm vor? Die Fassade vom tüchtigen, beruflich erfolgreichen Vater konnte bis zu seinem 13. Lebensjahr aufrecht erhalten werden. Dann „rumorte" es auch im „Kind". Unser Sohn begann, wie ich heute weiß, mit 12 Jahren heimlich zu rauchen.

Nach wie vor las ich dem Familienvater die Wünsche von den Augen ab. Wenn er schon im Beruf nicht glücklich war, sollte er es wenigstens zu Hause sein. Kühles Bier, belegtes Brot (in Häppchen geschnitten natürlich), Fußbad und Schlappen waren das abendliche Ritual vor dem Fernseher. Nach den Mühen des Tages musste Florian sich nur noch fallen lassen.

Meine Krankheit blieb mir trotz des Aufenthalts in der psychosomatischen Klinik treu. Massiv, nach dem Motto: „Ich, deine Krankheit, bleibe so lange, bis du begreifst, dass du etwas Grundlegendes ändern musst in deinem Leben."

Inzwischen wurde auch Florian krank. Ständige

Besuche bei unserer befreundeten Hausärztin waren vorausgegangen. Ihre Unzufriedenheit über seinen „Leberzustand" waren nichts Neues. Das ganze Ausmaß des Trinkens kannten wir jedoch alle nicht. Das wusste nur er und der liebe Gott. Und Letzterer gab mir keine Antwort, so viel ich auch darum bat. Jedenfalls nicht so schnell nach meinem Wunsch. Auch mein Mann schwieg sich aus.

Einmal rechnete ich nach, was damals sichtbar in Alkohol umgesetzt worden war – in den siebziger Jahren. Er vertrank 300,– DM im Monat. Nun endlich wagte ich zu sagen, dass wir, hochgerechnet, von dem Geld locker hätten ein Haus finanzieren können! Florian schwieg. Es gab kein weiteres Gespräch über dieses heikle Thema. Schließlich hatte ich auch Schuldgefühle, denn er war ja meinetwegen in mein „Mutterhaus" zurückgezogen. Vielleicht war das der gravierendste Fehler. Also konnte ich ihn doch nicht kritisieren.

Seine Krankheit – kein Appetit, nach dem ersten Bissen satt, schlapp, gereizt – wurde so schlimm, dass er zur Untersuchung in ein Hamburger Krankenhaus eingewiesen wurde. Bei einem Alkoholiker deutet das Symptom „nach dem ersten Bissen satt" auf eine Leberzirrhose hin. Aber das wusste ich damals noch nicht.

Alle denkbaren und undenkbaren Untersuchungen liess er mit sich anstellen. Was erzählte Florian mir freudestrahlend nach dreiwöchiger Tortur bei der Entlassung? „Die Ärzte haben mir den Alkohol nicht verboten!"

257

Dreizehn Jahre später sagte derselbe Mann, kurz vor seinem Tod, er habe mich damals angelogen. Man habe ihm damals in Hamburg bereits Alkohol strikt untersagt.

Kennen Sie Heimlichtuerei? So tun, als sei alles in Ordnung, aber das Gefühl haben, es tickt eine Zeitbombe, die unweigerlich losgehen wird? So war es damals mit uns. Nach außen schien unsere Beziehung hervorragend zu funktionieren. Treusorgender Mann, brave Ehefrau. In Wirklichkeit trugen wir ein Geheimnis mit uns herum, über das nicht gesprochen werden durfte: Alkoholismus. Ich hatte niemanden, dem ich mich anvertrauen konnte. Ich hatte nicht den Mut, darüber zu sprechen. Mit wem? Ich schämte mich. Ich fühlte mich nach wie vor nicht berechtigt, an diesem klugen und liebenswerten Mann, der ja bisher bedauerlicherweise nur Schwierigkeiten gehabt hatte, Kritik zu üben.

Das war mein größter Fehler. Er brachte uns um die schönsten Jahre unseres Zusammenseins. Wir haben durch unsere Unfähigkeit, klärende Gespräche führen zu können, die Spannung aus unserem Leben genommen, letztendlich das Leben selbst ausgelöscht.

Ich hatte keine Ahnung, wie man mit einem Angehörigen, der Alkoholiker ist, umgeht. Dass nur klare Worte Klarheit bringen, wusste ich nicht. Zum zudeckenden Verfahren neigten wir beide.

Es erfolgte wieder ein Stellenwechsel, diesmal verbunden mit einem Ortswechsel. Nach knapp zwei Jahren wollten unser Sohn und ich nachziehen, mit dem festen Vorsatz, endlich eine glückliche und ruhige Familie zu sein, ohne das frühere Herumzigeunern des Vaters/Mannes. So begeistert war Florian gar nicht von unserem Verlangen. Er fand die Entfernung von mehreren hundert Kilometern zwischen Wohnort und Arbeitsplatz mit entsprechenden Wochenendbesuchen gar nicht so schlecht. Letztendlich erfolgte der Umzug doch, und damit kam die Ernüchterung für alle. Die bunte Seifenblase mit allen schillernden Wunschträumen (an die wir wirklich wohl nicht geglaubt hatten) platzte. Nun war nicht mehr zu verheimlichen, dass er trank. Es gab kein Ausweichen. Als eine Kollegin zu mir sagte, „hast Du mal in Eure Mülltonne gesehen?", muss ich ziemlich dumm geguckt haben. Ich entdeckte ganze Batterien leerer Wein-, Bier- und Schnapsflaschen. Das Gespräch zwischen uns war nicht nur deshalb unausweichlich, sondern auch wegen der zunehmenden, immer noch unausgesprochenen Spannungen.

Ich ging zu Al-Anon, der Selbsthilfegruppe für Angehörige von Alkoholkranken. Dort war ich eine von vielen. Hier hörte ich zum ersten Mal: „Nicht er muss etwas tun, sondern Du." Ich wurde zum gleichen Zeitpunkt ganztags berufstätig. Damit hörte schlagartig auf, dass sich alles um die Hauptfigur, das Familienoberhaupt, drehte. Ich war nicht mehr abhängig, auch finanziell konnte ich mich allein versorgen.

Von Al-Anon kam der Rat: „Wenn sich etwas ändern soll, musst Du hart bleiben. Dein Mann *kann es nur über harte Bandagen lernen. Du musst offen mit ihm reden."*

Ich lernte, dass nur meine veränderte Einstellung, mein Abspringen von diesem Abhängigkeits-Karussell, Auswirkungen auf ihn und seinen Alkoholismus haben kann.

Inzwischen hatte Florian den Führerschein wegen Alkohol am Steuer verloren. Der Zustand war für ihn und uns unerträglich. Der Co-Partner, also ich, ist nämlich der lebende Vorwurf für den Alkoholiker und bietet ihm immer wieder Anlass zum Trinken, gleichgültig, was der Partner macht. Das kann Freude sein, aber auch ein ernsthaftes Gespräch. Tausend Gründe findet er zum Trinken.

Florian fehlte immer öfter im Betrieb. Er hatte Konzentrationsschwierigkeiten, war aufgedunsen, depressiv. Er fühlte sich vernachlässigt. Bisher hatte ich ihm achtzehn Jahre lang brav im Büro geholfen, völlig selbstverständlich. Ich weigerte mich nun zum ersten Mal energisch, Ausreden wegen seiner verpatzten Termine zu erfinden.

Als wir noch nicht verheiratet waren, schrieb Florian mir einmal, er sei wegen Nasenbluten nicht zur Arbeit gegangen, sondern den ganzen Tag im Bett geblieben. Einfach so. Keine Lust gehabt. Ich war entsetzt. Wegen so einer Kleinigkeit krank machen? Damals unterdrückte ich bereits mein Unbehagen. Ich hatte ja zu Hause auch nicht gelernt, dass ich ein Recht auf freie Meinungsäußerung habe.

Nach fast fünfundzwanzig Jahren erinnerte ich mich nun an diese Situation.

260

Jetzt endlich sprach ich offen mit ihm über all meine Gedanken, Gefühle und Bedenken. Florian gab zu, Alkoholiker zu sein. Er weigerte sich aber strikt, in eine Therapie oder zu den Anonymen Alkoholikern zu gehen. Begründung: „Du änderst Dich ja doch nicht, also brauche ich gar nichts zu unternehmen. Wenn ich von der Therapie zurückkehre, habe ich eine andere Auffassung, und Du bist noch genauso. Also brauche ich erst gar nicht hinzugehen."

Ich fragte ihn: „Wie hättest Du mich denn gerne?" Florian antwortete: „Du solltest zu Hause bleiben und Dich um unseren Sohn (er war inzwischen 18!) kümmern und um den Haushalt. Du kannst alles machen, aber nur im Rahmen der Möglichkeiten, die mein Beruf Dir lässt."

Das „Kind" hatte inzwischen den Führerschein gemacht, Abitur bestanden und wurde unter größten Schwierigkeiten flügge. Der Vater wollte ihn festhalten. Er war doch bisher so brav und vernünftig gewesen. Wenn er hungrig war, musste er mit siebzehn Jahren noch fragen, ob er sich etwas zu essen machen dürfte. Motto: „Du isst, wenn wir alle essen!" Nun motzte dieses brave Kind. Es aß meistens nur, wenn der Vater nicht da war.

Die Atmosphäre wurde immer angespannter, sie nahm jedem von uns die Luft. Ich ging zu Al-Anon, er weigerte sich. Als Florian mich eines Abends nach einem Gespräch unbeherrscht heftig am Arm packte und bedrohlich und schmerzhaft zugriff, suchte ich mir eine eigene Wohnung. Ich gab ihm den Schlüs-

sel, mit der Bitte, zu uns zu ziehen, wenn er in Therapie ginge.

Es gelang keinem von uns, auch nicht beim Auszug, bei dem er half, die künstlich errichtete Wand, die zwischen uns stand, zu durchdringen. Wir sahen jeder die tiefe Not, die Einsamkeit und Verletztheit des anderen, aber es gab keinen Durchbruch, kein erlösendes Wort. Mir war klar, dass ich aus der ewigen fürsorglichen Rolle ausbrechen musste, um Florian nicht umkommen zu lassen. Gleichzeitig war die Furcht da, dass dieser Schritt ihn nicht wachrütteln, sondern in noch tiefere Depression, Resignation und haltloseres Trinken (das zu der Zeit fast nicht mehr zu übertreffen war) stürzen könnte. Und so kam es auch.

Sucht als Sehnsucht nach Zuwendung, die in der Kindheit nicht vermittelt wurde. Der sensible Florian war nie satt geworden. Das traf auf uns beide zu.

Nach weiteren beruflichen Fehlstarts, weiterem gesundheitlichen Abbau und fast tödlichen Verlassenheitsgefühlen folgte ein neuer Krankenhausaufenthalt. Diagnose: Leberzirrhose. „Wenn Sie nicht sofort und endgültig mit dem Trinken aufhören, werden Sie verbluten oder verblöden. Wahrscheinlich beides." Diese krasse Antwort des Chefarztes schockierte meinen Mann. Sie hielt ihn aber nur wenige Wochen vom Trinken ab. Inzwischen traten zeitweise Lähmungserscheinungen an den Beinen auf. Immer wenn der jeweilige behandelnde Arzt „zudringlich" wurde und das Alkoholproblem ansprach, ging Florian nicht mehr hin. Ein Arztwechsel folgte dem anderen.

Eine Reise nach Verona wünschte mein Mann sich. Im Hochsommer. Als Abschiedsgeschenk? Wie wären wir miteinander umgegangen? Ich hatte Angst davor. Florian war todkrank, einsam, konnte fast nichts mehr essen. Ich fürchtete mich vor seinem Sterben in Verona. Es war sein letzter Sommer.

Seine Enttäuschung über meine Absage war unsäglich. Wenige Wochen später ein erneuter Krankenhausaufenthalt. Ich besuchte Florian täglich. Jedesmal sah er elender aus, war schwächer geworden. Der Leib war aufgedunsen wie bei einer Schwangeren kurz vor der Geburt. Er hing am Tropf. Begleitete Florian mich am ersten Tag noch bis zur Haustür, konnte er nach wenigen Tagen nur noch bis zum Fahrstuhl gehen, dann nur noch die Zimmertür erreichen, dann nur noch von der Bettkante aus sich verabschieden. Schließlich sagte er: „Die Ärzte meinen, ich sollte besser liegen bleiben, damit die Organe geschont werden."

Zunächst hatte er Hoffnung, noch ein einziges Mal, nur dieses eine Mal, davonzukommen. Nachts riss mich Florian telefonisch aus dem Schlaf: „Bitte komm sofort zu mir. Ich habe furchtbare Angst." Wenn ich nach schnellster Raserei ankam: „Was willst Du denn hier mitten in der Nacht?" Immer häufiger hatte Florian Halluzinationen, furchtbare Wachträume.

Nach einem Monat war er so schwach, dass er den Telefonhörer nicht mehr abnehmen konnte.

Während einer Abendvisite sagte der Arzt: „Es gibt nur zwei Möglichkeiten. Entweder eine Lebertransplantation, oder Sie bleiben so am Tropf bis zum Ende. Eine Lebertransplantation wird bei Alkoholikern ungern gemacht." Danach ging er hinaus.

Florian und ich umarmten uns und weinten. Unser Leben war endgültig besiegelt. Florian sagte: „Mein ganzes Leben kam ich von der Flasche nicht los, und nun hänge ich hier wieder dran Tag und Nacht. Ich will vom Tropf weg. Ich ertrage ihn nicht mehr."

Seine Worte „Du hast Dir nichts vorzuwerfen", trösteten mich nicht. Nie waren wir uns so nah in fast dreißigjähriger Ehe wie an diesem Abend. Warum war ich nicht die richtige Frau für ihn gewesen? Warum und wozu das alles?

Eine Nahrungssonde sollte gelegt werden. Vierzehn Tage vor seinem Tod. Florian flehte mich an, diese Qual zu verhindern. Er konnte ja noch sprechen und schlucken. Ein Arzt versicherte mir, man würde darauf verzichten. Ich überbrachte meinem Mann die Nachricht und fuhr danach nach Hause. Wenige Minuten später quälten sie ihn mehr als zwei Stunden damit, die Magensonde zu legen. Als Begründung gaben die Ärzte an: Der Patient wird sonst verhungern und verdursten! Bei dieser Tortur muss ihm Erbrochenes oder Sondennahrung in die Luftröhre geraten sein. Florian verlor das Bewusstsein, wurde mit Sauerstoff beatmet und war danach nicht mehr ansprechbar.

Zwei Stunden vor seinem Tod füllte man die

Nahrung noch nach. Sie wurde von ihm erbrochen, man füllte trotzdem unbeirrt nach, ganz mechanisch, wie bei einer Maschine. Mein Protest wurde als hysterisch abgetan. „Nehmen Sie doch Ihren Mann unter den Arm und gehen Sie nach Hause." Man nahm eine Stunde vor seinem Tod Blut ab, um alle Parameter ordnungsgemäß abhaken (und abrechnen) zu können. Der Blutdruck wurde selbstverständlich an diesem Sterbenden auch noch gemessen.

Beim Abnehmen verschiedener Pflaster, mit denen Kanülen und Sonden befestigt waren, blutete er aus jeder Hautpore. Wie kleine Springbrunnen traten die Tropfen aus der blassen, durchscheinenden Haut hervor.

Die Mediziner versorgten Florian bis zum Schluss. Sie beherrschten die Technik, aber nicht das Gespräch, nicht die Sterbebegleitung. Sie nahmen meinem Mann die Würde und das Recht auf seinen Tod. Er wollte sterben und wünschte keine Verlängerung. „Eigentlich müsste er schon längst gestorben sein bei dem klinischen Befund. Wir wundern uns, dass er immer noch lebt", so der Arzt.

Wenn ich bei Florian saß in den letzten Tagen und Stunden, wusste ich nicht, ob er mich wahrnahm. Ich las ihm dann tröstliche Verse vor, hielt seine Hand, wischte ihm die Stirn ab. Dann wurde er ganz ruhig. Seine Haut sah aus wie Pergament und fühlte sich auch so an. Die Haare waren ganz dünn geworden und gingen täglich aus.

Ich saß bei ihm und betete um seinen Tod.

Bevor ihm die Sonde gelegt wurde, etwa drei Wochen vor seinem Tod, sagte Florian, er sehe einen wunderbaren Fluss in einmalig schöner Landschaft. Dort müsse er hin. Einmal erwähnte er, wenn es ihm ganz schlecht ginge und er traurig sei, könne er sich auf eine Insel versetzen, ähnlich der Insel im Steinhuder Meer, und sich auf Wunsch Sonnenuntergänge bestellen. Und das sei wunderschön. Dann verkrieche er sich dabei in einer Höhle und habe gar keine Angst.

Damals fand ich Florian im Krankenhaus mehrere Male auf dem Boden liegend. Es waren seine letzten Versuche, doch noch einmal zu probieren, ob er laufen könne.

Es war eine grausame Zeit, die dem Tod vorausging. Halluzinationen, Benommenheit, unruhiger Schlaf, Todesängste wechselten mit klaren Momenten, in denen ihm sein Zustand voll bewusst war, ab.

Er, der ständig aktiv war, konnte sich nun nicht einmal mehr ohne Hilfe im Bett umdrehen.

Von den Tränen, die wir in unserem Leid beide geweint haben, allein und gemeinsam, habe ich nicht viel gesagt. Ich war der ideale Co-Partner. Beschützend. Bedienend. Bemäntelnd. Unfähig, mit diesem Zustand umzugehen. Voller Scham über diese Schande, mit einem Alkoholiker verheiratet zu sein. Voller Angst, er würde mich nicht mehr lieben, spräche ich diesen Missstand deutlich an.

Nach seinem Tod fand ich Briefe, Gedichte und Aufzeichnungen von ihm. In einem Antrag, den er für einen Aufenthalt in der Klinik Grönenbach aus-

gefüllt hatte (er fand den Mut nicht, das Aufnahme-
formular abzuschicken), schrieb Florian, dass seine
größte Angst sei, mich zu verlieren ...

Und ich? Habe ich aus allem gelernt? Würde ich,
gäbe es diese oder eine ähnliche Situation mit einem
geliebten Menschen, entsprechend oder zeitiger
„notwendig" reagieren?

Ich weiß es nicht. Ich hätte vermutlich Angst, ihn
wieder in den Tod zu schicken.

Der Gedanke, dass Florian auf andere Weise vom
Alkoholismus hätte befreit werden können, besetzt
mich manchmal noch stark. Mein Kopf weiß, dass
ich der Droge Alkohol nichts anderes entgegenset-
zen kann als offene Reaktion. Aber mein Herz trauert auch heute noch, nach Jahren. Ich habe einen
Menschen geliebt und verloren, der die Droge Alkohol mir vorgezogen hat. Ich fühle mich betrogen,
verletzt, missachtet. Sagt mir ein Freund/eine
Freundin ein Kompliment, ein gutes Wort, bin ich
nicht sicher, ob ich wirklich gemeint bin. Ich werde
lernen müssen, mich weiter auf mich einzulassen,
meinen Wert zu erkennen.

Tatort Familie

Die Kinder des Süchtigen

*Auch die Kinder sind durch das Leben in einer Alko-
holikerfamilie geprägt. Sie haben sich an ein krankes
Familiensystem anpassen müssen und Verhaltensweisen gelernt, die ihnen selbst schaden... Dort entwickelt sich das Drama, dort lernt jeder, so zu „helfen", wie es im ersten Moment sinnvoll erscheint, dort
dreht sich das Karussell des Leugnens, der Verwir-
rung, des Chaos, auch der Gewalt, immer schneller.*

Ursula Lambrou
Helfen oder Aufgeben? Ein Ratgeber
für Angehörige von Alkoholikern.

Das Suchtverhalten ist keine private Angelegenheit. Je nach Schwere beeinträchtigt es den Partner,
die Kinder, die Familie. Wenn etwa ein Familienvater sich jeden Abend, wochentags und sonntags,
aus der Familienrunde verabschiedet, um von der
Tagesschau an bis um Mitternacht süchtig auf den
Bildschirm des Fernsehers zu starren, so tötet er
gleichermaßen die partnerschaftliche wie die fami-
liäre Kommunikation. Da das Sprechen der Sauerstoff der Gemeinschaft ist, röchelt diese Familie nur
noch in den letzten Zügen vor sich hin. Alle Fami-
lienangehörigen müssen eine Reaktion auf das Verhalten des TV-Süchtigen finden. Die Mutter zieht
sich vielleicht schmollend ins Bügelzimmer zurück
oder geht Abend für Abend verärgert früher ins

Bett. Der Sohn flüchtet in seine Jugendclique. Die Tochter leistet möglicherweise dem Vater Gesellschaft, weil sie nicht allein sein will oder weil sie Mitleid mit ihm hat. Keiner muckt auf gegen den Bildschirmterroristen. Dieser hält mit seiner Flucht in die Sucht die Familie in Schach. Er ist der geheime Regisseur des Familiendramas.

Alle spielen mit. Alle verlängern damit die unhaltbare Situation ins Unendliche. Sie alle sind Co-Abhängige und befinden sich in einem Prozess der Abhängigkeit zum Suchtkranken. Keiner konfrontiert ihn ernsthaft, das heißt unter Androhung von Konsequenzen. Tatsächlich ist auch diese, vermeintlich harmlose, Fernsehsucht der Ausdruck einer Verwahrlosung des Innenlebens. Mit seinem süchtigen Verhalten versucht der Vater, das Loch in seiner Seele zu stopfen, seinen Hunger nach Lebensfülle, Sexualität, emotionaler Verbundenheit und Spannung. Die Fernsehbilder sollen ihm all dies liefern, wenn auch als Surrogate, als Offerten aus zweiter Hand.

Ganz besonders ist der Alkoholismus eine Familienkrankheit, die durch das co-abhängige Verhalten des Partners, aber auch die co-abhängige Reaktion der Kinder am Leben gehalten wird. Das Suchtverhalten ist also sozial in zweifachem Sinne: Es verstrickt die Angehörigen in das Geschehen. Umgekehrt werden die Angehörigen, besonders Kinder, oft verhängnisvoll für ihr ganzes Leben traumatisiert. Beatrix (Name geändert), heute Ärztin für Allgemeinmedizin und Psychotherapie, hat dies am eigenen Leib erlebt:

Ich bin die älteste Tochter eines alkoholkranken Vaters, der noch dazu evangelischer Pfarrer gewesen ist. Ich merkte relativ spät, dass mein Vater regelmäßig und exzessiv Alkohol trank. Eigentlich merkte ich es erst dann, als er körperlich immer mehr verfiel und seinen beruflichen Anforderungen nicht gerecht wurde. Es war ja damals üblich, dass an jedem Sonntag die gesamte Pastorenfamilie in der kleinen Dorfkirche in der ersten Reihe saß und Vaters Predigt anhören musste. Irgendwann kam der Zeitpunkt, wo mein Vater nicht mehr in der Lage war, seine Predigten, die bis dato ausgezeichnet waren, vorzubereiten. Er stand schwankend auf der Kanzel und reihte irgendwelche Sätze aneinander. Wir Kinder quälten uns vor Scham und Angst buchstäblich durch die Gottesdienststunden.

Süchte, besonders der Alkoholismus, haben eine verhängnisvolle Tendenz zur Eskalation und Gewalt. Es kommt zu Auseinandersetzungen zwischen den Eltern, die oft in Tätlichkeiten enden. Der Vater schlägt die Mutter. Spätestens zu diesem Zeitpunkt treten in Alkoholikerfamilien die Kinder als Mitspieler in Aktion. Das älteste Kind in der Trinkerfamilie interveniert meist, indem es in die Rolle eines Erwachsenen schlüpft, Verantwortung für den Alkoholiker und den Partner übernimmt und die Krise zu regeln versucht. Beatrix: *Ich als die Ältere bin mehrere Male zwischen die Handgreiflichkeiten meiner Eltern gegangen und habe dann natürlich auch etwas von der Gewalttätigkeit meines Vaters abbekommen. Das eigentlich Schlimme für mich per-*

sönlich daran war, dass ich als kleines Mädchen meinen Vater sehr verehrte. Ich war unglaublich stolz
darauf, so einen tüchtigen, gut aussehenden und als
Pastor so beliebten Vater zu haben. Du wirst Dir vorstellen können, wie er für mich vom Thron stürzte, als
seine Alkoholsucht nicht länger zu übersehen war.

Kinder übernehmen in diesem Familiendrama
alle denkbaren möglichen Rollen. Da ist das „fröhliche" Kind, das als „Maskottchen" agiert und mit
seinem Witz verzweifelt Lachen und Leichtigkeit in
die düstere Familiensituation zu bringen versucht.
Ein anderes Kind verdrückt sich in die Unsichtbar-
keit. Es macht sich emotional aus dem Staub. Oft
verhungert es dabei seelisch hinter dem selbst-
geschaffenen Schutzwall. Klassisch für die Alkoholi-
kerfamilie ist auch das Kind, das die Rolle des Sün-
denbocks übernimmt. Es macht unentwegt Ärger,
klaut, stiehlt, schwänzt die Schule, ist aggressiv und
verwahrlost. Wenn man so will, spiegelt es das Chaos
der Trinkerfamilie wider. Seine wichtige, neurotische
Funktion ist es, die Eltern durch sein gestörtes So-
zialverhalten von der Auseinandersetzung mit der
Sucht des Alkoholkranken abzulenken.

Die Helferphantasie der Co-Abhängigen ist, wie
wir im speziellen Kapitel über Co-Abhängigkeit
sehen werden, unerschöpflich. Beatrix berichtet:
Meine Großmutter und ich kamen damals auf die
abenteuerlichsten Gedanken, in der Hoffnung, die
Sucht eindämmen zu können. So suchten wir beispielsweise in Vaters Amtszimmer nach Verstecken,
wo er seine Schnapsflaschen aufbewahrte, im Pa-

272

pierkorb, im Schreibtisch, im Bücherregal usw. Wir leerten die Schnapsflaschen zur Hälfte und füllten sie mit Wasser auf. Eine, wie ich heute weiß, völlig unsinnige Handlung. Denn mein Vater kaufte sich nur noch mehr Alkohol, weil der verdünnte natürlich keine entsprechende Wirkung mehr zeigte. Bei diesen Aktionen stand ich dazu auch noch unglaubliche Ängste aus. Denn wir hätten ja jederzeit von ihm entdeckt werden können. Dann hätte es wahnsinnige Schläge gegeben. Die unglaubliche Qual dieser Jahre meiner Pubertät bin ich, wenn ich ehrlich bin, bis zum heutigen Tag nicht losgeworden. Es gibt immer wieder Schlüsselereignisse, wo sie vor meinem inneren Auge erscheinen.

Die übrige Familie verdrängte das Hässliche und Demütigende. In den Jahren nach dem Tod des Vaters sprach sie nicht mehr darüber, auch die heute vierundachtzigjährige Mutter nicht. Hätte sie doch gesprochen. Vielleicht wäre die Katastrophe verhindert worden: *Mein Vater wurde auf Grund seiner Alkoholsucht mit sechsundvierzig Jahren von der Evangelischen Landeskirche vorzeitig pensioniert. Er ging damals von Mecklenburg, wo wir lebten, nach Westdeutschland. Dort nahm er sich mit neunundvierzig Jahren mit Schlaftabletten und Alkohol das Leben.*

Beatrix tauchte in verwirrende, widersprüchliche Gefühle ab: Ich war damals neunzehn Jahre alt und mitten im Physikum, als mich diese Nachricht erreichte. Meine Gefühle nach seinem Tod waren chaotisch. Auf der einen Seite fühlte ich mich erleichtert und befreit. Ich dachte: Gott sei Dank, dass er das getan hat. Ich bin frei. Dies war seine beste Tat. Auf der anderen Seite habe ich mich von ihm verlassen gefühlt. Ich konnte nichts mehr mit ihm besprechen und regeln. Ich habe ihn dafür jahrelang gehasst.

Beatrix erlebte einen quälenden Prozess der Verarbeitung der Familienkatastrophe. Sie verlor zu früh ihren Vater und musste den Verlust seiner Würde erleben: *Während dieser Zeit konnte ich in keine Kirche gehen. Denn immer sah ich ihn oben auf der Kanzel mit seinem steifen weißen Kragen, schwankend. Dieser Anblick trieb mir Tränen der Verzweiflung und Wut in die Augen. Erst nach vielen Jahren intensiver Auseinandersetzung mit dem toten Vater konnte ich Frieden mit ihm schließen. Ich konnte Eigenschaften, die ich von ihm geerbt hatte, akzeptieren.*

Vater war in seiner inneren Not ohne Hilfe geblieben. Er hatte einen Lebenskonflikt weggetrunken und narkotisiert, der, auch in den prüden 50er Jahren und als Gottesmann, lös- und lebbar gewesen wäre. Ich erkannte auch die Gründe, die zu seiner Alkoholsucht geführt hatten: Er hatte jahrelang homosexuelle Beziehungen. Sie standen damals noch unter Strafe. Vater litt, wohl als Folge seines Doppellebens, viele Jahre unter Depressionen, die man seinerzeit weder erkannte, geschweige denn behandelte. Zusammenfassend kann ich sagen, dass ein alkoholkranker Elternteil in der Seele eines Kindes schmerzhafte Wunden hinterlässt. Sie vernarben zwar im Laufe des Lebens, sie wirken aber auf der unbewussten Ebene vermutlich bis an das Ende der Tage weiter.

Beatrix selbst, die erfolgreiche Ärztin und Psychotherapeutin, kennt als Kind eines Süchtigen ihre eigenen Ersatzbefriedigungen, die Arbeitssucht, die Esssucht und die Kaufsucht. Sie entwickelte diese Süchte, weil sie als Kind von ihren Eltern nur dann Anerkennung bekam, wenn sie eine absolut gute Schülerin war und sich jederzeit brav und angepasst verhielt. Kauf- und Esssucht standen für Liebe und Zärtlichkeit, die sie nicht bekam, beziehungsweise nicht einfordern konnte, wie sie heute weiß. Lob und Anerkennung gab es nicht, dagegen elterlichen Tadel und Bestrafung, wenn sie einmal nicht funktionierte, was selten vorkam: *So habe ich auch in meinem späteren Leben durch immer mehr und immer bessere Arbeit geglaubt, die Liebe und Anerkennung meiner Mitmenschen, insbesondere auch meiner Patienten, zu gewinnen. Es ist ein Trugschluss, der mir dann erst nach vielen Jahren im Verlaufe meiner psychotherapeutischen Arbeit deutlich geworden ist.*

Gerade die über Jahre gehende Selbstanalyse im Rahmen der psychotherapeutischen Ausbildung half Beatrix, die immer gravierender werdenden Signale ihres Körpers und ihrer Seele, wie Depressionen, psychosomatische Beschwerden und Erschöpfungszustände, als Suchtsymptome zu dechiffrieren. Unter allem verbarg sich das Drama ihrer Kindheit. Beatrix: Hinter meiner Sucht steckte ein ausgesprochen schwaches Ich mit Minderwertigkeitsgefühlen. Ich selbst war nach eigener Ansicht nicht richtig, so wie ich war. Beispielsweise wäre ich auch den Wünschen meines Vaters entsprechend viel lieber ein Junge geworden. Ich habe jahrelang meine Weiblichkeit abgelehnt. Die Sucht nach Liebe und Anerkennung zog sich wie ein roter Faden durch mein gesamtes Leben und trieb mich von Leistung zu noch mehr Leistung.

Sich einzugestehen, dass man suchtkrank ist, ist nach Beatrix Dafürhalten der schwerste Schritt: *Hier müssten wir Ärzte viel mehr Hilfestellung leisten, als es bis dato der Fall ist. Wir müssten den Kranken helfen, Scham- und Schuldgefühle zu überwinden, zu ihrer Sucht zu stehen und sich helfen zu lassen.*

Die Suchtdisposition, das weiß jeder Therapierte, wenn er zu sich ehrlich ist, überwintert hartnäckig. Sie ist ein Bazillus von äußerster Resistenz. Beatrix ist inzwischen gleichermaßen nüchtern wie gelassen: *In Krisensituationen neige ich auch heute noch dazu, mich mit reichlich Arbeit einzudecken und mir beispielsweise Dinge zu kaufen, die ich eigentlich gar nicht brauche. Aber ich merke meine Rückfälle. Ich kann anders mit ihnen umgehen. Ich kann sie mir vor allen Dingen verzeihen. Das war in früheren Jahren nicht möglich.*

Wir können erst dann gesunden, wenn wir die Botschaft unserer Abhängigkeit entschlüsselt und die Sucht über Bord geschmissen haben. Beatrix analysiert: *Ich glaube, meine frühere Sucht würde* mir folgendes sagen – „Du bist nicht in Ordnung, wie du bist. Du kannst dich anstrengen, so viel du willst, niemals wirst du liebenswert sein."

Erwachsene Kinder aus Suchtfamilien sind hochgefährdet, selbst süchtig zu werden. Das ist das Schlimme auch der vermeintlich harmlosen Süchte. Das Üble gebärt sich zeugend fort. Über Generationen.

Sucht

Mein Feuer
so oft schon
erstickt
mit Sand bedeckt
mit Wasser begossen
zertrampelt
zertreten
vernichtet
mir Rauch in die Augen
getrieben
geweint
vergessen
mich abgewendet
bis es
brennt
lichterloh
heiß
und immer wieder.

Christiane Krumscheid

Co-Abhängigkeit
Wenn wir das Leben anderer wichtiger nehmen als unser eigenes

Süchtige, aber auch Co-Abhängige leben bis zur Befreiung aus dem Gefängnis ihrer Störung in einem Leben der verpaßten Möglichkeiten, der abgefahrenen Züge. Sie verpassen den Kairos, den richtigen Zeitpunkt, um etwas zu beginnen, jemanden kennen zu lernen, einen Karriereschritt zu wagen...

Helmut Kulitzus,
Die Liebe und der Suff.
Schicksalsgemeinschaft
Suchtfamilie

In diesem Buch ist so viel von Co-Abhängigkeit die Rede. Was bedeutet das genau? In dem Buch von Pia Mellody *Verstrickt in die Probleme anderer. Über Entstehung und Auswirkung von Co-Abhängigkeit* habe ich eine klassische Definition gefunden: *Wenn wir das Leben anderer wichtiger nehmen als unser eigenes, wenn wir uns um andere kümmern und uns selbst dabei vernachlässigen, so dass wir unter körperlichen und seelischen Störungen leiden, dann wird das heute als Co-Abhängigkeit bezeichnet.*

Es klingt paradox, aber in der Suchttherapie wissen wir heute, die Suchtfamilie braucht den Kranken, um in gewohnter Weise weiter zu funktionieren. Süchtige und Co-Abhängige passen zusammen

278

wie Schloss und Schlüssel. Angehörige sind in das Suchtgeschehen verstrickt. Zwar sind sie selbst nicht süchtig, aber sie haben eine andere Abhängigkeit, nämlich an den Partner und dessen Sucht.

Nehmen wir den Fall von Magdalena (Name geändert). Als ihr Mann in einer Entzugsklinik vom Alkohol trocken geworden war und in der Selbsthilfegruppe der Anonymen Alkoholiker wieder seelisch laufen lernte, klagte seine Magdalena bei mir: *Ich muss mir gar keine Sorgen mehr um meinen Mann machen! Alles ist ganz anders geworden. Jetzt muss ich mich um mich selbst kümmern. Ich entdecke zum ersten Mal, welche ungelösten Probleme ich in mir herumtrage. Als Franz (Name geändert) noch trank, gab er immer den Sündenbock ab. Das war bequem. Ich war ja sooo unglücklich, weil Franz soff. Wenn Franz nur aufhören würde zu trinken, meinte ich, dann begänne das Paradies... Außerdem fühlte ich mich neben diesem Saufbold richtig edel, hilfreich und gut.*

Dabei bin ich, das stelle ich jetzt fest, reichlich zwanghaft und kleinkariert, auch übelnehmerisch und nachtragend. Ich jammere gern und lass mir die Butter vom Brot stehlen. Ich habe nicht gelernt, für mich selber zu sorgen. Ständig kreiste ich um meine saufende, schlechtere Hälfte. Das enthob mich der Notwendigkeit, endlich einmal mein eigenes Leben zu leben. Schon als Kind und Jugendliche habe ich mich nicht selbst gelebt. Ich war immer auf das Wohlergehen meines „armen" morphiumsüchtigen und selbstmordgefährdeten Vaters fixiert. Manch-

279

mal scheint mir, dass ich ohne so ein düsteres Famili-
engeheimnis gar nicht leben kann. Darf denn mein
Leben überhaupt einmal sonnig sein?

Im Suchtgeschehen spielt der oder die Co-
Abhängige eine verhängnisvolle Rolle. Als Mitbe-
troffener wird der Co-Abhängige zum Komplizen
des Süchtigen. Er vertuscht dessen Sucht nach
außen, er tadelt, er bittet, er schmeichelt, er droht
ihm, er macht ihm die Hölle heiß – aber er bleibt zäh
wie eine Klette bei ihm. Er ist wie ein Zweikomponentenkleber. Er will und kann den Krankheits-
charakter der Sucht seines Partners nicht akzeptieren. Das ist oft ein jahrzehntelanges Ringen, wie es
Ilona in ihrem Bericht *Das tödliche Drama* so aufwühlend beschrieben hat.

Oft ist der Co-Abhängige ein Wiederholungs-
täter. Er konzentriert sich auf seinen Partner, wie er
sich als Kind um seinen suchtkranken Vater, seine
kranke Mutter fixiert hat. Er/sie kümmert sich nicht
um sich selbst, sondern übernimmt die – nicht über-
nehmbare – Verantwortung für das Leben des Süchtigen. Dieser bildet den Mittelpunkt seines/ihres
Lebens. Der Co-Abhängige vermag etwas Entschei-
dendes nicht zu tun – die eigene Machtlosigkeit dem
Krankheitsgeschehen Sucht gegenüber anzuerken-
nen. Er will das Unkontrollierbare kontrollieren. Er
ist besessen von dem Gedanken, er könne den Kranken von seinem Suchtmittel lösen, er sei der Arzt
des Partners. Ein anderes Lebensziel gibt es längst
nicht mehr. In diesem Sinn ist der Co-Abhängige
„süchtig" danach, im Leben des anderen Schicksal

zu spielen. Er kann sich nicht die Erlaubnis geben, endlich sein eigenes Leben zu leben, den Suchtkranken im Sinn der „Hilfe durch Nichthilfe" vor die Alternative zu stellen: *Entweder Du gehst auf Entzug, oder ich gehe.*

Ob man selbst bereits co-abhängig geworden ist, das kann man für sich klären. Verleugne ich die Realität? Bin ich unehrlich der Umwelt gegenüber, was das Suchtgeschehen betrifft? Bin ich längst auf die Kontrolle des suchtkranken Angehörigen fixiert? Habe ich eine Fassade nach außen errichtet? Werde ich von meinen Abhängigkeitsgefühlen und Angst vor Trennung erpresst? Gerate ich in depressive Verstimmtheiten? Bin ich in einem Wechselbad von Über- oder Unterlegenheitsgefühlen? Sind meine Gefühle verwirrt? Klammere ich mich an Perfektionismus? Bin ich chronisch leichtgläubig den Versicherungen des Suchtkranken gegenüber? Habe ich mich längst in eigene Abhängigkeiten geflüchtet, Arbeitssucht, Esssucht, Kaufzwang, Medikamentenabhängigkeit? Trinke ich aus „Solidarität" mit? Bin ich selbstlos bis zur Selbstaufgabe? Habe ich es vielleicht noch nie gelernt, Situationen zu verlassen, die mir schaden? Ist es überhaupt mein Problem, dass ich mir bei der Partnerschaft immer den „Falschen" heraussuche?

Sicher ist, dass ich als Co-Abhängiger, gegen meinen Willen, alles tue, die Suchtabhängigkeit des Partners zu verewigen, denn ich kann nicht aufhören, das Katz- und Mausspiel mit dem Süchtigen weiterzuspielen. Solange ich nur drohe, lacht sich der Süchtige ins Fäustchen. Solange ich ihm den Alkohol, die Tabletten, die Süßigkeiten verstecke, findet er um so bessere Verstecke. Auch Ärzte können Co-Abhängige sein, weil sie konfliktscheu sind oder weil sie durch die Diagnose „Sucht" den Patienten zu verlieren fürchten. Sucht ist nichtgelebtes Leben, Co-Abhängigkeit ebenfalls. Solange man sich veranlasst fühlt, für den Alkoholiker zu denken und zu agieren, handelt man in der Anmaßung und Illusion, eine Macht über das Schicksal des Süchtigen zu haben. Doch der Partner ist kein Therapeut. Auch der beste Partner kann den Alkoholiker oder einen anderen Süchtigen nicht „trocken legen".

Wer krank ist, braucht medizinische oder psychotherapeutische Hilfe. Darum geht es. Wenn man so will, erfüllen die chronischen Hilfsangebote des Co-Abhängigen (*Trink weniger, ich trinke auch nichts. Tu es um der Kinder willen.*) den Tatbestand der verweigerten Hilfeleistung. Denn diese gibt es allein im angemessenen medizinisch-psychotherapeutischen Setting. Der Alkoholiker trinkt, weil er trinken muss und längstens alleine davon nicht mehr loskommen kann. Die Hände aus dem Leben eines Alkoholikers zu nehmen, ist natürlich außerordentlich schwer. Es schmeckt nach Verrat und ist doch keiner. Es ist die Hilfe durch Nichthilfe. Es kann aber auch bedeuten, dass man den Süchtigen verliert.

Auf jeden Fall ist es Loslösung und Trauer. Man muss eine Hand, die man lang gehalten hat, loslassen. Jetzt fehlt einem etwas. Auch wenn die Hand an einem zerrte, sie war vertraut. Das Loslassen bedeutet natürlich nicht, den Alkoholiker im Stich zu lassen. Es bedeutet vielmehr, dass man sich in seinen Gefühlen, seiner Verantwortlichkeit von ihm löst und sich nicht länger in seine Krankheit verstricken lässt. Es bedeutet Wiedergeburt, Entdeckung der eigenen Identität, der Rückkehr ins eigene Leben. Die Luft wird dünner, schneidender, aber auch klarer wie in den Alpen. Es heißt, dem Süchtigen seine Verantwortung für sich selbst zurückzugeben. Er muss sich der Sucht und ihren Konsequenzen stellen. Er hat einen schmerzhaften Weg vor sich. Die Co-Abhängigkeit ist beendet, die menschliche Würde kehrt zurück.

Härte gegenüber dem Süchtigen ist die wahre Liebe. Wenn man ihn tröstet, vertröstet man ihn auch. Ursula Lambrou hat diesen schweren Weg der Heilung von der Co-Abhängigkeit in ihrem klugen Buch *Helfen oder aufgeben? Ein Ratgeber für Angehörige von Alkoholikern* so grundsätzlich geklärt, dass das Buch auch für die Partner anderer Suchtkranker hervorragende Hilfe leistet.

Loriot rückt in seinem Cartoon-Band *Heile Welt* eine co-abhängig konstellierte Familie so ins Bild: Die Ehefrau trägt den Familienvater auf ihrem linken Arm, die drei Kinder stehen stramm in Reih und Glied rechts von der Mutter... Dass Co-Abhängigkeit auch ein süchtiges Verhalten darstellt, das ist eigentlich nur in der Suchttherapie-Szene bekannt. Deswegen hat mich, neben Ilonas erschütterndem Bericht im vorhergehenden Kapitel, wohl auch nur ein einziger Brief einer Frau erreicht, die sich selbst als co-abhängig bezeichnet.

Ria (Name geändert) ist vierunddreißig Jahre alt, seit sechzehn Jahren mit Wolfgang (Name geändert) verheiratet. Die beiden leben in einem Altbau, den sie, wie Ria fröhlich berichtet, zu einem „schönen Nest" restauriert haben. Ria hat Fachabitur und studiert Sozialpädagogik. Als co-abhängige, jüngste und nicht mehr geplante Tochter einer chaotischen Ursprungsfamilie erlebte sie die Scheidung der Eltern mit sieben Jahren. Der Vater war alkoholkrank. Ria hatte zwei ältere Schwestern aus dieser Ehe. Zwei Jahre später heiratete ihre Mutter einen Syrer, der zwei Kinder mit in die Ehe brachte. Später kam die Halbschwester Sina (Name geändert) zur Welt. Ria erinnert sich: *Zeit meines Lebens habe ich das Gefühl, stark sein zu müssen. Meine Aufgabe war, Mutter und Vater nur Freude bringen zu können. Denen geht es ja gesundheitlich soo schlecht. Ich empfand es als meine Pflicht, die Eltern glücklich machen zu müssen. Meiner jüngsten Schwester Sina wollte ich immer eine Art „Ersatz-Mutter" sein, indem ich die beste Schwester, die beste Freundin bin und die „alte, leidende" Mutter „ausmerzen" wollte. Das ist mir ziemlich gut gelungen.*

Es ist Ria so gut gelungen, dass sie diese Rolle für ihr ganzes Leben verinnerlicht hat. In der Co-Abhängigkeit hat sie sich immer auf andere bezogen und sich nicht auf sich selbst besonnen. Partnerin, Tochter, Schwester, Freundin, Kollegin, Nachbarin, Schwiegertochter oder Liebhaberin – immer spielt sie die Rolle der Besten, Perfektesten, der Belieb-testen: *Kein Wochenende, kein Abend vergeht, an dem nicht irgendeine „Verpflichtung", ein „Freund-schaftsdienst", eine „Seelsorge" oder Ähnliches auf meinem Programm steht. Ich mache mich überall beliebt und unentbehrlich. Ich habe erst kürzlich mit dem Studium angefangen und wurde direkt Semestersprecherin und stellvertretendes Fachbe-reichsratsmitglied. Ich krieg den Hals nicht voll. Wolfgang macht mir den Vorwurf: „Du bist immer auf Jück".*

Natürlich ist hier auch die starke Affinität des Co-Abhängigen zur Helfer- und Beziehungssucht spürbar. Allen ist meist der tiefliegende Minderwer-tigkeitskomplex und das mangelnde Gefühl der Existenzberechtigung gemeinsam. Ria: *Ich glaube, dass ich immer überall wichtig, beliebt und unent-behrlich sein will. Denn ich habe als Embryo schon gespürt, dass ich unpassend kam, dass ich nicht ge-wünscht war. Ich musste mich beliebt machen, da-mit nie jemand denkt, „die hätten wir besser nicht mehr gekriegt".*

Natürlich kann sich so ein Kind nicht abgrenzen, es wird sich immer hoffnungslos auf andere bezie-hen und sich verdient machen: *Ich war als kleines Kind oft die einzige Person, die meinen besoffenen Vater beruhigen konnte, indem ich mich, mitten in der Nacht, bei ihm auf den Schoß gesetzt habe.*

Wie stark die Co-Abhängigkeit, das ständige Fixiertsein auf andere, auch dazu dient, die eigene Problematik zu verbergen, schildert Ria, die in Wolf-

286

gang einen nichtsüchtigen, stabilen Partner hat, mit mutiger Offenheit. Sie leidet unter Arbeitssucht *„bis vorm Umfallen"* und einer Sucht, die sie *„Eroberungssucht"* nennt, die man vielleicht aber auch, im klinisch nüchternen Sinn des Wortes, als „Sexsucht" bezeichnen könnte: *Während meiner langjährigen Beziehung zu Wolfgang hatte ich ca. fünfzig One-Night-Stands, aber auch kurzfristige „Nebenbeziehungen" mit Männern, alles ohne dass mein Freund je etwas mitbekommen hat (er ist beruflich ca. drei bis acht Monate im Jahr im Ausland). Seit acht Monaten weiß Wolfgang davon. Und seitdem ist verdammt viel geweint, gestritten, versöhnt, diskutiert worden. Ein Tief jagt das Nächste.* „Süchtige Grüße von einer sehnsüchtigen Seele", schickst Du mir, liebe Ria. Ich sende Dir den herzlichen Rat zurück: In Dir steckt so eine vitale, starke Frau, gönne Dir eine gute Therapeutin oder Therapeuten. Schau Dir die Fesseln Deiner Abhängigkeiten an, beweine, bewüte sie und löse Dich von ihnen. Es lohnt sich.

Vielleicht finden sich vor allem Leserinnen in der unwürdigen, aufreibenden und verzweifelten Rolle der Co-Süchtigen gegenüber dem Alkoholiker und Drogenabhängigen wieder, wie es Melody Beattie in ihrem Buch *Die Sucht, gebraucht zu werden* mit ungewöhnlicher Drastik schildert:

Wir keifen, halten Strafpredigten, schreien, brüllen, weinen, betteln, bestechen, nötigen, schweben über allem, schützen, klagen an, jagen nach, rennen weg, versuchen einzureden, versuchen auszureden, versuchen, Schuld zu vermitteln, verführen, fangen, überprüfen, zwingen, zeigen, wie sehr wir verletzt worden sind, verletzen Menschen, damit sie wissen, wie man sich dabei fühlt, drohen, uns selbst zu verletzen, treiben mit der Peitsche an, stellen Ultimaten, tun Dinge für andere, weigern uns, Dinge für andere zu tun, trampeln herum, rechnen ab, klammern, lassen Wut an anderen aus, handeln hilflos, leiden mit lautem Schweigen, versuchen zu gefallen, lügen, tun gemeine große Dinge, fassen uns ans Herz, drohen zu sterben, fassen uns an den Kopf und drohen verrückt zu werden, schlagen uns an die Brust und drohen zu töten, nehmen Hilfe in Anspruch, wägen unsere Worte sorgfältig ab, strafen mit ihm, haben Kinder mit ihm, feilschen mit ihm, schleppen ihn zur Beratung, schleppen ihn aus der Beratung, reden gemein über ihn, reden gemein mit ihm, beleidigen, verdammen, beten um Wunder, bezahlen für Wunder, gehen dahin, wohin wir nicht wollen, bleiben in der Nähe, überwachen, diktieren, befehlen, beklagen uns, schreiben Briefe über ihn, schreiben Briefe an ihn, bleiben daheim und warten auf ihn, gehen hinaus und suchen ihn, rufen überall an und fragen nach ihm, fahren nachts durch dunkle Straßen und hoffen, ihn zu finden, jagen nachts durch dunkle Straßen und hoffen, ihn zu fassen, rennen nachts durch dunkle Straßen, um von ihm wegzukommen, bringen ihn heim, behalten ihn daheim, schließen ihn aus, ziehen weg von ihm, ziehen zu ihm, schelten, üben Druck aus, raten, erteilen Lektionen, sind streng, beharren, forschen nach, deuten an, durchsuchen Taschen, schauen in Brieftaschen,

durchsuchen Schubladen, wühlen in Handschuh-
fächern, schauen in der Toilette in den Wasserkasten,
versuchen, in die Zukunft zu schauen, durchsuchen
die Vergangenheit, rufen Verwandte an, erörtern,
klären Dinge ein für allemal, klären sie wieder und
wieder, bestrafen, belohnen, geben fast auf, versu-
chen es um so intensiver... Die Liste mit ähnlichen
Manövern wäre endlos weiterzuführen, manche
habe ich vergessen – oder noch nicht ausprobiert.

Bin ich ein Co-Abhängiger? Frag' nicht länger, liebe Leserin, lieber Leser, unternimm, wenn Du einen suchtkranken Partner hast, neue Schritte: Löse Dich von den gegenseitigen Beschuldigungen und Debatten. Hör auf, Deinen Angehörigen verändern zu wollen. Profitiere nicht länger als Angehöriger von der Abhängigkeit des Partners. Du kennst das. Wenn seine Schuldgefühle groß sind, bringt er Geschenke mit, wenn er am Boden ist, kannst Du ihn trösten. Spring aus dem Karussell der Sucht ab. Lass den Angehörigen die Anforderungen des täglichen Lebens wieder spüren. Er ist eine eigenständige Person, die für ihr Tun und Nichttun selbst verantwortlich ist.

Nimm Dein Leben wieder selbst in die Hand. Entdecke Deine Interessen. In den Mühen, Deinem Angehörigen zu helfen, bist Du selbst hilflos geworden. Wenn Du wieder selbständig wirst, bleibt Deinem Abhängigen nichts anderes übrig, als sich zu verändern. Nimm dem Abhängigen nicht länger Dinge ab, die er eigentlich selbst erledigen kann. Die Sucht muss wieder zum alleinigen Problem des Abhängigen werden. Du trägst dafür und für die Folgen keine Verantwortung.

Drohe nicht sinnlos, sondern führe die angekündigten Dinge durch. Höre mit den eigenen Rückfällen und faulen Versöhnungen auf. Suche Dir Hilfe von außen, denn allein schaffst Du es nicht, Deinen Angehörigen von Suchtmitteln loszubekommen. Es ist schon die Frage, ob Du allein aus Deiner Co-Abhängigkeit herauskommst.

Das Verlassen der Co-Abhängigkeit und das Loslassen des abhängigen Partners ist, wie Melody Beattie betont, kein kalter, feindseliger Rückzug und auch kein resigniertes Akzeptieren der Dinge. Im Idealfall ist es das Loslassen von einem Menschen in Liebe. Loslassen beruht auf der Voraussetzung, dass jeder Mensch für sich selbst verantwortlich ist. Es schließt das Akzeptieren der Wirklichkeit ein. Ich löse mich von dieser Last und gebe mir wieder die Freiheit, mein Leben zu genießen, auch wenn das Suchtproblem des Abhängigen nicht gelöst ist. Mein Leben darf sich nicht länger um seines drehen. Ich darf es endlich lernen, meine Wut zuzulassen, auch auf einen kranken Menschen, und mich abzugrenzen und „Nein" zu sagen. Ich darf lernen, direkt, offen, sanft und schneidend zum Abhängigen zu sprechen.

Bin ich mit einem Trinkproblem konfrontiert, so kann mir die Selbsthilfegruppe für Angehörige, Al-Anon, helfen. Die Adresse steht im örtlichen Telefonbuch. Wenn ich Geldprobleme wegen des Trinkers habe, sein Trinken mit Lügen decke, wenn ihm die Flasche wichtiger ist als ich, wenn ich ihm ständig konsequenzenlos drohe, seinen Atem kontrolliere, wenn er mir jeden Urlaub durch Trinken verdirbt, wenn ich nach versteckten Flaschen suche, wenn ich gemeinsame Einladungen aus Scham ablehne, wenn ich ihm drohe, mir etwas anzutun, um ihn zu erschrecken, wenn ich mich bitter allein fühle, dann ist Al-Anon etwas für mich.

Ich bin nicht dafür da, rund um die Uhr gebraucht zu werden. Wenn ich diese Auffassung lebe und mich selbst nicht für besonders liebenswert und wichtig halte, dann bin ich süchtig im Sinne der Co-Abhängigkeit. Wenn ich das Leben meines Partners lebe, anstatt mich selbst zum Angelpunkt des Seins zu machen, dann bin ich ein Abhängiger. Wie warnt Melody Beattie so sarkastisch: *Wenn ein Co-Abhängiger sagt: „Ich glaube, ich hänge an Dir", dann Vorsicht! Er meint es wahrscheinlich ernst.*

*

Ich bin überzeugt, dass man Alkoholiker mit der Situation, in die sie sich selbst bringen, konfrontieren muss... Solange der Alkoholiker noch Leute hat, die ihm helfen, ob Arbeitsstelle, Freunde oder Familienmitglieder, solange braucht er mit dem Trinken nicht aufzuhören.

Heide Nullmeyer,
Ich heiße Erika und bin Alkoholikerin.
Betroffene und Angehörige erzählen

Tablettensucht

„Ich bin sicher, daß ich meine Abhängigkeit von den Schlaftabletten überwinden könnte, wenn…"

Der Straßenkehrer Beppo sagt: „Manchmal hat man eine sehr lange Straße vor sich. Man denkt, die ist so schrecklich lang, das kann ich niemals schaffen.
Aber man darf niemals die ganze Straße auf einmal denken. Man muß nur an den nächsten Schritt denken, an den nächsten Atemzug, an den nächsten Besenstrich.
Auf einmal merkt man, daß man Schritt für Schritt die ganze Straße gemacht hat. Man hat gar nicht gemerkt, wie, und man ist nicht außer Puste."

Michael Ende,
Momo

Rausch ohne Fahne auf Rezept. Das ist es. Rund zwei Millionen Menschen in Deutschland schlucken täglich Beruhigungsmittel. Ganz selbstverständlich greifen sie zu Tranquilizern, zu Stimmungsaufhellern und Sedativa wie Valium, Lexotanil und jenem verhängnisvollen Tavor, ohne das der so unglückselig geendete schleswig-holsteinische Ministerpräsident Barschel nicht mehr regieren konnte. Viele verdrängen ihre Probleme mit den „Rosa-Wölkchen-Pillen".

Wann beginnt der Missbrauch bei Medikamenten? Die Weltgesundheitsorganisation (WHO) antwortet: *Wenn Präparate für Beschwerden einge-*

nommen werden, für die sie nicht entwickelt wur-
den, oder wenn Pillen in zu hoher Dosis gewohn-
heitsmäßig geschluckt werden. Abhängig ist laut
WHO, wer von Entzugserscheinungen geplagt
wird, sobald er aufhört, Tranquilizer zu schlucken.
Meist treten dann just jene Beschwerden auf, die mit
den Tranquilizern gemildert, wenn auch nicht beseitigt werden konnten: Schlafstörungen, Angstzustände, Unruhe, Herzrasen, Schweißausbrüche.

Die Tablettensucht ist als Problemlöser ungeeig-
net. Sie mildert das Symptom, lässt jedoch die Ursache bestehen. Sie ist eine klassische Sucht, denn die
Dosierung steigt mehr und mehr an ... Immer öfter
müssen die Betroffenen zu Beruhigungsmitteln
greifen. Der Medikamentenkonsum steigt ins Ufer-
lose. Tablettensucht ist oft preiswert, wenn sie mit-
tels Krankenschein finanziert wird. Je nach Präparat
und Person können Tranquilizer schon nach wenigen Wochen zu körperlicher oder seelischer Abhängigkeit führen.

Vor allem in der Zehn-Minuten-Praxis vieler
Ärzte werden die „rosa Pillen" zu viel und zu
schnell verschrieben. Die Pille ist natürlich zeitspa-
render und billiger als die Psychotherapie, die selbst
als Kurztherapie in der Regel nicht unter einem Jahr
dauert. Aber der konkrete Mensch wird in seiner
Angst und Unruhe allein gelassen. Was ist die Ursache seiner Angst? Was macht ihn so unruhig, dass er
alles kontrollieren muss und zum Beispiel ein
Insomniker, ein chronisch Schlafloser, wird? Welche
Inventur stünde in seinem Leben an? Was sind die

depressogenen Ursachen seiner Niedergeschlagenheit? All das wird nicht wahrgenommen, nicht ernst genommen, nicht behandelt.

An der Jahrtausendwende verbraucht der deutsche Durchschnittsbürger zwölf Mal so viel Medikamente als 1900. Siebzig Prozent aller Frauen und fünfundfünfzig Prozent aller Männer zwischen sechzehn und siebzig Jahren nehmen das ganze Jahr hindurch Arzneimittel ein, ermittelte wiederum das Allensbacher Institut für Demoskopie. Das Institut fand auch heraus, dass zehn Prozent der Medikamenteneinnehmer sieben(!) Medikamente zur gleichen Zeit einnehmen.

Das Milliardengeschäft der Pharma-Industrie floriert. Wo früher mit einer Schwitzkur, dem berühmten Wickel oder einem Heublumensack und viel Schlaf geheilt wurde, muss heute ein Antibiotikum, ein Penicillin her; dem Rheumaleidenden werden Batterien von Medikamenten verordnet, anstatt die schädliche Tier-Eiweißmast durch Fleisch zu stoppen; dem Neurodermitiker streicht man Kilo von Cortison-Salben mit ihren schädlichen Nebenwirkungen auf die ekzematische Haut, wo eine simple Ernährungsumstellung wahre Wunder täte. Jedes Fieber muss sofort mit einem Fieberpräparat gestoppt werden, anstatt den Temperaturanstieg als ein natürliches Heilmittel des Körpers zu begreifen. Dabei klingen die Kassen der Pharmaindustrie. Besonders fröhlich klingen sie bei den schlaflosen Bürgern. Denn das sind Dauerkonsumenten der Barbiturate, meist auf Lebenszeit. Ein

Schlafloser bringt den Pillendrehern Nacht für Nacht Profit. Damit sollen natürlich nicht die grandiosen Leistungen der Pharmakologie geschmälert werden. Aber der Tablettensüchtigkeit leistet die Pharmawerbung Vorschub. Auch ein Arzt, der jahrelang Beruhigungsmittel verschreibt, ohne den Patienten mit einer Ursachenforschung zu konfrontieren, versäumt seine Pflicht.

Hella (Name geändert) hat diese Gleichgültigkeit des rezepteschreibenden Arztes früh mitbekommen: *Ich war schon als Jugendliche immer wieder, z. B. wegen Kopfschmerzen und Infektionen, in ärztlicher Behandlung. Ich habe dadurch viele Medikamente verschrieben bekommen.* Warum sie Kopfschmerzen hatte, das interessierte den Mediziner offensichtlich nicht. Hella nennt die Gründe: *Meine Mutter ist Alkoholikerin schon seit meiner Kindheit und raucht auch viel. Die Atmosphäre zu Hause war immer von Streit und Spannungen zwischen meinen Eltern begleitet. Meistens ging es um Geld oder Eifersucht.*

Hella leidet unter Medikamentensucht (Schmerz- und Beruhigungsmittel), Eifersucht, Arbeitssucht, Sucht nach Liebe und Anerkennung, Todessehnsucht. Sie schreibt: *Ich meine, dass meine Süchte daher kamen und kommen, dass ich immer meinte und auch heute hin und wieder meine, die vorhandenen oder angenommenen Erwartungen anderer erfüllen zu müssen, damit sie mich anerkennen. Um allen gerecht zu werden, stürze ich mich in Schulden oder Zeitnöte. Die Kopfschmerzen, nervösen Stö-*

rungen, starke Rückenprobleme, Schlafstörungen sowie das Gefühl, ausgelaugt zu sein, versuche ich dann mit Medikamenten positiv zu beeinflussen. Wer sich einmal an Tabletten gewöhnt hat, der kommt rasch vom usus zum abusus, vom Gebrauch zum Missbrauch: *Die regelmäßige Einnahme etwa von Schmerztabletten führte dann dazu, dass ich vor lauter Angst, Kopfschmerzen zu bekommen, Tabletten nahm, obwohl ich in dem Moment keine starken oder überhaupt keine Kopfschmerzen hatte. Der positive Nebeneffekt von z. B. Thomapyrin war dann das Koffein. Er ermöglichte mir, immer noch leistungsfähig zu bleiben, obwohl ich schon völlig genervt und erschöpft war.*

Hella meint, dass sie sich diese typisch weibliche Sucht ausgesucht hat, da man sie nicht so leicht wie Alkohol- oder Esssucht entdecken kann. Bei Esssucht wäre sie durch ihr Übergewicht unangenehm aufgefallen, was, wie sie schreibt, ihrem schwachen Selbstwertgefühl noch mehr geschadet hätte. Um nicht aufzufallen, hat sie überdies ständig die Apotheken gewechselt, damit die Apotheker nicht so *komisch gucken.* Ihr Lebensgefährte und ihr Umfeld reagierten erstaunlicherweise stark abweisend auf ihre Medikamenteneinnahme, aber auch auf ihre Eifersucht. Die Arbeitssucht wurde, wohl aus der intimen Kenntnis, nur von ihrem Lebensgefährten kritisiert.

Hella wurde hellhörig. Sie merkte, dass sie allein nicht mehr weiterkam: *Die Sucht nach Liebe und Anerkennung sowie die Arbeitssucht habe ich durch* einen stationären Aufenthalt in einer psychosomatischen Klinik in Bad Honnef einigermaßen bearbeiten können. Mein Selbstwertgefühl stieg. Jedoch ist die Medikamenteneinnahme nach wie vor erhalten geblieben, da ich auch heute noch unter Kopfschmerzen leide. Die Todessehnsucht kommt bis zum heutigen Tage vor. Sie ist immer dann da, wenn ich verzweifelt bin und keinen Ausweg mehr sehe. Ich glaube jedoch, dass man, egal, welche Suchtform man wählt, sie als Stütze empfindet und nur ganz schwer allein davon wegkommt. Vielleicht eine Zeit lang. Aber sobald wieder eine Krise auftaucht, fällt man erneut in eine vertraute, vielleicht rettende Suchtform zurück.

Ob Hella sich noch einmal psychotherapeutische Hilfe holen wird? Ist ihr überhaupt klar, dass Kaffee, das heißt der Koffeinmissbrauch, Ursache der Migräne sein kann? Hella wird sich auf jeden Fall weiter informieren, schreibt sie in ihrer prägnanten und selbstkritischen Art: *Ich finde es sehr gut, dass Sie dieses Buch schreiben und werde es mir auf jeden Fall kaufen. Ich habe schon einige Hör-Kassetten von Ihnen, die mir auf meinem Weg weitergeholfen haben.*

Wie man von der einen Sucht in die andere stolpert, enthüllt Anna (Name geändert), die gerade daran ist, ihre Süchte endgültig *mit Meditationen und mit Gebetstherapie* zu beenden: *Meine erste Sucht, das Rauchen, konnte ich fünfundzwanzig Jahre lang nicht lassen. Ich brauchte den Glimmstengel. Ich war nervös und fahrig. Ich verdrängte*

298

wohl damit meine Probleme. Welche? Ich konnte mich nicht so geben, wie ich im Inneren war. Ich verstecke mich hinter der Zigarette. Ich hüllte mich förmlich in Qualm.

Die Sucht ist tot, es lebe die Sucht! Anna erlebte eine Wende, die keine war: *In der Schwangerschaft wurde mir das Rauchen untersagt. Vom Kopf her wollte ich es auch, dem Kind zuliebe. Ich bekam starke Unterbauchkrämpfe. Der Arzt verschrieb mir damals, 1965, Valium 10! Morgens und abends sollte ich eine nehmen. Ich konnte meine Arbeit nicht mehr tun, weil ich ständig müde war. Also verordnete ich mir selbst, dreimal täglich eine halbe Tablette. Damals war ich unaufgeklärt. Ich hatte viele Probleme als zweifache Mutter, mit einem Ehemann, der nie Zeit hatte und viel arbeiten musste. Ich war zum dritten Mal schwanger. Ich wollte das Kind nicht mehr. Aber als ich Leben spürte, nahm ich es an.*

Annas Leben wird immer komplizierter. Sie fühlt sich als Hausfrau und Mutter nicht genug beachtet. Vor der Geburt des dritten Kindes nimmt sie ein Valium. Sie bekommt eine „Egalstimmung". Die Geburt ist tatsächlich leichter zu ertragen als die vorherigen. Aber die Hebamme schimpfte mit ihr. Sie wollte ihr nichts gegen ihre Schmerzen geben wegen Annas ständigem Valiumkonsum. Anna: *Das war für mich noch einmal so schlimm als die ganze Geburt. Ich nahm weiterhin Valium. Immer, wenn ich Gelegenheit dazu hatte, legte ich mich ins Bett. Irgendwie hatte ich immer das Gefühl, ich sei nicht ganz präsent. Aber ich kannte es ja inzwischen nicht anders, bis ich eines Tages die Kellertreppe hinunterstürzte. Mein Mann nahm mir die Tabletten weg.*

Einem Tablettensüchtigen das Medikament wegzunehmen, das ist genauso lächerlich, wie einem Alkoholiker die Flasche zu verstecken. Anna entdeckte einen Hustensaft. Er hat den gleichen Effekt wie das Valium. Annas Leben besteht aus Hausarbeit, Schlafen und Fernsehen. Trotzdem beginnt sie eine kirchliche Ausbildung zur Spielkreisleiterin. Inzwischen verschreibt ihr ihr Hausarzt Lexotanil. Anna fühlt sich *ständig wie auf Wolken.* Doch die Himmelfahrt ist trügerisch, die Probleme wachsen ihr über den tablettenvernebelten Kopf: *Irgendwann hörte ich davon, dass diese Medikamente süchtig machen. Wir bauten ein Haus. Alles wuchs mir über den Kopf, aber ich kam einfach nicht raus aus meinem Dilemma. Irgendwann wurde mir klar, dass ich mich von meinem Mann trennen musste. Aber wie? Wir waren beide stadtbekannt und angesehen. Aber wir hatten so verschiedene Lebensansichten, dass ich mir nicht mehr vorstellen konnte, mit ihm alt zu werden.*

Wie den meisten, denen zum ersten Mal der Gedanke der Trennung dämmert, wird es Anna Angst. Sie nimmt verstärkt Lexotanil: *Denn ich hatte geschworen, ein Leben lang Freud und Leid mit meinem Mann zu teilen. Ich kam in schwere Gewissenskonflikte. Weiterhin Lexotanil!*

Der Arzt verschreibt ihr eine Erholungskur. Anna ist zum ersten Mal alleine in einem Zimmer.

Sie fühlt sich „superwohl". Sie denkt nicht einmal an zu Hause. Ist das schlimm? Sie findet den Mut, ihrem Mann zu sagen, dass sie ihren eigenen Weg gehen will und dass sie das Leben so nicht mehr aushalten kann. Das ist so einfach nicht, wie diese mutige Erklärung suggerieren mag. Anna hat keine Lust weiterzuleben. Sie bekommt starke Depressionen und weint bei jeder Gelegenheit. Inzwischen erhält sie eine Anstellung als Nachtwache im örtlichen kleinen Krankenhaus. Sie muss sich, wie sie merkt, mit dem Tod auseinandersetzen. All das verkraftet sie offensichtlich nicht: *Inzwischen hatte ich das Rauchen aufgegeben. Ich sprach aber nunmehr dem Alkohol zu, dem Weinbrand, um alles zu vergessen, was ich nachts erlebt hatte. Um vormittags schlafen zu können. Also: Lexotanil und Alkohol!*

Das Tohuwabohu in ihrem Leben verstärkt sich. Im Kirchendienst unterschreibt sie einen Auflösungsvertrag als Spielleiterin, weil sie mit dem Pastor Probleme hat. Sie will aus der Kirche austreten, weil sie einen Glaubenskonflikt hat. Im Krankenhaus arbeitet sie mehr als andere, weil sie sich zu Hause nicht mehr wohl fühlt. Ihr Mann ist politisch engagiert, er bringt viele Menschen ins Haus. Das Telefon steht nicht still. Meistens gilt der Anruf nicht Anna, sondern ihm. Der Mann hat umgeschult und ist nun als Schulassistent tätig: *Ich kam gar nicht mehr zur Ruhe. Endlich konnte ich mich zur Trennung durchringen. Ich nahm eine Wohnung. Eine Tochter ging mit mir. Ich blieb in der Stadt, so dass die Kinder zu uns beiden Kontakt halten konnten.*

Hier zeigte sich im folgenden auch der systemische Charakter der Suchterkrankung. Das Familienmobile fing erheblich an zu schwanken. Die Sucht wanderte: *Nun fing mein Mann an, Tabletten zu nehmen. Er wollte mich mit aller Gewalt wieder zurückholen.* Anna begibt sich in Behandlung. Von da an geht es bergauf. Anna macht eine Umschulung zur Heilerziehungspflegerin, allerdings ohne einen Abschluss, wegen Turbulenzen in der Klasse: *Heute würde ich das als Mobbing bezeichnen. Ich klagte vorm Sozialgericht vier Jahre, verlor aber leider den Prozess. Inzwischen habe ich meine Tabletten selbst abgesetzt. Ich hatte zwischendurch Panikattacken. Ich wusste aber damals nicht, dass dies mit dem Tablettenentzug zusammenhing.* Anna rutscht von der einen Sucht in die andere: *Nun wurde ich ausbildungssüchtig! Ich suchte Schulen und Weiterbildungsstätten auf bis zur Erschöpfung. Ich lernte viele Männer kennen. Ich wurde beziehungssüchtig. Ich klammerte mich an. Ich suchte mir Männer, die sich gar nicht binden wollten. Das verkraftete ich nicht. Ich trank wieder mehr Alkohol. Dann wurde ich arbeitslos und kam endlich zur Ruhe. Ich kaufte mir Selbsthilfebücher und fing an zu meditieren. Dann hatte ich eine Vision: Ich sah mich an einem Schreibtisch sitzen. Es schneite draußen. Ich wusste, ich war eine Schriftstellerin.*

Der Gedanke zu schreiben, lässt Anna nicht mehr los. Sie meldet sich bei der Axel-Anderson-Akademie an. Sie macht ein Fernstudium in Schreiben und Belletristik. Das füllt sie total aus. Sie bekommt eine ABM-Stelle beim Roten Kreuz, und wieder geht es ihr besser. Zwar leidet sie mittlerweile an einer Hüftgelenksarthrose und bekommt eine Erwerbslosenrente auf Zeit, aber es geht ihr gut: *Ich fühle mich seelisch wieder gesund. Ich schreibe inzwischen Alltagsgeschichten in plattdeutscher Sprache, mit hochdeutscher Übersetzung. Mein Buch soll inzwischen in Druck gehen. Ich habe Gitarrespielen gelernt. Ich komponiere auch Lieder und trage sie manchmal öffentlich vor. Noch ein Talent habe ich entdeckt: Ziehharmonikaspielen. Einmal in der Woche musiziere ich mit alten Menschen in einem Privataltenheim und bin mit meinem Leben zufrieden.*

Die trockene Süchtige hat inzwischen die Ursachen und den Sinn ihrer Süchte begriffen. Anna: *Ich wurde mit eineinhalb Jahren von meiner Mutter wegen der Kriegswirren getrennt. Ich blieb dann bei meiner Tante hängen. Ich fühlte mich von meiner Mutter abgeschoben. Ich wurde ständig hin- und hergerissen. In der Kindheit verlor ich schon Vater und den Onkel. Ich hatte eigentlich immer zwei Mütter. Ich fühlte mich nie bedingungslos angenommen. Ich traute mir nichts zu. Ich hatte Minderwertigkeitskomplexe. Durch meine Süchte begann die Suche zu mir. Suche und Sucht dauerten etwa fünfzehn Jahre. Danke, dass Sie mir zugehört haben. Ich grüße Sie fein.*

Wir grüßen lieb zurück, Anna. Wir haben, wie bei den anderen Briefen, voller Spannung und Respekt zugehört.

Die „weiche Sucht" kennt auch Irene (Name geändert) aus ihrem eigenen Leben: *Es begann vor etwa zwanzig Jahren. Während meiner zunehmenden Migräne-Attacken konnte ich wegen der unerträglichen Schmerzen, die zuletzt bis zu einer Woche andauerten, sowie Übelkeit und starken Magenbeschwerden nachts überhaupt nicht schlafen. Dadurch kam ich langsam aber sicher „auf den Hund". Mein Hausarzt verschrieb mir Adumbran, damit ich wenigstens ein paar Stunden zur Ruhe käme. Meine Bedenken, dass ich davon abhängig bzw. süchtig werden könnte, redete er mir aus. Er hätte Patienten, die drei bis vier Adumbran täglich nehmen würden und sich pudelwohl dabei fühlten. Wenn die Migräneanfälle dann sehr schlimm waren, habe ich nachts manchmal bis zu drei Tabletten genommen. Dann war mir alles egal. Ich hätte dann auch Zyankali genommen, wenn man es mir gegeben hätte. Ich konnte die Schmerzen einfach nicht mehr aushalten. Und so bin ich abhängig/süchtig geworden. Ich hatte zwar immer Angst, abhängig zu werden. Aber die Tabletten gaben mir innere Ruhe und Abstand von den Sorgen. Als ich vor gut einem Jahr meiner Hausärztin sagte, dass ich das Adumbran nun auch absetzen wolle – wie alle anderen Medikamente – sagte sie: „Ach, die nehmen Sie man weiter, sonst kommen Sie ja gar nicht mehr."*

Am Anfang von Irenes Sucht stand zweifellos ihre sich immer mehr verschlimmernde körperliche und seelische Belastung durch die häufigen Migräneanfälle. Aber was, so fragt sich Irene, lauerte hinter der Migräne? Es war die häusliche Misssituation: *Seit 1973 bin ich in zweiter Ehe verheiratet. Mein Sohn Theo (Name geändert) wurde in erster Ehe geboren. Als ich meinen jetzigen Mann kennen lernte, waren er und Theo ein Herz und eine Seele. Kaum waren wir aber verheiratet, als mein Mann durch ständige Eifersüchteleien und unberechtigte Kritik, ohne jemals ein Lob auszusprechen, Unfrieden in unsere kleine Familie brachte. Ich hatte und habe noch heute ein ausgesprochen gutes und inniges Verhältnis zu meinem Sohn. Niemals hätte ich einen Mann geheiratet, der sich nicht mit meinem Sohn versteht.*

Nun steht Irene plötzlich zwischen beiden. Natürlich nimmt sie ihren Sohn in Schutz. Stets ist sie bemüht, die Wogen zu glätten, Frieden zu stiften und die Spannungen herunterzuspielen. Den Kummer frisst sie in sich hinein. Der Sohn selbst wehrt sich nicht. Er wird nur immer stiller, was Irenes mütterliche Schutzmaßnahmen verständlicherweise noch verstärkt: *Nächtelang lag ich wach. Ich weinte oft, wenn ich allein war. Ich bereute schon bald, wieder geheiratet zu haben.*

Die Sucht ist eigentlich immer der Ausdruck innerer Einsamkeit, und sie macht noch einsamer. Das erfährt auch Irene. Sie hatte keinen Menschen, mit dem sie sich über ihre Sorgen hätte aussprechen können. Die eigenen Schwestern stehen auf der Seite des Mannes, so dass diese Verbindung *wie fast alle meine Freundschaften* zerbrach. Warum, liebe Irene, möchte ich fragen, zerbrachen fast alle Deine

Freundschaften? Was war Dein Anteil an dieser Dauerkatastrophe?

Theo besteht sein Abitur und verlässt das Haus. Offensichtlich ist Irene auf diese „Wechseljahre", die ja in Wahrheit weniger einen hormonellen Umbruch als den „Wechsel der Jahre" bedeuten, innerlich nicht vorbereitet. Sie verkraftet die Ablösung nicht und hat wohl auch keinen neuen Lebensinhalt, der sie ausfüllte: *Für mich brach eine Welt zusammen. Meinen Beruf hatte ich aufgeben müssen, weil mein Mann es so wollte. Nun verließ Theo von heute auf morgen das Haus, das seitdem viel zu groß ist. Wenn ich mit Theo telefonieren wollte, um mich zu erkundigen, wie es ihm geht, musste ich dies heimlich vom Postamt aus tun. Das gestaltete sich dadurch schwierig, dass Theo tagsüber meistens in der Universität war und ich abends nie allein ausging. So war ich stets in großen seelischen Nöten.* Auch hier, das weißt Du inzwischen, liebe Irene, drängt sich die Frage auf: Warum ließest Du Dich überhaupt auf diese unwürdige Versteckspielerei ein? Warum darf eine erwachsene Frau nicht mit ihrem eigenen Sohn von zu Hause aus telefonieren? Doch da sind wir bei den damaligen Schieflagen Eurer Ehe.

Irene war verzweifelt: *Auch finanzielle Unterstützung durfte ich meinem Sohn nicht zuteil werden lassen. „Du hast kein Einkommen, also brauchst Du auch nichts zu zahlen!" Obwohl es mir finanziell von Haus aus sehr gut ging, musste mein erster Mann Theos Studium allein finanzieren. So habe ich*

Theo jeden Monat heimlich Geld überwiesen, das ich aber so abzweigen musste, dass es nicht auffiel. All diese Heimlichkeiten und die Angst, erwischt zu werden, hielten mich unter ständigem Druck. Diesen Druck nahm ich abends mit ins Bett, und er ließ mich nicht schlafen.

Das heilige Adumbran mit seinem Schlummersegen war natürlich immer dabei. Irene saß in ihrem goldenen Käfig und hatte nicht den Mut, die Käfigtür zu öffnen: *Oft wollte ich ausbrechen. Ich hatte aber Angst vor der Schmach einer zweiten Scheidung. Was würden die Leute sagen? Ich wusste nicht mehr ein noch aus.*

Heute ist Sohn Theo nach einem glanzvollen Studium, unter anderem im Ausland, Arzt in einer Großstadt. Wenn er jetzt für ein paar Tage nach Hause kommt, verstehen sich sein Stiefvater und er außerordentlich gut. Die Spannungen von damals sind einem freundschaftlichen Miteinander gewichen: *Ich glaube, mein Mann hält sehr viel von Theo. Er kann es nur nicht zeigen. Außerdem spielt, vermute ich, immer noch ein bisschen Eifersucht mit; denn mein Mann war schon mit elf Jahren Vollwaise. Sein Vater ist in Russland gefallen. Zwei Jahre später starb seine Mutter an Typhus. Er wurde somit als kleiner Junge zwischen Tante, Onkel und zwei Großelternpaaren hin- und hergeschoben. „Ich hätte auch gern so eine Mutter gehabt, wie Theo sie besitzt", sagte mein Mann einmal zu mir.*

Grüß Gott, liebe Eifer-Sucht! möchte man da ausrufen. Das ist ja auch so eine Sucht, die auf mangelndem Selbstwertgefühl, Verlustängsten und Misstrauen basiert und zugleich das obskure Objekt der Begierde an die Wand nageln will, damit es nicht entkommen kann. Diese Sucht ist durchaus zu kurieren. Sie ist keine Schicksalsmacht. Der Süchtige muss in die Tiefen seines labilen Egos steigen, seiner selbst gewiss werden und den anderen loslassen lernen. Umgekehrt muss der Partner sich scharf gegenüber dem Besitzstreben und der Verfolgungswut des Eifer-Süchtigen abgrenzen.

Irene hat dies gewagt: *Dass mein Mann sich heute toleranter Theo gegenüber zeigt, ist nicht in unerheblichem Maße auch der Tatsache zu verdanken, dass i c h mich anders als früher verhalte. Aus Deinen Büchern und von Deinen Tonkassetten habe ich unendlich viel gelernt. Ich bin nicht mehr die kleine Maus, die sich bei jedem Misston sofort in ihr Loch verkriecht oder überreagiert. Ich habe gelernt, hinter die Kulissen zu sehen. Ich habe verstehen gelernt. Ich bin selbstbewusster geworden und lasse mir nicht mehr alles gefallen. Ich verteidige meinen Standpunkt und fordere mein Recht. So habe ich meinem Mann klipp und klar gesagt, dass ich seine albernen Eifersüchteleien, die dauernde Kritik an Theo und mir und seine Rechthaberei nicht länger ertragen könne und wolle. Ich sei jetzt sechzig Jahre alt. Die nächsten zwanzig + − x-Jahre − so Gott will − möchte ich in Ruhe und Frieden verbringen. Wenn dies m i t i h m nicht möglich sei, dann müsse es eben o h n e i h n gehen.*

Der − durchaus liebenswerte und geliebte − Ehemann war perplex, wie Irene berichtet. So hat er Irene noch nie erlebt. Früher hatte sie immer nur eingesteckt und sich nie gewehrt. Sie hatte Angst vor jeder Auseinandersetzung: *Jetzt teile ich auch aus, wenn es sein muss. Solche und ähnliche Situationen hat es bei uns zu Hause inzwischen schon öfter gegeben. Es hat unserer Ehe, meine ich, eher gut getan als geschadet. Mir geht es jedenfalls viel besser.*

Ich vermute, dem Ehemann auch. Dieser kann sich allerdings nicht so recht erklären, woher Irene ihr Selbstbewusstsein nimmt und wie ihre Verhaltensveränderung zustande gekommen ist. Als Theo das letzte Weihnachten zu Hause war, sagte der Stiefvater zu ihm: *„Deine Mutter hat nicht nur Haare auf den Zähnen, sondern Borsten!"*

Was für ein tolles weibliches Borstenvieh bist Du geworden, liebe Irene! Warum sich Dein Unbewusstes wohl gerade diese und nicht eine andere Suchtform ausgewählt hat? Vielleicht, so meinst Du, weil Du schon immer sensibel warst und obendrein ein angepasstes, pflegeleichtes Kind: *Vielleicht war es auch die Sucht nach innerer Ruhe, die ich ohne die Tabletten nur schwer oder gar nicht finden konnte.*

Irenes Mann hat ihr oft die „Tablettenfresserei" vorgeworfen. Heute allerdings nimmt er mehr Tabletten als sie ein und gibt keinen Kommentar dazu ab. Suchtverlagerung in der Ehe? Irene war jedenfalls eine Zeit lang besorgt: *Außerdem hatte er in den letzten Jahren eine Phase, in der er sehr viel Alkohol trank. Ich habe ihm das immer wieder vor-*

geworfen und zu erklären versucht, wohin das führen kann. Ich hatte mich ja durch Deine Tonkassette „Alkohol – der Betroffene und seine Familie" schlau gemacht. Dann habe ich diese Kassette mit in den Urlaub genommen. Dort konnte mein Mann nicht davonlaufen oder wichtige Termine vorschieben. Er hat das Tonband zweimal abgehört. Dann sagte er: „Meinst Du, dass der Mathias Jung Recht hat mit dem, was er da sagt? Oder ist das alles stark übertrieben?" Jedenfalls muss Dein Vortrag ihn zutiefst beeindruckt haben. Er trinkt jetzt abends nur noch ein Bier. Wenn wir mal zum Essen in ein Restaurant gehen, trinkt er höchstens zwei Gläser Wein.

Von Irenes Schlaftabletten wissen nur ihr Mann, ihr Sohn und die Hausärztin. Leider mag sie ihre Sucht bis heute nicht völlig aufgeben. Es gelang ihr zwar, die Dosis von zwei bis drei Tabletten pro Tag auf eine Tablette zu reduzieren, aber ganz abzusetzen vermag sie die Tabletten noch nicht. Sohn Theo kann das als Arzt nicht verstehen: „Du willst mir doch nicht allen Ernstes erzählen, dass Dein Body genau auf die Dosis einer Tablette eingestellt ist. Du könntest mit Sicherheit heute abend nur eine 3/4 Tablette nehmen und nächste Woche nur noch 1/2 usw.", sagt er zu mir. Ich habe es versucht. Es klappt nicht.

Es klappt nicht? Wenn in der Therapie eine Klientin oder ein Klient behauptet, Ich kann nicht, dann pflegen wir Therapeuten vorzuschlagen, diese Formulierung durch ein Ich will nicht zu ersetzen. Das schafft Klarheit.

Irene operiert einstweilen lieber mit dem in der Therapie berüchtigten „wenn". Es entbindet so schön von der Eigenverantwortung. Originalton Irene: *Ich bin ganz sicher, dass ich meine Abhängigkeit von den Schlaftabletten überwinden könnte, wenn ich nur eine oder zwei Wochen ganz allein wäre. Dann könnte ich schlafen oder nicht schlafen. Ich könnte mir meinen Tag nach meinem Befinden einrichten. Dann brauchte ich am Tage nicht unbedingt topfit zu sein. Aber ich bin nie allein, nicht einmal einen Tag. Mein Mann ist ein „Zweikomponentenkleber". Er wäre schwer beleidigt, wenn ich ihm sagen würde, dass ich mal zwei Wochen allein sein möchte.*

Aber, aber, Irene. Was sagst Du da. Tu es doch einfach! Dein lieber Mann wird es sicherlich überleben. Du sagst selbst, dass Du mittlerweile gelernt hast, ein schönes Leben zu leben, unter anderem in Deiner Englischgruppe mit sieben vitalen Frauen, wo Ihr *Druck ablassen* könnt. Du rätst selber anderen Süchtigen: *Mach's Maul auf, wenn Du Kummer und Druck auf der Seele hast!* Tu es und schmeiß die Tabletten in die Toilette.

Körperliche und psychische
Probleme werden oft leichtfertig
mit Medikamenten bekämpft. Nach
Angaben des Arzneimittelexperten
Gerd Glaeske von der Barmer
Ersatzkasse bekommen schon
Kinder bis zum fünften Lebensjahr
im Schnitt so viele Tabletten
verordnet wie 45- bis 49-Jährige.
Ein Viertel bis fast ein Drittel
aller Kinder im Alter von 6 bis
14 Jahren nimmt innerhalb von
vier Wochen mindestens ein
Medikament, bisweilen gleich
zwei und mehr. Schon früh lernt
der Nachwuchs, auf chemische
Problemlösung zu setzen. Doch
die Medikamente haben
Nebenwirkungen – manche können
später zur Sucht führen.

DIE WOCHE,
23.07.1999

„Sucht ist auch eine Sinnkrankheit"

Ein Gespräch mit dem Therapeuten
Heinz-Peter Röhr

Seit 1976 arbeitet der erfahrene Suchttherapeut an der Fachklinik Bad Fredeburg, der größten deutschen Klinik für Suchtmittelabhängige: Heinz-Peter Röhr. Der gebürtige Aachener Röhr, Jahrgang 1949, ist auch als differenzierter psychologischer Autor bekannt. Im Walter Verlag erschienen seine, auf fesselnden Märcheninterpretationen basierenden, Bücher:

Wege aus dem Chaos. Das Hans-mein-Igel-Syndrom oder Die Borderline-Störung verstehen.

Ich traue meiner Wahrnehmung. Sexueller und emotionaler Mißbrauch oder das Allerleirauh-Schicksal.

Narzissmus – Das innere Gefängnis.

∗

Lieber Heinz-Peter Röhr, was sind eher weibliche und was sind eher männliche Suchtformen?

Bei Männern ist und bleibt Droge Nr. 1 mit weitem Abstand der Alkohol. Bei Frauen ist Alkohol auch ein Problem, aber der Suchtmittelkonsum verteilt sich weiter auf Medikamente, insbesondere Beruhigungsmittel oder angstreduzierende Präparate, sogenannte Benzodiazepine, aber auch auf Essen, Hungern und Kaufen. Exzessives Hungern führt

z. B. in einen Hungerrausch. Die Stimulation wird dadurch erreicht, dass der Körper, bedingt durch Unterversorgung, beginnt, sein eigenes Aufputschmittel zu erzeugen. Betroffene erleben und suchen diese Euphorie, fühlen sich extrem leistungsfähig und empfinden sich stärker und aggressiver. Wird das extreme Hungern beibehalten, ist die Magersucht, Anorexia nervosa, die Folge. Exzessives Hungern wird häufig von regelrechten Fressattacken unterbrochen, wobei anschließend alles wieder erbrochen wird. Dieses Problem ist als Bulimie bekannt.

Habe ich das recht verstanden, dass es also auch nichtalkoholische Räusche gibt, die sich die Frauen z. B. holen?

Es gibt sogenannte nichtstoffgebundene Süchte. Dies sind Verhaltensweisen, die mit dem Ziel eingesetzt werden, sich irgendwie einen Kick zu verschaffen, sich anzutörnen oder unliebsame Zustände zu verändern, z. B. Spielen, Sport, Sex, Aggression...

Kann man sagen, dass Frauen eher zu „sanfteren" Formen der Sucht und Männer zu aggressiveren, unmittelbar zerstörerischen Süchten neigen?

Hier gibt es sicher die Tendenz, dass Frauen eher zu „dämpfenden" Mitteln greifen, wie Beruhigungsmitteln, Essen oder Hungern, um Aggressionen, die sie sich nicht trauen auszuleben, zu bewältigen. Bei

Männern sind es eher Suchtmittel, die eine Enthemmung zur Folge haben. Exzessiver Alkoholkonsum führt in vielen Fällen zur Entladung aufgestauter Wut oder tiefen Zorns über verdrängte Kränkungen. Ein deutliches Beispiel ist im Verhalten von Skinheads zu sehen. Hier werden Aggressionen in süchtiger Form ausgelebt, um sich zu entladen, um einen Rausch zu erleben. Alkohol muss nicht unweigerlich eine Rolle spielen, da Aggressionen „pur" noch einen besseren Kick verursachen.

Was sind, sozusagen in der statistischen Reihenfolge, die Hauptsuchtkrankheiten?

Mit weitem Abstand ist Alkohol die Droge Nr. 1, gefolgt von Medikamenten, hauptsächlich Benzodiazepinen, die beruhigend und angstreduzierend wirken. Hier entstehen massive Abhängigkeiten mit jahrelang andauernden Entzugserscheinungen. In der Therapie erleben wir immer wieder, dass Patienten nicht bereit sind, den harten Weg der Abstinenz zu gehen, und dass die Behandlung scheitert. Die Bedeutung harter Drogen wie Heroin, Opiate und Kokain ist allgemein bekannt, und auch die erschreckende Zunahme des Konsums von Designerdrogen wie Ecstasy ist beschrieben. Nikotin macht körperlich abhängig, in der Regel ohne massiven psychischen Verfall, aber mit dramatischen organischen Spätfolgen. Koffein, aber auch Essen, insbesondere Süßigkeiten oder zuckerhaltige Getränke, können die Qualität von Suchtmitteln bekommen.

Was kann überhaupt alles zur Sucht werden?

Fast alles kann süchtig entarten. Verhaltensweisen, die eingesetzt werden, um emotionale Zustände zu beeinflussen, können auf Dauer zu Suchtverhalten führen.

Was sind typische lebensgeschichtliche Auslöser? Wie entstehen die Suchtarten, also auch die alltäglichen Süchte?

Nach unserem Modell entsteht Sucht in den meisten Fällen schon sehr früh. Sucht beginnt in den ersten Lebensphasen, wir sprechen von Frühstörungen. Die Eltern-Kind-Beziehung ist auf subtile oder nicht selten deutliche Weise gestört, so dass sich das Selbstgefühl nicht genügend positiv entwickeln konnte. Das Selbstgefühl ist das, was ein Mensch sich selbst gegenüber empfindet. Wenn auch mit Schwankungen, kann man bei den meisten Menschen eine gewisse Konstanz feststellen. Wenn dieses Selbstgefühl gestört ist, läuft man Gefahr, zu Mitteln zu greifen, um dieses Defizit zu kompensieren. Man hat eine ungenügende Art und Weise entwickelt, sich selbst zu mögen, man hat Selbstwertzweifel. Es geht einem dauerhaft schlecht, so dass sich auf diesem Hintergrund langsam im Laufe der Zeit eine Suchtkrankheit entwickelt.

Natürlich können auch lebensgeschichtliche Ereignisse wie bestimmte traumatische Erlebnisse, z.B. sexueller Missbrauch, extreme Züchtigungen oder Misshandlungen in der Kindheit, Unfälle, der Verlust geliebter Menschen, wichtiger Funktionen, wenn die Lebensplanung aus den Fugen gerät, z. B. beim Verlust des Arbeitsplatzes, Auslöser sein. Bei letzteren tritt die Suchterkrankung erst später ins Leben ein.

Warum hat die Sucht etwas mit meiner Persönlichkeit zu tun, mit meiner Lebensgeschichte und meiner Art von Individuation?

Viele Faktoren spielen hier eine Rolle. Menschen haben grundsätzlich unterschiedliche Neigungen und Vorlieben. Der eine geht gerne spazieren, der andere mag das überhaupt nicht. Jemand würde zum Beispiel nie Glücksspiele machen, aber dafür weiß er genau, dass Alkohol ein Mittel ist, das bei ihm gut wirkt. Hinzu kommen natürlich auch rollenspezifische Elemente. Jungen werden anders erzogen als Mädchen. Jungen tendieren eher dazu, ihre Aggressionen nach außen zu richten, Mädchen eher nach innen – obwohl es mittlerweile in den Ghettos der amerikanischen Großstädte zunehmend auch Mädchenbanden gibt, die nur ein Ziel verfolgen: Aggressionen und Ausleben von Gewalt. In unserem Kulturkreis ist dies bisher eher Jungen vorbehalten. Es ist immer noch ein Unterschied, ob auf der Straße ein Mädchen völlig betrunken aufgefunden wird, oder ob dies einem Jungen „passiert". Das heißt aber auch im Umkehrschluss, dass es sich lohnt, sehr genau hinzuschauen, warum entwickele ich gerade diese Suchtform, was verrät sie über mich, meine Ängste, meine Bedürfnisse, meine Kompensationsmechanismen?

In der Therapie geht es immer darum, die Hintergründe der Sucht tiefer zu verstehen. Am besten stellt man sich vor, dass Symptome Ausdruck der Seele sind, Hinweise dafür, dass etwas nicht stimmt. Symptome sind eigentliche Hilferufe der Seele. Die Seele will helfen! Erst wenn jemand beginnt zu verstehen, warum er genau diese Symptome entwickelt und was dahinter steckt, etwas, was er nicht verarbeiten konnte, nicht lernen durfte, nicht bewältigte, dann beginnt sich allmählich der Schleier zu lüften. Das Symptom bekommt so etwas wie einen Sinn. In meinen Büchern habe ich immer wieder versucht, für Betroffene und Angehörige Einsichten in diese Dynamik zu vermitteln.

Das heißt, man könnte so paradox formulieren, ich darf in einem gewissen Sinn dankbar für mein Symptom sein?

Das ist das Ziel, dass ein Mensch dahin kommt und begreift, dass diese Sucht nicht überflüssig ist, dass sie in seinem Leben eine ganz gewaltige Veränderung bewirkt hat, dass er quasi wach werden sollte. Er durfte wach werden für sich selbst und auf diese Weise sich selbst und sein Leben tiefer verstehen.

Man muss sich seiner Symptome nicht schämen, wenn man die Sucht angeht?

Das ist ein großes Problem, dass Menschen, die suchtkrank werden, im Schamgefühl förmlich ertrinken. Diese Schamgefühle halten die Sucht auch aufrecht. Der Suchtkranke wird nicht trocken, weil er sich schämt. Erst wenn er anfängt, diese Sucht zu bearbeiten, kann er die Schamgefühle allmählich abbauen.

Das heißt, in unserer Suchtdisposition sind wir Meister im Verbergen unseres Geheimnisses. Und genau das hält uns in der Sucht.

Es sind mehrere Faktoren. Der eine Faktor ist natürlich, dass ein Mensch spürt, er kann sich nicht mehr kontrollieren und daher Schamgefühle entwickelt. Er beginnt dieses exzessive „Trinkenmüssen" zu verbergen. Das ist die eine Seite. Die andere Seite ist die, dass sich im Laufe der Zeit eine körperliche Abhängigkeit bildet. Er bekommt Abstinenzsymptome, Entzugserscheinungen – die Hände zittern –, Schweißausbrüche und Angstzustände. Die zwingen ihn wiederum dazu, dieses Suchtmittel zu konsumieren. Der Teufelskreis besteht also aus Schuldgefühlen, aber auch aus Entzugserscheinungen, die so massiv sind. Der Süchtige benötigt den Suchtstoff fast genauso wie den Sauerstoff zum Atmen.

An dieser Stelle führen Sie in der Suchttherapie den Begriff der „Kapitulation" ein. Was bedeutet er?

Kapitulation würde ich etwas später sehen. Zunächst ist eine körperliche Entgiftung erforderlich. Erst wenn ein Patient wirklich abstinent ist, kann er seine Situation realistisch einschätzen. Ansonsten dominiert das Suchtmittel Denken, Fühlen und Handeln. Nach der Entgiftung kann der nächste Schritt getan werden: Die Vermittlung von Krankheitseinsicht. Der Suchtkranke muss verstehen, wieso er nicht in der Lage war, kontrolliert mit dem Suchtmittel umzugehen, warum er dem Zwang ausgeliefert war, ständig trinken zu müssen. Da er sich jetzt schämt zu sagen, ‚ich bin Alkoholiker, ich bin medikamentenabhängig oder spielsüchtig‘, ist es nicht so leicht, Krankheitseinsicht zu erarbeiten. Bis er akzeptiert, süchtig zu sein, benötigt der Suchtkranke in der Regel viele Rückfälle.

Wir haben oft sanfte Formen der Sucht, also wir fressen uns voll, wenn es uns nicht gut geht. Wir trinken zu viel. Es ist durchaus noch nicht eine wirkliche Abhängigkeit, aber es ist bereits eine Störung. Wie sehen Sie in diesem Vorfeld die Situation?

Manchmal sind bestimmte Verhaltensweisen erstaunlich hartnäckig, sobald man sie verändern will. Menschen können es nicht lassen, zum Beispiel immer wieder Süßigkeiten zu naschen. Sie nehmen sich dies vor, merken aber immer wieder, dass ihr Wille nicht stark genug ist. So versuchen sie mit den falschen Mitteln, diesem Problem zu begegnen. Auch hinter diesen vergleichbar leichten Symptomen darf man eine Botschaft vermuten. Erst wenn ein Mensch begreift, dass es nicht reicht zu sagen

‚Heute esse ich keine Schokolade‘, sondern dass er sich fragt ‚Was ist in meinen Beziehungen nicht in Ordnung, was fehlt mir wirklich, womit bin ich unzufrieden, was versuche ich mit diesen Mitteln auszugleichen?‘, ist Veränderung möglich. Auch da würde ich behaupten, dass das Unbewusste diese ständigen kleinen Unpässlichkeiten, dieses Gefühl der Unzulänglichkeiten produziert, damit wir wacher werden, damit wir aus dem Schlafwagen herauskommen und begreifen, dass es an einer anderen Stelle wirklich klemmt.

Ist es also beispielsweise für den sanft Süßigkeitssüchtigen falsch, mit Verboten zu arbeiten? Gilt es vielmehr zu fragen, welche Sehnsucht steckt hinter meiner Sucht? Worum geht es wirklich? Ich müsste jetzt zum Beispiel einen Menschen umarmen. Ich müsste einen emotionalen Kontakt suchen…

Genauso würde ich das auch sehen, dass diese wahre Sehnsucht mit Süßigkeiten nicht zufrieden zu stellen ist, und darum muss man die Süßigkeiten ja auch immer wieder haben.

Könnte das auch damit zusammenhängen, dass unsere Gesellschaft starke Züge einer Suchtgemeinschaft hat?

Wir leben in einer latent süchtigen Gesellschaft. Arbeitssucht, Konsumsucht, Leistungssucht, um nur wenige zu nennen, sind anerkannte, gesellschaftlich akzeptierte Formen der Selbstzerstörung.

322

Dabei wird das Klima in der Gesellschaft kälter. Zwischenmenschliche Beziehungen verlieren an Bedeutung. Werte und ethische Normen gehen verloren. Besonders traurig in diesem Zusammenhang ist der Umgang mit älteren Menschen. Sie werden abgeschoben und förmlich in die Betäubung oder Sucht getrieben. Der Konsum von angstreduzierenden und Betäubungsmitteln ist gerade bei älteren Menschen unendlich hoch. Dies ist eine Zukunft, die fast jeden früher oder später erreicht und die beängstigend sein muss; dies wird jedoch verdrängt.

Welchen Zusammenhang gibt es zwischen Sucht und Lebenssehnsucht, Spiritualitätssuche oder philosophischer Positionsbestimmung?

Sucht ist immer auch eine Sinnkrankheit. Wenn man das Symptom ernst nimmt und jemanden beobachtet, der suchtkrank ist, der sich vierundzwanzig Stunden nur noch um sein Suchtmittel dreht, dann ist leicht zu erkennen, dass sein Leben völlig sinnlos geworden ist. Es bleibt ihm nur noch übrig, sich weitere Suchtmittel zu beschaffen und sich diese einzuverleiben. Im Umkehrschluß muss man sagen: Wenn die Seele ein solches Symptom so deutlich macht und vermittelt, dass das Leben völlig sinnlos geworden ist, dann ist es erforderlich, dass so etwas wie ein Neubeginn forciert werden muss.

Die Sinnfrage stellt sich zentral und will beantwortet werden. Dies ist nicht immer einfach, wer jedoch keine Antwort findet, kann vielleicht eine

Zeit lang trocken bleiben, aber auf Dauer nicht wirklich nüchtern und zufrieden leben. Übrigens stellt sich die Sinnfrage auch für Nichtsüchtige. Finden wir darauf keine wirkliche Antwort, sind psychosomatische Erkrankungen oder psychische Störungen die Folge. Natürlich gibt es keine Patentlösung für die Sinnfrage. Menschen, die auf der Grundlage ihrer Abstinenz etwas Konstruktives beginnen, sich zum Beispiel auch sozial engagieren, in Selbsthilfegruppen mitarbeiten, sich wirklichen Werten und Zielen stellen, haben gute Aussichten, auch auf lange Sicht abstinent zu bleiben.

Wir quälen uns mit unseren sanfteren Suchtdispositionen jahrelang, manchmal jahrzehntelang herum. Was braucht es, dass ich mich von einem Suchtverhalten, wie schwach oder wie stark es auch sei, löse?

Wenn bestimmte Verhaltensweisen immer wieder im Kontrollverlust münden, dann ist meist der einfachere Weg der, auf dieses Verhalten gänzlich zu verzichten. Zum Beispiel ist der Versuch, nur wenig Süßigkeiten zu essen, viel schwieriger durchzuhalten, als den Konsum völlig einzustellen. Viele Dinge sind nur schwer über den Willen zu kontrollieren. Diese Empfehlung gilt verstärkt für essgestörte Patienten. Für sie ist es von großer Bedeutung, Nahrungsmittel nicht mehr wie Suchtmittel, zur Kompensation unerwünschter Gefühle, einzusetzen. Auch hier ist eine gewisse Abstinenz erforderlich. Bei der Nikotinabhängigkeit hilft ebenfalls nur

Abstinenz. Auch bei den weniger harten Suchtformen lohnt es, den Hintergrund zu klären und alternative Verhaltensweisen aufzubauen.

Wie steht es mit dem Leidensdruck?

Der Leidensdruck ist in vielen Fällen nicht groß genug. Das Suchtmittel verschafft immer wieder unmittelbare Erleichterung. So ist es notwendig, dass der Druck von außen kommt. Gerade bei massiven Suchtformen wie Drogen, Alkohol und Medikamentenabhängigkeit ist die soziale Umgebung ein wichtiger Faktor, besonders das Problem der Co-Abhängigkeit.

Was bedeutet Co-Abhängigkeit?

Co-abhängig ist derjenige, der in unmittelbarer Nähe eines Süchtigen lebt, der das Suchtverhalten vielfach deckt oder bekämpft. Die Co-Abhängigen möchten den Suchtkranken vom Suchtmittel trennen, was natürlich nicht geht. Sie haben im Laufe der Zeit die Verantwortung fast komplett für den Suchtkranken übernommen.

Der Suchtkranke bekämpft schließlich den Co-Abhängigen, da dieser ihn vom Suchtmittel trennen will. Wird diese Beziehungskonstellation untersucht, muss man feststellen, dass der Co-Abhängige nicht mehr aufhören kann zu helfen – und das, was er tut, den Suchtkranken immer tiefer in die Sucht führt. Denn diesem wird die Möglichkeit verschafft, immer mehr Suchtmittel zu nehmen, da er einen

Aufpasser hat. Beide befinden sich in einem Teufels-kreis; Der Suchtkranke kann mit dem Trinken nicht mehr aufhören, der Co-Abhängige kann mit dem Helfen nicht mehr aufhören.

Helfen heißt an dieser Stelle auch Geld wegneh-men, schimpfen, Liebesentzug, Verweigerung usw., alles untaugliche Versuche, den Suchtkranken vom Suchtmittel zu trennen. Wir sagen mit Nachdruck, dass die Co-Abhängigen auch suchtkrank sind. Mit ihrem Zwang zu helfen – wider jede Vernunft – erle-ben sie einen ähnlichen Kontrollverlust wie der Suchtkranke selbst.

Und was ist der Gewinn des Co-Abhängigen?

Der Gewinn des Co-Abhängigen besteht darin, dass er sich in einer überlegenen Position glaubt. Er ist ja besser, er ist ja derjenige, der die gesamte Last der Verantwortung trägt, der die Familie aufrechterhält. Demgegenüber ist der Suchtkranke haltlos und schlecht. Er zerstört und ist am Elend aller Schuld. Auf ihn kann man von oben herabschauen. Bei rea-listischer Betrachtung muss man feststellen, dass der Suchtkranke mit Hilfe des Suchtmittels die Szene nach Belieben manipuliert.

Verstehe ich das recht, dass damit auch der Co-Abhängige es sich erspart, sich mit seinem eigenen Konflikt auseinanderzusetzen?

Hier liegt ein großes Problem. Der Suchtkranke ist von außen klar als krank zu erkennen. Den Co-

Abhängigen als suchtkrank zu sehen, fällt demgegenüber viel schwerer. In Familienseminaren versuchen wir, den Angehörigen dies nahe zu bringen. Sie müssen erst verstehen, dass auch sie selbst Hilfe benötigen, und dass sie eine tiefe Persönlichkeitsstörung davongetragen haben. Diese Einsicht dauert mitunter lange. Oft ist es viel einfacher, mit Suchtkranken zu arbeiten als mit Angehörigen, für die es natürlich auch nicht solch umfassende Therapiemöglichkeiten gibt.

Das Suchtgeschehen ist also in der Regel in ein Beziehungsgeschehen eingebettet?

Ja, es ist ein riesiger Beziehungskampf, der über viele, viele Jahre andauern kann und der stabil ist. Das einzig Stabile ist das Instabile.

Was hat der Co-Abhängige zu lernen?

Bei einer manifesten Sucht muss der Angehörige lernen, dass er selbst auf Hilfe angewiesen ist. Insofern sollte er sich umgehend an eine Suchtberatungsstelle wenden. Es muss ein Weg gefunden werden, der es dem Angehörigen ermöglicht, aus der Co-Abhängigkeit auszusteigen. Er sollte verstehen, dass er den Schlüssel für eine wahrscheinliche Lösung des Problems in Händen hält. Niemand kommt wirklich freiwillig in eine Entwöhnungsbehandlung. Hierzu bedarf es immer eines massiven Drucks, sei es vom Körper, der nicht mehr mitmacht, oder vom Arbeitgeber, der den Arbeitsplatz kündigen will, oder eben auch vom Angehörigen, der nicht mehr bereit ist, das Suchtgeschehen zu akzeptieren. Erst wenn der Suchtkranke spürt, dass ihm die existentiell erscheinende Beziehung zu seinem Co-Abhängigen wirklich verloren geht, dass es also nicht um leere Drohungen geht, dann ist er gezwungen, etwas zu unternehmen.

Wenn der Partner seine bisherige „Kollaboration" aufkündigt, spricht die Suchttherapie von „Hilfe durch Nichthilfe". Was bedeutet das?

Indem der Suchtkranke förmlich allein gelassen wird, entwickelt sich diese existentielle Angst, die er braucht, um in eine Behandlung zu gehen. Da ist manchmal Hilfe, die verwehrt wird, die eigentliche Hilfe.

Mit anderen Worten, diese Eselsgeduld und hinhaltende Liebe des Partners eines Süchtigen ist in Wahrheit ein vergiftetes Geschenk?

Das muss man so sehen. Der Co-Abhängige ist in einem gewissen Sinne blind. Er sieht sich als Opfer des süchtigen Partners. Er leidet unter seinen Tiraden und macht für sein Elend immer wieder den Suchtkranken verantwortlich. Er sieht nicht, dass er selbst dazu beiträgt, dass das Elend bleibt. Hier spielt besonders auch seine Angst, Verantwortung abzugeben, seine Angst, den Partner loszulassen, eine große Rolle. Süchtige drohen mit Selbstmord. Sie verfügen über eine regelrechte „Trickkiste", mit der sie manipulieren. Außerdem verändert sich die Persönlichkeit des Co-Abhängigen im Laufe der Zeit negativ. Er verliert immer weiter an Selbstwert, er wird hart, bitter und hoffnungslos.

Wenn eine Frau oder Mann von einer Suchtabhängigkeit therapiert trocken zurückkehrt, ist dies ja oft nicht nur ein reines Glück. Der Süchtige kehrt verwandelt zurück. Es beginnt auch ein neues Beziehungsgeschehen. Der trockene Süchtige ist unbequemer, er ist fordernder. Die alten neurotischen Beziehungsmuster klappen nicht mehr. Was haben Sie da für Erfahrungen?

Das ist ja ein erwünschter Effekt. Die alte Beziehung, das muss man sagen, ist tot. Sie ist gescheitert. Wir versuchen, Angehörigen und Betroffenen in Familienseminaren klarzumachen, dass sie diese alte Beziehung nicht fortsetzen können. Wenn sie zusammenbleiben wollen, müssen sie eine neue Beziehung beginnen. Natürlich müssen Menschen manchmal schmerzhaft lernen, dass der Partner nicht mehr pflegeleicht ist, dass er plötzlich eigene Ideen hat und eigene Wünsche formulieren kann. Während der Therapie wurde an der Unabhängigkeit und Durchsetzungsfähigkeit des Süchtigen gearbeitet, sofern diese zuvor mangelhaft war, dies mit dem Ziel einer verbesserten Beziehungsfähigkeit.

Leider ist es häufig so, dass der Partner, dem nicht eine solch komfortable Therapie von vielen Wochen zuteil wurde, mit seinen Problemen allein blieb. So wundert es nicht, wenn er überfordert reagiert und die Welt nicht mehr versteht. Dem Angehörigen ist dringend zu empfehlen, für sich selbst aktiv zu werden. Die Mitarbeit in einer Angehörigengruppe und/oder die Wahrnehmung therapeutischer Angebote einer Suchtberatungsstelle sind geeignete Möglichkeiten für ihn. Die Beziehung soll einen neuen Charakter und eine neue Dynamik erhalten.

Meist werden beide in den alten Maschen oder Beziehungsspielen landen, wenn sie nicht an sich selbst arbeiten. Der Rückfall ist in diesen Fällen folgerichtig. Es ist festzustellen, dass es nicht gelungen ist, aus der Krankheit Kapital zu schlagen.

Das heißt, in der erkannten, durchgearbeiteten Suchtform steckt nicht nur dieses Angebot der Seele für den Suchtkranken, sondern auch verdeckt eines für den Partner.

Unbedingt. Wir sehen immer wieder, dass Menschen, die sich an Suchtkranke binden, selbst Probleme mitbringen. Die Co-Abhängigkeit ist schon früher grundgelegt. Nach dem Schlüssel-Schloss-Prinzip passen beide auf eigentümliche Weise zusammen, insofern ergänzen sich die Probleme. Natürlich sollte der Angehörige jetzt verstehen, dass dies auch eine Chance für ihn ist, sich selbst besser zu verstehen. Viele Angehörige begehen den Fehler, den Partner von der Flasche fernhalten zu wollen und sehen hierin ihren einzigen Lebenssinn. Dies ist zum

Scheitern verurteilt, denn für Abstinenz ist allein der Suchtkranke selbst verantwortlich.

Wenn man dieses Problem der Suchtkrankheit und des Partners ins Grundsätzliche vertieft, handelt es sich um eine schwere Lebenskrise. Lebenskrisen empfinden wir aber als Katastrophen. Was haben Sie als Therapeut für eine Auffassung über Lebenskrisen?

Die Lebenskrise ist ja dann beantwortet, wenn Sinn, Werte, Lebensziele und Beziehungen einen anderen Charakter haben. Unter diesem Aspekt sind Lebenskrisen zur Reifung notwendig. Wer sich an ihnen vorbeimogeln möchte, wird dies sicher nicht vermögen, denn das Unbewusste wird ihn immer wieder mit Leid konfrontieren. Es gilt, dieses Leid anzunehmen, und an dieser Stelle greift das Wort „Kapitulation", das Sie eben schon nannten. Kapitulieren vor dem eigenen Schicksal und eine Bereitschaft dafür entwickeln, die Dinge anzunehmen, wie sie sind.

Sie machen hier im sauerländischen Bad Fredeburg aufmerksam auf die Arbeit und das Engagement in Selbsthilfegruppen wie AA, Kreuzbund und wie sie alle heißen. Warum ist dieses Konzept wichtig?

Sucht ist eine teuflische Erkrankung. Wenn jemand ein Bein verloren hat, dann ist die Sache offensichtlich. Er hat die Sicherheit: Mein Bein ist nicht mehr vorhanden. Der Suchtkranke hat auch einen körperlichen Defekt, weil er mit dem Suchtmittel nicht mehr kontrolliert umgehen kann. Als abstinent lebender Mensch ist er quasi symptomfrei. Er spürt nichts mehr von seiner Sucht, die verschwunden scheint. Er könnte sich jetzt selbst glauben machen, dass er gesund ist. Sobald er jedoch wieder anfängt, auch nur in kleinsten Mengen Suchtmittel zu konsumieren, wird diese Krankheit erneut ausbrechen und schlimmer werden als zuvor. Die Selbsthilfegruppe bringt den Suchtkranken mit dieser Realität immer wieder in Kontakt. Hier ist für einen Suchtkranken ein wesentlicher Grund zu erkennen, in eine Selbsthilfegruppe zu gehen. Wir erleben immer wieder, dass Rückfälle da anfangen, wo Betroffene den Besuch der Selbsthilfegruppe vernachlässigen.

Einen weiteren Grund, den ich für ebenso bedeutend erachte, ist, dass Suchtkranke hier Gleichgesinnte finden. Die Zuneigung und Wärme in diesen Gruppen ist einzigartig. Hier kann vieles von dem ausgeglichen werden, was sonst im Leben schmerzlich vermisst wurde. Häufig ist die Beziehung zu den Eltern gestört, und die Gruppe bietet so etwas wie eine Ersatzmutterschaft oder Ersatzvaterschaft. Sie ist ein Ort, an dem sich ein Mensch entwickeln kann. Die Gruppe bietet mit ihren vielen Mitgliedern die Möglichkeit der relativen Unabhängigkeit, da eine Fixierung auf einen Einzelnen immer Nachteile in sich trägt. Die Gruppe befriedigt Bedürfnisse nach Kontakt, Zuwendung, Austausch und Problembearbeitung. Betroffene lernen, offen über sich selbst zu reden und erwerben ein neues Selbstwertgefühl.

Könnte man sagen, die Sucht lässt vereinsamen, und die Selbsthilfegruppe führt einen wieder in Beziehung?

So muss man das sehen. Sucht ist eine Beziehungskrankheit, die den Suchtkranken immer weiter isoliert. Die Selbsthilfegruppe hilft beim Aufbau stabiler Beziehungen.

Gibt es einen besonderen Satz, den Sie den Gästen Ihres Hauses am Ende mitgeben?

Am liebsten den Satz: „Du bist nicht fertig". Ein Suchtkranker, der seine Krankheit tiefer verstanden hat, findet ein lebenslängliches Betätigungsfeld, nämlich sich selbst. Die Weiterentwicklung der Liebesfähigkeit, sich als Mensch in Zielen und Beziehungen weiterzuentwickeln, das macht Sinn. Damit werden wir alle, und da schließe ich mich selber ein, nie fertig.

Epilog

Der Funke Deiner Originalität, der Dir bei der Geburt mitgegeben wurde und mit dem Du das Abenteuer „Welt" angetreten hast, ist noch nicht erloschen und flammt wieder auf.

Walther H. Lechler,
in: Father Leo Booth,
Heilung vom religiösen Missbrauch

Wir sind ans Ende des Dramas der Süchte und Suchtanfälligkeiten gelangt. Es sieht so aus, als ob Sucht ein nicht gelöstes Lebensproblem markiert. Charlotte (Name geändert) bringt dies noch einmal auf den Begriff. Erst mit sechsundzwanzig Jahren beginnt sie *offen und stolz* ihr verdrängtes Lesbischsein zu leben. Bis zu diesem Zeitpunkt hatte sich ihr Unbewusstes eine „brave" Sucht ausgesucht: *Sie stand im Gegensatz zu Alkohol, Rauchen und Drogen, was in frommen Kreisen, in denen ich bis zu meinem dreiundzwanzigsten Lebensjahr verkehrte, verteufelt wurde. Mein Dicksein sollte mich während meiner Pubertät davor schützen, eine sexuell anziehende Frau zu sein. Essen war jederzeit verfügbar und zerstörte nicht meinen Intellekt, auf den ich sehr stolz war. Essen unterstützte meine Phantasien, was ich mir insgeheim wünschte, z. B. Intimität mit einer Frau, oder machte mich einfach ruhig, müde und ließ mich schlafen. Ich schämte mich für meine Essattacken und aß deshalb fast nur heimlich.*

334

Charlotte hat eine lange Therapiekarriere hinter sich, Beten, Selbsthilfegruppe, Psychotherapie, Psychiatrie, Lesen von Fachliteratur, Schreiben, Malen, Selbsterfahrung, Astrologie, Meditieren, Rituale, Körperarbeit, Yoga: *Letztendlich hat mir am meisten geholfen, mir alles im Leben zu erlauben, wozu ich Lust habe. Wenn meine frühere Sucht zu mir sprechen könnte, würde sie sagen: „Liebe dich. Denn du bist einzigartig schön und ein Geschenk für die Welt! Genieße dich und dein Leben".*

Charlotte sagt es klar: *Die Heilung meiner Sucht und Lebensprobleme kann ich nicht an eine „Fachfrau" oder an einen „Fachmann" delegieren. Es geht vielmehr darum, als Psychonaut in den Kosmos der eigenen Seele mutig vorzudringen: Mit der eigenen Sucht sprechen wie mit einem Freund oder einer Freundin. Sie fragen, warum sie gekommen ist, welche Mission sie vertritt, an welchen Teil der Seele sie erinnern will, der in Vergessenheit geraten ist oder mit dem noch nie eine Begegnung stattgefunden hat.*

So sieht es auch Anita (Name geändert). Mit achtzehn Jahren litt sie unter Drogen- und Tablettenproblemen, später unter Ess-Brechsucht, Rauchen und Putz-Sucht: *Mein größtes Problem aber war die Sucht nach Anerkennung – vor allem nach der meines Vaters.* Jetzt endlich, dreiunddreißig Jahre alt, hat Anita den lebensnotwendigen „Mut zum Ich" gefunden: *Ich glaube, dass ich in den letzten zwei Jahren erst angefangen habe, mein Leben zu gestalten und auszuleben. Ich habe zwar noch*

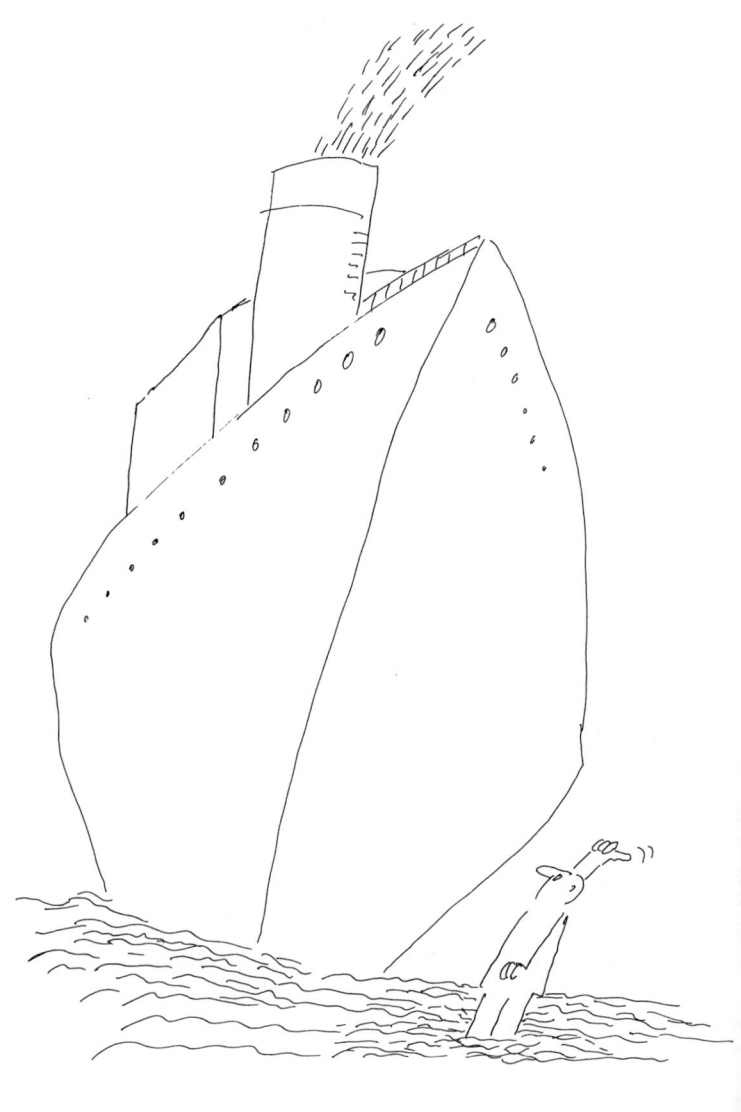

einen holprigen Weg vor mir. Aber es ist ein super-tolles Gefühl „aufzuwachen" und festzustellen, dass ich es auch alleine kann. Ich möchte nicht mehr um die Anerkennung meines Vaters oder anderer kämpfen, ich möchte mich selbst anerkennen!*

Melanie (Name geändert), die Schwierigkeiten mit Essen, Trinken, Rauchen hat, sieht das Ende ihrer Abhängigkeiten in der gleichen Haltung: *Doch ich versuche jetzt, mit mir glücklich zu sein, damit ich nicht mehr auf die Anerkennung von anderen angewiesen bin.* Auch die österreichische Projektgruppe Saalfelden bilanziert ihre aufwendige Arbeit mit der Formulierung von Erkenntnissen wie: *Die Stärke der Sucht zeigt an, wie sehr wir unseren Sinn des Lebens verloren haben. Sucht macht uns zur Marionette auf der Bühne des Lebens.* Und: *Sucht vermindert die Fähigkeit zu lieben. Liebe Dein Leben, damit es Dich liebt.*

Peggy (Name geändert) fünfunddreißig Jahre alt, Tochter eines Alkoholikers und einer co-abhängigen, in einer religiösen Sekte verstrickten Mutter, viele Jahre esssüchtig, mit einem gefühlskargen Mann verheiratet, harmoniesüchtig, hat sich mit ihrem „Fettpanzer" gegen sexuelle Übergriffe und andere Verletzungen gepolstert und ihr Frausein abgewehrt. Jetzt bekennt sie: *Etwas in Dir ist heil geblieben. Das Leben. Es will wärmen und wachsen. Denn Du lebst noch. Auch wenn Du es nicht glauben kannst, Du bist wunderbar. Du bist ein wertvoller Mensch. Du hast es verdient, Unterstützung und Hilfe zu bekommen. Behandele Dich anständig und suche den letzten Funken Mut, der Dich aus dem Selbstmitleid entlässt.*

Die Zahl der Suchtformen und der Suchtanfälligkeiten ist unbegrenzt. Wer sich in diesem Buch auch nur an einer einzigen Stelle wiedergefunden hat, der soll sich Hilfe gönnen. Mach den Mund auf. Erzähl von Dir. Öffne Dich anderen. Lass Dir helfen. Das kann eine engagierte Frauengruppe sein, eine Männergruppe, das mag aber auch eine ambulante oder stationäre therapeutische Gruppe sein. Der große Seelenarzt Walther H. Lechler sagte bereits in einem Interview 1986: *Wer regelmäßig diese Gruppen besucht, hat erfahrungsgemäß bessere Chancen, seine neu erworbenen Verhaltensweisen zu stabilisieren als diejenigen, die nichts mehr tun. Es ist ja ein biologisches Gesetz, dass alles Neue, das wir uns aneignen, weitergeübt werden muss. Es gibt von einem berühmten Pianisten die Aussage: „Wenn ich an einem Tag nicht geübt habe, merke ich es. Und wenn ich zwei Tage nicht geübt habe, dann merkt es meine Frau. Wenn ich drei Tage nicht geübt habe, merkt es mein Publikum." So ist es auch in unserem Leben. Das Neue braucht ganz intensives Einüben, tägliches Training, Freude am Abenteuer Leben.*

Jeder von uns, betont Walther H. Lechler, ist als Original geboren und braucht sich nicht zur Kopie verderben zu lassen. Gerade in der therapeutischen Gemeinschaft, in der wir angenommen, geliebt, akzeptiert und konfrontiert werden, erfahren wir die einmalige Wahrheit unserer Existenz, das Liebenswerte unseres Ichs und das köstliche Aroma

338

unserer Individualität. Wir finden in unserer Schwäche und Bedürftigkeit Heimat unter Menschen. Was Richard Beauvais über die Alkoholiker-Gemeinschaft gesprochen hat, gilt für jeden von uns, der aus dem Gefängnis des einsamen Ichs in die Gemeinschaft der Menschen aufbricht:

Wir sind hier, weil es letztendlich kein Entrinnen vor uns selbst gibt.

Solange der Mensch sich nicht selbst in den Augen und Herzen seiner Mitmenschen begegnet, ist er auf der Flucht.

Solange er nicht zulässt, dass seine Mitmenschen an seinem Innersten teilhaben, gibt es für ihn keine Geborgenheit.

Solange er sich fürchtet, durchschaut zu werden, kann er weder sich selbst noch andere erkennen – er wird allein sein.

Wo können wir einen solchen Spiegel finden, wenn nicht in unserem Nächsten?

Hier in der Gemeinschaft kann ein Mensch erst richtig klar über sich werden und sich nicht mehr als den Riesen seiner Träume oder den Zwerg seiner Ängste sehen, sondern als Mensch, der als Teil eines Ganzen zu ihrem Wohl seinen Beitrag leistet.

In solchem Boden können wir Wurzeln schlagen und wachsen.

Nicht mehr allein – wie im Tod –, sondern lebendig als Mensch unter Menschen.

Seele-Sucht-Sehnsucht – dieses Drama spielt sich in mir ab, immer wieder in meinem Leben. Das Leben ist schön und grausam zugleich. Es gibt keinen Vorbereitungskurs für das Leben. Lebend lernen wir leben. Die Krisen unseres Lebens gehören zu uns wie die Farbe unserer Augen und der Geruch unserer Haut. Wir können nur immer wieder darum kämpfen, dieses Leben zu bestehen. Weg mit den Fassaden, Süchten und der Verpanzerung! Klarer werden. Eindeutiger. Glücksfähiger.

Deswegen möchte ich Dir, liebe Leserin, lieber Leser, am Ende unseres langen Weges einen schönen Text schenken, den wir schon Tausenden von Seminarbesuchern des „Dr. Max Otto Bruker-Hauses" in Lahnstein mitgegeben haben. Es ist das Poem *Desiderata* (das Erwünschte). Der deutschstämmige amerikanische Schriftsteller Max Ehrman hat dieses Lebensgedicht in den zwanziger Jahren verfasst. Der Dichter formuliert das, wonach unsere Seele sich mit ihrer Sehnsucht richten darf:

Gehe ruhig und gelassen durch Lärm und Hast und sei des Friedens eingedenk, den die Stille bergen kann. Vertrage dich mit allen Menschen, möglichst ohne dich ihnen auszuliefern. Äußere deine Wahrheit ruhig und klar, und höre anderen zu, auch den Geistlosen und Unwissenden; auch sie haben ihre Geschichte. Meide laute und aggressive Menschen. Für den Geist sind sie eine Qual.
Wenn du dich mit anderen vergleichst, könntest du bitter werden und dir nichtig vorkommen, denn es wird immer Menschen geben, die größer oder geringer sind als du. Freue dich deiner Leistungen wie auch deiner Pläne.
Bleibe weiter an deinem eigenen Weg interessiert, wie

bescheiden er auch sei. Im wechselnden Glück der Zeiten ist er ein echter Besitz.

In deinen geschäftlichen Angelegenheiten lasse Vorsicht walten, denn die Welt ist voller Betrug. Doch soll das dich nicht blind machen für vorhandene Rechtschaffenheit. Viele Menschen bemühen sich, hohen Idealen zu folgen, und überall ist das Leben voller Heldenmut.

Sei du selbst. Vor allem heuchle nicht Zuneigung. Und sei, was die Liebe anlangt, nicht zynisch. Denn trotz aller Dürre und Enttäuschung ist sie doch ewig wie das Gras.

Nimm freundlich gelassen den Ratschluss der Jahre an und gib mit Würde die Dinge der Jugend auf. Stärke die Kraft des Geistes, damit er dich bei unvorhergesehenem Unglück schütze. Aber quäle dich nicht mit Gedanken. Viele Ängste kommen aus Ermüdung und Einsamkeit. Neben einem gesunden Maß an Selbstdisziplin sei gut zu dir.

Du bist nicht weniger ein Kind des Universums als es die Bäume und die Sterne sind; du hast ein Recht, hier zu sein. Und, ob dies dir klar ist oder nicht: Kein Zweifel besteht, dass das Universum sich so entfaltet, wie es sich entfalten soll.

Darum lebe in Frieden mit Gott, wie auch immer du ihn verstehst. Was auch immer dein Mühen und dein Sehnen ist: Halte in der lärmenden Wirrnis des Lebens mit deiner Seele Frieden. Trotz aller Falschheit, trotz aller Mühsal und all der zerbrochenen Träume ist es dennoch eine schöne Welt.

Sei vorsichtig. Und strebe danach, glücklich zu sein.

Adressen

Selbsterfahrungsgruppen, Einzelsprechstunden

Dr. Mathias Jung:
Gesellschaft für Gesundheitsberatung GGB e.V.
Taunusblick 1, 56112 Lahnstein
Tel. 02621/917017 + 917018, Fax 917033

*Adressen von Kliniken, die das „Bad Herrenalber
Modell" weiterführen oder Elemente daraus in ihrer
Arbeit verwenden:*

Hochgrat-Klinik Wolfsried
Reisach GmbH & CoKG
Klinik für psychosomatische Medizin und Therapie
Chefarzt Horst Esslinger
88167 Stiefenhofen
Tel. 08386/2072, Fax 08386/4107

ADULA Klinik
Reisach GmbH & CoKG
Fachkrankenhaus für Psychosomatik und Psycho-
therapie
Chefarzt Dr. Godehard Stadtmüller
In der Leite 6, 87561 Oberstdorf
Tel. 08322/709-0, Fax 08322/709-403

Landhaus Sonnenberg
Chefarzt Dr. Peter Jessen
64711 Erbach-Erbuch
Tel. 06062/2062, Fax 06062/61355

Klinik Rastede
Fachklinik für soziopsychosomatische Medizin u.
Psychiatrie
Chefarzt Dr. Fide Ingwersen
Mühlenstraße 80, 26180 Rastede
Tel. 04402/9370, Fax 04402/937999

Grönenbach I
Klinik für Psychosomatische Medizin
Chefarzt Dr. Konrad Stauss
Seb.-Kneipp-Allee 4, 87730 Grönenbach
Tel. 08334/981100, Fax 08334/981199

Grönenbach II
Klinik für Psychosomatische Medizin II
Chefarzt Dr. Jürgen Klingelhöfer
Seb.-Kneipp-Allee 3, 87730 Grönenbach
Tel. 08344/981300, Fax 08334/981399

Halle/Saale
Psychosomatische Abteilung des Diakonissen-
krankenhauses
Chefarzt Dr. Hans-Joachim Maaz
Lafontainestraße 15, 06114 Halle
Tel. 0345/77860, Fax 0345/7786666

DAN CASRIEL INSTITUT
Hirsenmühle, 65589 Hadamar, Stadtteil Oberzeuzheim
Tel. 06433/3382, Fax 06433/81133
Die Hirsenmühle ist eine Begegnungsstätte für Men-
schen, die an sich selbst, ihren Beziehungen und an ihrer
Lebenssituation leiden und lernen wollen, beziehungs-
fähig und liebesfähig zu sein. In den 3- bis 15-tägigen
Gruppen (psychotherapeutische Intensivphasen) bilden

343

die Klienten zusammen mit dem therapeutischen Team
eine therapeutische Gemeinschaft, ein Modell, das Dr. Walter Lechler in seiner Psychosomatischen Klinik Bad Herrenalb in den siebziger Jahren entwickelt hat.

Zwölf-Schritte-Gruppen

Anonyme Alkoholiker Deutschland
Postfach 46 02 27, 80910 München
Tel. 0 89/3 16 43 43; 0 89/3 16 95 0-0,
Fax 0 89/31 65 1 00

Al-Anon
Zentrales Dienstbüro Brigitte Schons
Emilienstr. 4, 45128 Essen
Tel. 02 01/77 30 07, Fax 02 01/77 30 08

Zwölf-Schritte-Selbsthilfegruppe bei religiöser
Abhängigkeit und religiösem Missbrauch
Kontaktstelle:
Hans Georg Waller
Kronenstr: 73, 89568 Hermaringen
Tel. 0 73 22/88 40; 01 71/5 32 51 65

Incest Survivors Anonymous (ISA)
Postfach 20 09 20, 42209 Wuppertal

Overeaters Anonymous (OA)
Deutschsprachiger Dienst der OA und O-Anon
Postfach 10 62 06, 28062 Bremen
Tel. 04 21/32 72 24

Erwachsene Kinder von Alkoholikern
c/o Frauenfriedenskirche
Zeppelinallee 201, 60325 Frankfurt/Main

Narcotics Anonymous (NA)
RSK
Postfach 11 10 10, 64225 Darmstadt

Anonyme Sex- und Liebessüchtige (SLAA)
Brodensenstr. 85, 81929 München

Anonyme Sexaholiker (AS)
Postfach 12 12, 76002 Karlsruhe
Tel. 09 31 / 66 34 37

Debtors Anonymous (Schuldner)
c/o Selbsthilfezentrum München
Bayerstr. 77 a, 80335 München
Tel. 0 89 / 53 29 56 11 oder 0 80 51 / 64 3 11
Fax 0 89 / 53 29 56 60

Gamblers Anonymous (Spieler)
Eilbeker Weg 20, 22089 Hamburg
Tel./Fax: 040 / 20 99 09 91 (Mo.–Fr. 19–21 Uhr)

Selbsthilfegruppen-Auskunft NAKOS
Albrecht-Achilles-Str. 65, 10709 Berlin
Tel. 030 / 8 91 40 19

Ein Verlag,
ein Haus, eine Philosophie.

Millionen Bundesbürger kennen den kämpferischen Ganzheitsarzt Dr. Max Otto Bruker, Jahrgang 1909, aus dem Fernsehen, aus Vorträgen, durch den „Mundfunk" überzeugter Patienten. Vor allem lesen sie aber die rund 30 Bücher des schwäbischen Humanisten und Seelenarztes. Mit einer Gesamtauflage von über drei Millionen Exemplaren ist Max Otto Bruker der wohl bedeutendste medizinische Erfolgsautor im deutschsprachigen Raum. Der – in der Nachfolge des Schweizer Reformarztes Bircher-Benner scherzhaft „Deutschlands Vollwertpapst" genannte – Massenaufklärer, langjährige Klinikchef und Ernährungsspezialist lehrt zwei fundamentale Erkenntnisse Patienten wie Gesunden: Der Mensch wird krank, weil er sich falsch ernährt. Der Mensch wird krank, weil er falsch lebt.

Hinter den Erfolgstiteln des emu-Verlages steht ein bedeutender Forscher und Arzt, eine Bewegung, ein Haus und tausende Schülerinnen und Schüler. 1994 wurde das „Dr. Max Otto Bruker Haus", das Zentrum für Gesundheit und ganzheitliche Lebensweise, auf der Lahnhöhe in Lahnstein bei Koblenz bezogen. Es stellt die äußere Krönung des Brukerschen Lebenswerkes dar: Der lichte Bau mit seinem Grasdach, den Sonnenkollektoren und den Wasserrecyclinganlagen, seinen Seminarräumen, dem Foyer mit der Glaskuppel und dem liebevollen Biogarten ist als Treffpunkt für all jene konzipiert, denen körperliche und seelische Gesundheit, ökologische und spirituelle Harmonie Herzensbedürfnis und Sehnsucht sind.

Hinter dem eleganten Halbmondkorpus mit dem markanten Grasdach verbirgt sich eine Begegnungsstätte für Gesundheitsbewußte, Seminarteilnehmer, Trost-, Ruhe- und Anregungsbedürftige.

Das Dr. Max Otto Bruker Haus

Feste Termine:

Jeden Dienstag, 18.30 Uhr: Vortrag Dr. phil. Mathias Jung (Lebenshilfe und Philosophie)
Jeden Mittwoch, 10.30 Uhr: Fragestunde mit Dr. med. M. O. Bruker und Dr. Jürgen Birmans (Ärztlicher Rat aus ganzheitlicher Sicht)

Ausbildung Gesundheitsberater/in GGB
Lebensberatung/Frauen-, Männer- und Paargruppen

Die vitalstoffreiche Vollwertkost hat ihre Verbreitung, auch im klinischen Bereich, durch die unermüdliche Information und praktische Durchführung von Dr. M. O. Bruker gefunden. Um die Erkenntnisse gesunder Lebensführung und die durch falsche Ernährung provozierte Krankheitslawine ins öffentliche Bewußtsein zu rücken, bildet M. O. Bruker seit 1978 (im Rahmen der von ihm gegründeten „Gesellschaft für Gesundheitsberatung GGB e.V.") Gesundheitsberaterinnen und Gesundheitsberater GGB aus. Über 2000 Frauen und Männer haben bislang die berufsbegleitende Ausbildung bestanden und wirken in Volkshochschulen, Bioläden, Lehrküchen, Krankenhäusern, ärztlichen Praxen, Krankenversicherungen und ähnlichen Bereichen.

Auf der Lahnhöhe erhalten sie durch Dr. Bruker und sein Expertenteam nicht nur eine sorgfältige Grundlagenausbildung über die vitalstoffreiche Vollwerternährung und den Krankmacher der „entnatürlichten" (denaturierten) Zivilisationsernährung (raffinierter Fabrikzucker, Auszugsmehle, fabrikatorische Öle und Fette, tierisches Eiweiß usw.), sondern gewinnen auch Einblick in die leibseelischen Zusammenhänge der Krankheiten.

Anfragen zur Gesundheitsberater-Ausbildung wie zu den Selbsterfahrungsgruppen, Lebensberatung, Paartherapie und Psychotherapie bei Dr. Mathias Jung und weiteren Tages- und Wochenendseminaren sowie Einzelberatung sind zu richten an die Gesellschaft für Gesundheitsberatung GGB e.V., Taunusblick 1, 56112 Lahnstein (Tel.: 0 26 21 / 91 70 10, 91 70 17, 91 70 18, Fax: 0 26 21 / 91 70 33).

Fordern Sie ebenfalls ein kostenloses Probe-Exemplar der Zeitschrift „Der Gesundheitsberater" an!

Vom gleichen Autor erschienen folgende Vorträge als Audiokassetten im emu-Verlag

Tonkassetten (Livevorträge) ca. 1,5 Std., DM 20,–

Lebensberatung

○ Mein Charakter – mein Schicksal?
○ Depression als Chance
○ Das Verdrängte in unserer Seele
○ Die Wunde der Ungeliebten
○ Das Nein in der Liebe
○ Was ist der Sinn des Lebens?
○ Meine Sprache – meine Seele
○ Söhne brauchen Väter – Das Männerdrama
○ Krankheit als Kränkung und Anpassung
○ Eifersucht – ein Schicksalsschlag?
○ Der Mann – ein emotionales Sparschwein
○ Der kleine Prinz – mein verschüttetes Ich
○ Geschwisterliebe – Geschwisterrivalität
○ Verlassen und verlassen werden
○ Neurodermitis – Fehlernährter Körper – Aufgekratzte Seele
○ Froschkönig – Glück und Zähneklappern der Liebe
○ Das verletzte Kind in mir oder q»Hans mein Igel«
○ Sein und Schein oder Des Kaisers neue Kleider
○ Schneewittchen oder das Drama des Neides
○ Das sprachlose Paar
○ Die zweite Lebenshälfte – Endlichkeit und Aufbruch
○ Siddharta: das Rätsel des Lebens
○ Das Drama der Trennung
○ Wege weiblicher Entwicklung
○ Eisenhans oder Wie ein Mann ein Mann wird
○ Mut zur Angst
○ Das tapfere Schneiderlein oder Mut zum Leben
○ Sexualität – Lust und Last
○ Eigensinn oder Die Möwe Jonathan
○ Außenbeziehung – Krise oder Chance
○ Elternablösung – Hänsel und Gretel
○ Liebesverträge in der Beziehung

348

Bücher von Dr. phil. Matthias Jung:

Reine Männersache
288 Seiten, geb.
ISBN 3-89189-043-5

Das sprachlose Paar
248 Seiten, geb.
ISBN 3-89189-066-4

Zweite Lebenshälfte
256 Seiten, geb.
ISBN 3-89189-046-X

Mut zum Ich
288 Seiten, geb.
ISBN 3-89189-070-2

Trennung als Aufbruch
300 Seiten, geb.
ISBN 3-89189-073-7

Dr. med. M. O. Bruker und Co-Autoren:

Unsere Nahrung – unser
Schicksal

Lebensbedingte Krankheiten

Idealgewicht ohne Hungerkur
mit Rezepten von Ilse Gutjahr

Stuhlverstopfung in 3 Tagen
heilbar
mit Rezepten von Ilse Gutjahr

Herzinfarkt, Herz-, Gefäß-
und Kreislauferkrankungen

Leber-, Galle-, Magen-, Darm-
und Bauchspeicheldrüsen-
erkrankungen

Erkältungen müssen nicht sein
mit Rezepten von Ilse Gutjahr

Rheuma – Ursache und
Heilbehandlung
mit Rezepten von Ilse Gutjahr

Dr. M. O. Bruker/Ilse Gutjahr
Biologischer Ratgeber
für Mutter und Kind

Diabetes und seine biologische
Behandlung
mit Rezepten von Ilse Gutjahr

Allergien müssen nicht sein
Ursachen und Behandlung von
Neurodermitis, Hautausschlä-
gen, Ekzemen, Heuschnupfen
und Asthma

Hilfe bei Kopfschmerzen,
Migräne und Schlaflosigkeit

Dr. M. O. Bruker/Ilse Gutjahr
Zucker, Zucker ...

Dr. M. O. Bruker/Ilse Gutjahr
Cholesterin der lebensnotwendige Stoff

Dr. M. O. Bruker/Ilse Gutjahr
Wer Diät ißt, wird krank

Dr. M. O. Bruker/Ilse Gutjahr
Osteoporose – Dichtung und
Wahrheit

Dr. M. O. Bruker/Ilse Gutjahr
Reine Frauensache

Dr. med. M. O. Bruker/Dr. phil.
Mathias Jung
Der Murks mit der Milch

Dr. med. Joachim Hensel
Über den Sinn des Leidens
mit einem Vorwort von
Dr. M. O. Bruker